Geschichte und Politik – Unterrichtsmaterialien

Herausgegeben von Hans Endlich

Entlarven – Begreifen – Verstehen

Auseinandersetzung mit der DDR-Vergangenheit

Ulrich Wacker

VERLAG MORITZ DIESTERWEG
Frankfurt am Main

ISBN 3-425-07507-1

© 1993 Verlag Moritz Diesterweg GmbH & Co., Frankfurt am Main.
Alle Rechte vorbehalten. Das Werk und seine Teile sind urheberrechtlich
geschützt. Jede Verwertung in anderen als den gesetzlich zugelassenen Fällen
bedarf deshalb der vorherigen schriftlichen Einwilligung des Verlags.

Umschlagabbildung: Musil

Gesamtherstellung: graphoprint, Koblenz

Inhaltsverzeichnis

    Entlarven – Begreifen – Verstehen 4

1 Ein Geheimdienst gegen das eigene Volk:
Aufgaben, Methoden und Feindbild des MfS 13

2 Der IM: Schlüsselfigur des Spitzelsystems?
Inoffizielle Mitarbeiter und „flächendeckende
Überwachung" 63

3 Auf dem Weg zur Ergründung der Wahrheit?
Die Konfrontation von Tätern und Opfern 85

4 Vom Sturm auf die Normannenstraße zur Gauck-Behörde . 110

5 Was verbirgt sich im Aktenberg? 119

6 Akteneinsicht 138

7 Recherche: Gab es den „unwissentlichen" IM? 148

8 Wie weiter mit den Akten? 156

9 Welches Erbe hinterläßt die DDR?
Wege zu einer angemessenen Auseinandersetzung
mit der Vergangenheit 168

Entlarven – Begreifen – Verstehen

Nicht erst seit der Öffnung der Stasi-Akten für die Betroffenen zu Beginn des Jahres 1992 droht der Aktenberg des Geheimdienstes gegen das eigene Volk die gesamte Auseinandersetzung mit der DDR-Vergangenheit zu erdrücken. Prominente Politiker der Wendezeit in der DDR traten rasch oder nach quälend langen Rückzugsgefechten von der politischen Bühne ab, nachdem ihre Tätigkeit als Inoffizielle Mitarbeiter des Ministeriums für Staatssicherheit (MfS) offengelegt worden war. Schon damals spielten Akten und deren Wahrheitsgehalt für die Aussage über couragiertes, anpasserisches oder gar schuldhaftes Verhalten des einzelnen in einem diktatorischen System eine entscheidende Rolle. Die historischen und gesellschaftlichen Wurzeln eines solchen Systems, das den einzelnen einem Druck aussetzte, den der Bürger eines demokratisch und rechtsstaatlich verfaßten Landes – hoffentlich – kaum kennenlernt, wurden über die Tagesaktualität der Enthüllungen der Stasi-Vergangenheit eher verdeckt.

Bei der Auseinandersetzung mit der DDR-Vergangenheit wird das *Entlarven* so lange nicht zu den Akten gelegt werden können, wie die verantwortlichen Organisatoren und Funktionäre des Spitzelsystems nicht zur Rechenschaft gezogen werden und sich statt dessen – wie im Fall zahlreicher Offiziere des MfS – in der Öffentlichkeit als „Zeugen" und „Sachverständige" behaupten.

Allerdings birgt die Haltung der forsch auftretenden Entlarver in den Medien Westdeutschlands auch Gefahren in sich, die eine gemeinsame deutsche Zukunft zu vergiften drohen. Wo Wut und Empörung ostdeutscher Opfer der Stasi-Krake auch in der persönlichen Anklage von Tätern mit betroffenem Mitgefühl rechnen kann, befremdet die eifernde Attitüde selbsternannter Richter.

Die westdeutsche Mitverantwortung für die ostdeutschen Zustände droht mit dieser selbstgerechten Gebärde weggedrängt zu werden und mancher Ostdeutsche, der sich an den Pranger gestellt sieht, verlegt sich aufs Leugnen und Rechtfertigen oder fällt in die verklärende Trotzhaltung gegenüber einer vollständigen Abwertung seiner Vergangenheit.

Überdies schafft der Rückgriff auf die vergröberten Wahrnehmungsmuster gegenüber osteuropäischen Gesellschaften aus der Frühzeit des Kalten Kriegs eher Barrieren gegen eine differenzierte Sicht der Befindlichkeit der Ostdeutschen im letzten Jahrzehnt der DDR zwischen Opportunismus, Rückzug ins Private auf der einen, Aufbegehren und Wegwollen auf der anderen Seite.

Im Mittelpunkt der Stasi-Abrechnung stand bisher die Figur des Inoffiziellen Mitarbeiters (1). Das lag zum einen am Enthüllungsjournalismus, der sich auflagenstärkende Skandale versprach, zum anderen an der besonderen Betroffenheit, die die Enttarnung eines direkten – bislang geheimgehaltenen – Eingriffs in die eigene Biographie bei den Opfern auslösen muß.

Die vorliegende Quellensammlung spiegelt diesen Stand der Auseinandersetzung mit der DDR-Vergangenheit wider: der Stasi-Debatte wurde in der Textauswahl Vorrang eingeräumt – handelt es sich hier doch um Zeugnisse und Dokumente, wie sie bislang für eine Auseinandersetzung mit der unmittelbaren Vergangenheit noch nie zur Verfügung standen. Die Maßnahmepläne aus dem Herrschaftsapparat und die Spitzelberichte können mit dem Zeugnis der Zeitgenossen und Opfer verglichen werden. Vereinzelt sind auch Täter und Opfer ins Gespräch gekommen und haben dies dokumentiert.

Zum *Entlarven* aber muß das *Begreifen* kommen, warum Menschen unter den Bedingungen der DDR-Gesellschaft so gehandelt haben, welchen Handlungs- und Entscheidungsspielraum der einzelne angesichts inhumaner Zumutungen hatte. Die Stasi-Debatte kann hierzu nur ein Auftakt sein, und die Ausschnittsvergrößerung eines Teils der DDR-Wirklichkeit darf nicht den Blick auf das Gesamtbild verstellen (2).

Die für diesen Band ausgewählten Texte sollen schließlich einen Beitrag dazu leisten, die Vergangenheit *verstehen* zu lernen (3).

Ost- und Westdeutsche haben nach dem Ende der Einigungseuphorie Verständnisschwierigkeiten. Sie hören einander nicht zu und entwickeln Vorurteile, nachdem die – vielleicht voreiligen – gegenseitigen Erwartungen enttäuscht worden sind. Insbesondere die subjektiven und persönlichen Stellungnahmen in diesem Buch sollen einen bescheidenen Beitrag darstellen, dieser Fehlentwicklung entgegenzuwirken.

Im 1. Kapitel *Ein Geheimdienst gegen das eigene Volk: Aufgaben, Methoden und Feindbild des MfS* geht es zunächst um das Selbstverständnis des MfS im Rahmen der SED-Herrschaft. Art und Umfang der Aktivitäten der Stasi werden vorgestellt. An Fällen aus verschiedenen Bereichen der Gesellschaft soll deutlich werden, was diejenigen zu erwarten hatten, die zu Staatsfeinden gestempelt wurden.

Im Mittelpunkt des 2. Kapitels *Der IM: Schlüsselfigur des Spitzelsystems? Inoffizielle Mitarbeiter und „flächendeckende Überwachung"* steht der „Inoffizielle Mitarbeiter" (IM).

Dabei geht es zunächst um das Konzept der Stasi, das zur Expansion des Spitzelsystems führte, dann um die Fragen der „Werbung" und „Führung" von Inoffiziellen Mitarbeitern. Deren verschiedene Spezies und Tätigkeiten werden vorgestellt.

Im Zentrum der Auseinandersetzung um die IM steht die Frage: wer war Täter, wer Opfer?

Daß hier eine behutsame Differenzierung anstelle von voreiliger Verurteilung am Platze ist, zeigen die im 3. Kapitel *Auf dem Weg zur Ergründung der Wahrheit? Die Konfrontation von Tätern und Opfern* dokumentierten Fälle. Auch die heikle Frage, wie autonom eine weitgehend unterwanderte und „zersetzte" Opposition noch handeln konnte, muß hier einbezogen werden. Statt Leugnen und Verdrängen auf der einen und selbstgerechtem Aburteilen auf der anderen Seite kann nur die offene Konfrontation und das Gespräch zwischen Opfern und Tätern wirklich weiterhelfen.

Der Wiedergabe solcher Täter-Opfer-Gespräche (die es bisher veröffentlicht nur im Fall der von der Stasi unterwanderten *Initiative für Frieden und Menschenrechte* und der Auseinandersetzung in der Künstlerszene vom Prenzlauer Berg in Ostberlin gegeben hat) wurde recht großer Raum gegeben, weil auf dieser Ebene wohl die für die Zukunft fruchtbarste Form der Bearbeitung der Vergangenheit liegt.

Für die Mitarbeit insbesondere an der Dokumentation in den *Kapiteln 4 bis 8* über die vergiftete Hinterlassenschaft der DDR, die *Stasi-Akten*, konnte ein kundiger Sachverständiger gewonnen werden: *Stephan Wolf*, Theologe, von Anfang an aktiv im *Ostberliner Bürgerkomitee zur Stasi-Auflösung* und heute im Bereich der Recherche tätig in der *Gauck-Behörde*.

Zunächst wird der Weg von der Stasi-Auflösung in der Wendezeit der DDR zur Gauck-Behörde und Akteneinsicht knapp nachgezeichnet (4. Kapitel *Vom Sturm auf die Normannenstraße zur Gauck-Behörde*). Sodann geht es um die auch in der Stasi-Debatte der

Medien stets präsente Frage nach dem Wahrheitsgehalt der Akten (5. Kapitel *Was verbirgt sich im Aktenberg?*).

Dazu muß zunächst der Aktenberg näher untersucht werden (6. Kapitel *Akteneinsicht*). Die konkrete Tätigkeit der Gauck-Behörde wird von innen dargestellt (7. Kapitel *Recherche: Gab es den „unwissentlichen" IM?*) und schließlich die Frage nach der weiteren Nutzung der Archive für die persönliche, geschichtswissenschaftliche und möglicherweise auch strafrechtliche Bearbeitung der Vergangenheit angesprochen (8. Kapitel *Wie weiter mit den Akten?*).

Das 9. Kapitel *Welches Erbe hinterläßt die DDR? Wege zu einer angemessenen Auseinandersetzung mit der Vergangenheit* enthält Positionsbestimmungen zur Frage, auf welchen Wegen und mit welchen Intentionen die Auseinandersetzung mit der DDR-Vergangenheit (und ihrem westdeutschen Anteil!) weitergeführt werden soll. Können Gerichte Gerechtigkeit schaffen? Kann ein Tribunal oder die Kommission zur Aufarbeitung der DDR-Geschichte beim Deutschen Bundestag weiterhelfen? Bleibt letztlich nur die Trauerarbeit des einzelnen? Muß die Beschäftigung mit der DDR-Vergangenheit ein zentrales gesellschaftliches Anliegen auch für die zur Selbstgerechtigkeit neigenden Westdeutschen bleiben?

Entlarven: Ein „Inoffizieller Mitarbeiter" der Stasi, der seine Spitzeltätigkeit nicht eingesteht

1 Er lügt. Er belügt seine Freunde, er belügt seine Lebensgefährtin, er hat mich belogen, als er mir gestand [...], der Stasi zwar alles gesagt, aber nie für die Stasi gearbeitet zu haben. Nach der *Kontraste*-Sendung von Roland Jahn und Peter Wensierski sind alle Zweifel ausgeräumt: Sascha Anderson ist nicht das verwirrte Kind und nicht der betrogene Dichter, den man mit Keksen malträtierte oder mit klappernden Schlüsseln und gezielten Schlägen dazu trieb, Hunderte von Spitzelberichten in die Mikrophone seiner Führungsoffiziere zu sprechen. Er war nicht das Opfer einer perfiden Verhörmethode. Er hat mit der Stasi nicht nur über sich und seine Arbeit gesprochen. Er ist nicht abgezockt worden. Im Gegenteil. Er hat genau und im Auftrag gearbeitet. Er hat ausführlich über seine Freunde und über Oppositionelle berichtet. Und er wußte, was er tat. [...]

Und Sascha Anderson lügt noch immer. [...]

Die vielen Protokolle mit dem Vermerk „Tonbandabschrift Quelle IMB ‚David Menzer', entgegengenommen Oberst Reuter, Major Heimann", die Lutz Rathenow und das Ehepaar Poppe in den vergangenen Wochen in ihren Akten gefunden haben, bezeichnet er als „echte Fälschungen". Die Stasi-Offiziere hätten andere Quellen verarbeitet oder verschiedene Informationen unter einem Decknamen zusammengefaßt. Seine Verteidigung schwankt zwischen glatten Lügen („Ich war nie im Operncafé"), ungeschickten Verharmlosungen („Diese Berichte sagen doch über Menschen gar nichts aus") und verlogenen Geständnissen („Ich habe das alles unter Druck gesagt"). Aus West-Berlin als Agent gearbeitet zu haben, was in der vergangenen Woche zur Einleitung eines Ermittlungsverfahrens gegen ihn geführt hat, streitet er ab. [...]

Im Stasi-Zentralarchiv in der Normannenstraße liegen seine sieben gelben Pappordner im Tresor. Drei Bände „Personalakten" und vier „Arbeits- und Berichtsbände". In jedem Pappband waren 300 Blatt. Das sind rund 1200 Blätter mit Spitzelberichten allein aus der Berliner Zeit. Aber die Ordner sind leer, die Akten sind vernichtet. Nur letzte Spuren wurden in der Eile vergessen: ein grauer Umschlag mit der Aufschrift „Beschluß". Er enthält zwei Formblätter, auf denen die Staatssicherheit beschließt, Alexander („Sascha") Anderson, den Menschen mit der Personenkennzahl 240853422712 und dem Decknamen „David Menzer", im Jahr 1981 zum „Inoffiziellen Mitarbeiter zur unmittelbaren Bearbeitung von Feindpersonen" (IMB) und schließlich, im Jahr 1986, zum „IMB Peters" zu ernennen.

[...] Für die Sachbearbeiter in der Gauck-Behörde steht fest: Anderson war ein IM. Das ist so klar, daß eine schriftliche Einverständniserklärung zur Beweisführung gar nicht mehr vonnöten ist: „Anderson hat alles gemacht, was man als IM nur machen konnte - und zwar nicht auf dem Streckbett." Der kleine Aktenrest auf dem Tisch des Referatsleiters Klaus Richter enthält noch „Sachstandberichte", „Absprachesprotokolle" und sogenannte Informationsbedarfs-Papiere, in denen das „Wirken des IMB Peters" beschrieben und seine „bisherigen Berichte" ausgewertet wurden. Ein besonderer Vertrauensbeweis der Staatssicherheit gegenüber Anderson war die „einseitige Dekonspiration" vor seiner Ausreise 1986. Er durfte erfahren, wer in seinem Umfeld sonst noch für die Staatssicherheit spitzelte. [...]

David Menzer, Fritz Müller und Peters sind keine Kopfgeburten der Stasi. Die drei Decknamen Andersons tauchen immer in Verbindung mit Veranstaltungen und Treffen auf, bei denen er tatsächlich anwesend war, und es hätte einer nicht ausdenkbaren, sinnlosen Simulationsanstrengung bedurft, diese Berichte ohne ihn zu verfassen. Außerdem hat die hierarchische Struktur der Stasi solche Simulationen verhindert. Die Berichte der IM wurden überprüft. Häufig waren drei bis vier IM verpflichtet, dieselbe Veranstaltung zu bespitzeln. [...]

Es gibt keinen Zweifel: Sascha Anderson war ein Spitzel ohne Skrupel. Man mag ihm das Leben als Siebzehnjähriger, im Jahr 1970, als seine Kontakte zur Stasi begannen, sehr schwer gemacht haben – seine beinahe zwanzigjährige Spitzel-Karriere läßt sich damit nicht erklären und erst recht nicht entschuldigen. [...]

„Die Spitzel", vermutet Anderson in unserem Gespräch, „hatten eine erarbeitete Familie, die Freunde, und eine Urfamilie, die Stasi." Die Stasi war ein Ort, an dem sich der Nebel im Kopf lichtete und die Angst aufhörte, weil man an ihrer Quelle war. Im Bauch des Feindes, da, wo man ihn nicht mehr sieht. [...]

Er weiß: Was er getan hat, ist unverzeihlich. Das beweisen nicht zuletzt seine starrköpfigen Lügen.

Aus dem Artikel „Die Krankheit Lüge" (in: Die Zeit vom 29. 1. 92) der Journalistin Iris Radisch, die in einem Interview mit Sascha Anderson vergeblich versucht hatte, Aufschluß über dessen Doppelrolle in der Künstlerszene des Prenzlauer Bergs in Ostberlin zu erlangen.

Begreifen: Die Entlarvung der Stasi-Mitarbeiter ist notwendig, aber sie genügt nicht

2 Ein fortdauernder Skandal ist, daß über dem Spitzelnetz die Verbrechen in den Hintergrund treten: Hinrichtungen, Entführungen, Folterungen (im Knast und in der Psychiatrie), Verschwinden von Verhafteten, Zwangsadoptionen, Totschlag und schwere Körperverletzung bei versuchtem Grenzübergang und so weiter. Unerträglich ist auch, daß Befehlsgeber und Schreibtischtäter nicht zu belangen sind. Das vergiftet das soziale Klima nachhaltig.

Unhaltbar ist auch, daß über dem Stasi-Informanten-Diskurs, so wichtig er ist, die Analyse der zentralen Macht- und Befehlsstrukturen des Regimes in den Hintergrund tritt. Die Schuld für das ökonomische und ökologische Desaster und die Entwurzelung einer ganzen Generation wird einseitig der Stasi in die Schuhe geschoben und von den eigentlichen Entscheidungsgeflechten abgelenkt. Die Sichtung von Partei-, ZK- und Regierungsakten ist ebenso wichtig wie die der Stasi-Informationen.

Die Anatomie des Partei- und Polizeistaates muß bis in die Verflechtungen erforscht werden. Bisher war alles rein personenbezogen. Es entsteht der Eindruck, als wäre die DDR ein Stasi-Staat von Informanten und Opfern gewesen. Wo bleibt dagegen eine Auswertung nicht so sehr, welche Person in welchem Kreis IM war, sondern etwa, welcher Anteil von IM-Vorläufen (Werbungsversuchen) erfolglos verlief? Was kann man quer zu Personenakten und politischen Querelen ermitteln, und es zeigt uns auch einmal neben all dem Trübsinn, wie erfreulich groß der Anteil an Zivilcourage oder wenigstens an störrischem Widerstand in der Bevölkerung war. An den Werbungs- und Schulungsmaterialien der Stasi läßt sich auch ermitteln, auf welchen Persönlichkeitstyp sie bei der Rekrutierung gesetzt haben. [...]

Diese Beispiele zeigen, daß wir erst am Anfang der eigentlichen Aufarbeitung der DDR-Vergangenheit stehen. Es bleibt die Aufgabe, die Anatomie eines autoritären und geheimpolizeilichen Systems zu beschreiben, die Psychomechanismen, die die Bevölkerung dazu brachten, den Druck so lange zu ertragen, daß erst der drohende ökonomische und ökologische Kollaps der Vernunft zum Siege verhalf, uns indessen in die Bettlerstellung brachte und weit zurückwarf.

Es gibt übrigens zahlreiche ähnliche Systeme in der Welt; auch ist kein demokratischer Staat in Krisenzeiten prinzipiell gefeit gegen die Versuchung, sich strukturelle Stabilität auf Kosten einer gelähmten Kreativität der Bevölkerung zu erkaufen. Eine sorgfältige und abgewogene Beschreibung des SED-Stasi-Staates ist daher eine Herausforderung, mit der wir der Zukunft einen großen Dienst erweisen könnten. Bis jetzt war die Optik schief, und wir haben uns in Einzelheiten verzettelt.

Jens Reich, von Beruf Molekularbiologe und als einer der Mitbegründer des Neuen Forums prominenter Vertreter der ostdeutschen Bürgerbewegung, zieht in einem Artikel der Frankfurter Allgemeinen Zeitung vom 11. 7. 1992 eine Zwischenbilanz der Stasi-Auseinandersetzung seit der Auflösung des MfS.

Verstehen: Dazu verhilft nur das Gespräch zwischen Opfern und Tätern, sagt ein Betroffener

3 Man müßte mehr analysieren. Dazu sehe ich mich auch an ganz bestimmten Stellen meiner Biographie veranlaßt: aus der Erinnerung und den unsäglichen Papieren, die ich durchblättere, zu verstehen, was eigentlich geschehen ist. Was wir beeinflußten, was von uns unabhängig lief, ob wir etwas umbewerten müssen. Ich bin mir noch nicht sicher, daß wir sagen werden: Wir können bestimmte Teile unserer Vergangenheit wegwerfen, weil sie nicht uns gehörten. Die Beschäftigung mit diesen Akten legt mir das nahe. Das ist genau der Punkt, an dem ich nervös, unruhig und wütend werde. Dann, wenn ich feststelle, hier war der Repressionsapparat unter Umständen geeignet, uns eine ganz andere Richtung zu geben. [...]

Auf lange Sicht wird es Sache der Historiker sein, sich damit zu beschäftigen, und nicht jedes Einzelnen. Das wäre fatal, wenn nun jeder diese Akten monatelang studiert. Für mich ist eindeutig, daß die Akten, so wie sie vor mir liegen, Anlaß sind, festzustellen, daß nichts mehr übrig bleibt von der DDR. Wir müssen da durch, um frei zu sein, den Kopf frei zu haben. Ganz wichtig dabei wäre, daß wir nicht angesehen werden und auch nicht auftreten wie Rächer, die jetzt als Stasi-Jäger in die Medienlandschaft treten. [...]

Ich würde immer vorziehen, Gespräche zu führen, auch mit denen, die mich verletzten. Das heißt nicht, daß Freundschaften zu kitten wären. Aber daß man zumindest etwas daraus lernt, daß man diesen Prozeß produktiv werden läßt und nicht einfach damit beendet, indem man auflistet, wer einen verraten hat und damit alles, was in der Vergangenheit schief lief, darauf zurückführt, daß es diese Umstände gab.

Ausgangspunkt bleibt der Reinigungsprozeß der Gesellschaft. Da können wir natürlich eine Rolle spielen als diejenigen, die beginnen, die solche Aufmerksamkeit erhalten. Denjenigen, die das in einem Jahr zu Gesicht kriegen, wird man ein solches Interesse gar nicht mehr entgegenbringen, es sei denn, sie entdecken einen spektakulären Fall.

Weil dies so ist, und weil wir dieses Privileg haben, könnten wir als Teil der Bürgerbewegung demonstrieren, wie wir uns die Bewältigung des Geschehenen vorstellen. Es müßte uns gelingen, viele Gespräche zu organisieren. Dazu gehört aber auch die Bereitschaft derjenigen, die sich davor drücken. Wir müssen an die großen Täter kommen, die sich mit ihrem Herrschaftswissen verschanzen und auch kaum gerichtlich dafür belangt werden. Sie schweigen immer noch.

Gerd Poppe, als reger Organisator der DDR-Oppositionsgruppen der 80er Jahre im Visier der Stasi, zieht in einem Interview in der Tageszeitung vom 13. 1. 1992 (Interviewpartner M. Geis und A. Seibel) Schlußfolgerungen nach der Akteneinsicht in der Gauck-Behörde.

1 Ein Geheimdienst gegen das eigene Volk: Aufgaben, Methoden und Feindbild des MfS

Im Alltag war die Stasi stets gegenwärtig – das ist für „gelernte DDR-Bürger" keine neue Erkenntnis. Als eine der ersten Nachrichten aus dem Inneren des Spitzelsystems gelangte eine Analyse des Bürgerrechtlers *Jens Reich* in den Westen (4). Dort hätte man allerdings besser Bescheid wissen können, gab es doch seit Beginn der 80er Jahre die sehr präzise Untersuchung von *Karl W. Fricke*[1]. Das damals Versäumte gilt es nun nachzuholen.

In der Analyse des Mitarbeiters der *Behörde des Sonderbeauftragten der Bundesregierung für die personenbezogenen Unterlagen des ehemaligen Staatssicherheitsdienstes* (Gauck-Behörde), *Stephan Wolf*, wird deutlich, daß die Umklammerung der DDR-Gesellschaft durch die Stasi-Krake noch umfassender war, als von Fricke angenommen (5). Daß trotz wuchernder Organisationsstruktur (6) die These von einem geheimen „Staat im Staate", der im Hintergrund die Fäden der Macht gezogen habe, am Kern vorbeigeht, macht der Stasi-Auflöser *Ulrich Schröter* deutlich: das MfS blieb seiner Funktion nach „Schild und Schwert" der SED (7).

Die Funktionäre, die den Apparat des MfS steuerten, waren die „hauptamtlichen Mitarbeiter", deren Rekrutierung schon einiges über das Selbstverständnis der MfSler aussagt (8).

Daß der „Hauptamtliche" in eine verschworene, vom übrigen Volk abgesonderte und durch ein „tschekistisches"[2] Elitebewußtsein getragene Gemeinschaft eintrat, wird in der Verpflichtungserklärung deutlich (9). Zu welchen Rechtfertigungsversuchen dieses Sonderbewußtsein auch noch nach dem Ende des MfS befähigte, macht ein Interview mit einem Stasi-Offizier aus jener Abteilung XX deutlich,

---

[1] Die DDR-Staatssicherheit, 1. Aufl., Köln 1982
[2] Der Ehrentitel „tschekistisch" – übrigens die Lieblingsvokabel der Stasi-Ideologen – bezog sich auf die Tscheka, die Ursprungsgründung aller sozialistischen Geheimdienste, und stand für besondere Entschlossenheit, Prinzipienfestigkeit und Angriffsbereitschaft – bei Einhaltung der von Mielke erlassenen Richtlinien.

die vor allem die Bespitzelung der „feindlichen Kräfte" im Innern steuerte (10).

Im Mittelpunkt der Stasi-Auseinandersetzung stand bislang die Funktion des MfS als eines Geheimdienstes gegen das eigene Volk. Weil hier die enge Umklammerung der Gesellschaft und die tagtägliche Betroffenheit des einzelnen am deutlichsten hervortreten, wird auch bei der folgenden Textauswahl diesem Schwerpunkt gefolgt. Die Texte sollen dokumentieren, mit welchen abgefeimten Mitteln und Methoden jegliches oppositionelle Verhalten „zersetzt" werden sollte.

Der häufigste und in aller Regel glimpflich verlaufende Kontakt mit der Stasi hieß „Sicherheitsüberprüfung". Die über jeden DDR-Werktätigen geführte „Kaderakte" bildete eine wichtige Materialsammlung hierzu (11). Wer hierbei „auffiel", wurde den höheren Stadien geheimpolizeilicher Bearbeitung zugeführt: der „operativen Personenkontrolle"; der „Feind" wurde zu einem „operativen Vorgang" (OV) (12). Diese „operative Bekämpfung" zielte bevorzugt auf die Opposition (13). Laut Recherche der Gauck-Behörde belief sich die Zahl dieser „Feinde" insgesamt auf 3450. Rein quantitativ richtete sich die Mehrzahl der „OV" auf Wirtschaftskriminalität und Straftaten. Die Offiziere der Hauptabteilung XX maßten sich an, „Drehbücher des Lebens" zu schreiben und zu inzenieren (14). Im Hintergrund stand dabei drohend das politische Strafrecht, das die „Zersetzung" der Persönlichkeit flankierte (15). Zur Anleitung dieser psychologischen Kriegsführung bekam der Stasi-Offizier einen infamen Maßnahmenkatalog an die Hand (16). Daß dieser nicht nur Papier blieb, dokumentiert *Jürgen Fuchs* am Beispiel der „Aktion Ärger" (17).

Im Alltag der Hauptamtlichen gab es indessen auch eine „aufklärerische" Routine von Bürokraten. Diese (am Beispiel der Postschnüffelei, 18) hat das *Leipziger Bürgerkomitee zur Stasi-Auflösung* recht anschaulich dargestellt – aber es machte in den Stasi-Amtsräumen auch recht groteske bis betroffen machende Entdeckungen (18-22).

Wozu wurde nun dieses Arsenal eines Geheimdienstes gegen das eigene Volk eingesetzt?

Exemplarisch werden „Feinde" aus verschiedenen Bereichen der DDR-Gesellschaft vorgestellt:

Da ist zunächst der unbotmäßige Ingenieur *Uwe Bastian*, dessen berufliches Fortkommen von der „Stasi in der Produktion" unter tätiger Mithilfe der „normalen" Kader verbaut wurde (24).

In der *EOS Johann-Gottfried-Herder* in Schneeberg war 1970 eine Gruppe aufmüpfiger Schüler zu Staatsfeinden gestempelt und kriminalisiert worden (25).

Der Physiker *Robert Havemann*, als kritischer Marxist ein besonders unerschrockener und gefährlicher Staatsfeind, wurde jenseits aller Legalität unter Hausarrest gestellt (26).

Der Liedermacher *Wolf Biermann*, dessen respektlose und treffgenaue „Hetzlieder" den Stasi-Oberen schon seit 1965 Auftrittsverbot und permanente Bespitzelung Wert waren, wurde nach einem von der Stasi minutiös ausgearbeiteten Szenario aus der DDR „ausgebürgert" (27 und 28).

Der Schriftsteller *Erich Loest* schließlich, bereits in den 50er Jahren ein Opfer der politischen Repression, wurde nach seiner Freilassung aus Bautzen von Freunden umstellt, die sich als „Inoffizielle Mitarbeiter" der Stasi werben ließen (29).

Die alltägliche Gegenwart und Wirkung der Stasi

4 *Reine Empfindung.* Ich kann keine Fakten beibringen. Niemand nennt mir den Etat der Staatssicherheit oder die Zahl an regulären und informellen Mitarbeitern, niemand zeigt mir die Aktenschränke. Ich kenne nicht ihr Datenverarbeitungssystem und ihre Datenbanken. Ihre Gebäude sind grau und unübersehbar, wie Kulissen: Fassaden, Fenster, keine Gardinen. [...]

Die Sicherheit spüre ich wie ein kratzendes Unterhemd, als stets vorhandenes Unbehagen, von dem man aber für kurze Zeit abgelenkt werden kann. Im Gedächtnis wird es als abstrakte Wesenheit gespeichert, als Wissen, nicht als lebendige Mißempfindung. Von Kindestagen an war immer die Sorge im Hintergrund, obwohl ich für einen gegebenen Zeitpunkt (irgendwann: damals) nur undeutlich weiß, welche Befürchtung jeweils akut war.

Es ist wie beim Grenzzoll: Etwas hat man immer zu verbergen. Man hat stets etwas geliehen, gelesen, geschrieben, gehört, gesagt, mitgeschnitten, weitergegeben, nicht gemeldet, geduldet, befördert, begründet, mißachtet, übertreten. Du bist wie ein Kind, das die Hand auf dem Rücken versteckt hält, wenn man es scharf ansieht. Es hat sofort Angst: Bist du jetzt erwischt worden, will man dich strafen? Für welche Tat?

Herzklopfen. Ich bin die schweigende Mehrheit, stumm, hypnotisiert: wie das Kaninchen vor der Schlange. Das Herz klopft bis zum Halse, wenn die Schlange sich zu rühren anschickt, anzuschicken scheint.

Vor dem Basiliskenblick der Sicherheit bewegen wir uns betont ungezwungen, wie auf der Gartenparty beim Freund, der die riesige Dogge hat: Es besteht keine unmittelbare Gefahr, aber man hat das Tier stets im Augenwinkel. Mit schnellem Blick sucht man sich zu vergewissern, daß es nur so ins Leere starrt und uns nicht fixiert. [...]

Was ich beschreibe, ist nicht nur meine private Neurose. Wahn- und Angstvorstellungen aller Ausprägungsgrade sind uns gemeinsam und prägen das gesellschaftliche Verhalten. Jeder richtet sich auf seine Weise damit ein, zwischen öffentlicher Beflissenheitsübung und privatem Schneckenhaus.

Die wirksamsten Dienste leistet die Staatssicherheit dabei durch ihr bloßes Vorhandensein, nicht durch Aktionen. Es löst den Feinmechanismus der *Selbstzensur* aus, dem unser Bewußtseinsinhalt unterworfen wird, wenn er öffentlich vorgezeigt werden soll. Die Selbstzensur wirkt als ein Netz von Reflexen, das alle Äußerungen schon im Ansatz „entgiftet" und auf Konfliktvermeidung absucht. Wir bemerken solche Meidbewegungen vor allem bei den anderen, seltener bei uns selbst. Unauffällige Ausweichmuster, im Gespräch: ein Thema zielsicher beiseiteschweigen. Oder mit einem Scherzwort wie zufällig wechseln. Eine Platte auflegen, den Fernseher einschalten. [...]

Man sagt, unter zehn ist immer einer. Ein Stukatsch, der Klopfer, ein altes Wort, das aus der russischen Häftlingssprache in die Literatur kam: ein Informant. Er (oder sie!) ist der materiell-immaterielle Auslösehebel der Selbstzensur. Man reagiert heute anders auf ihn, und daran kann man die Evolution des Überwachungsmechanismus ablesen. In den fünfziger Jahren verstummte man, wenn er (oder sie) dazukam. Heutzutage sagt man: Mußte die Parteiführung gerade jetzt den Ceausescu einladen?, anstelle von: Was der mit seinem Volk treibt, das ist Faschismus!

Es muß mehrere Sorten von Stukatschi geben: den mißgünstigen Denunzianten; den wohlwollenden, der seine Schafe gern hat und Gutes berichtet oder das Nachteilige mit verständnisvollen Erklärungen abschwächt; den armseligen Wichtigtuer, dem endlich jemand geduldig zuhört... [...]

Die feinen Sanktionen. Es geht nicht mehr um Existenz oder Vernichtung. Man kann nicht mehr abgeholt werden und für immer verschwinden. Sie müssen Beweise zusammentragen, so sehr auch die Paragraphen aus Gummi das erleichtern. [...]

Dafür ist das System der unterschwelligen Nadelstiche voll ausgebaut worden. „Zuführung" anstatt Untersuchungshaft. Der Zugeführte ist schon wieder frei, bevor es zu Alarm und Protesten kommen kann. Der Abend ist ihm wirksam verdorben.

Noch feiner ist die unsichtbare Wasserscheide von den Sympathisanten. Der prominente Dissident ist durch seine ARD-Interviews geschützt, die Kleinen aber haben Angst. Eine Luke kann sich auftun: plötzlich ist die Arbeitsstelle umstrukturiert. Oder die Wohnung baupolizeilich gesperrt. Oder der Tochter die Lehrstelle abhanden gekommen. Oder Bewerbungen mißlingen auf das rätselhafteste. Oder ein Ungarn-Visum ist abgelehnt. Eine Verwandtenreise in den Westen. Oder der Schulleiter meint es gut und rät gegen bestimmten Umgang. Der Chef bestellt dich und läßt eine freundliche Warnung einfließen. Die Promotion könnte Schaden nehmen. Für die Publikation eines Gedichtzyklus fehlt es hartnäckig an Papier. Oder ein höflicher Besuch der Sicherheit, zu Hause: wir wollen es doch nicht bis zu einem offenen Konflikt bringen, oder??? Schon im Vorfeld kameradschaftlich vor den möglichen Folgen warnen, wir wissen, daß Sie keine bösen Absichten haben, aber es gibt nicht nur Gutwillige auf der Welt, und man kann leicht rutschen...

Gegenstrategien gibt es zwei. Erstens: Kopf in den Sand. Politische Abstinenz. Minuspunkte vermeiden. Zweitens: Zivilcourage. Je mehr Leute offen sprechen und handeln, desto schwieriger ist es, massenhaft Nadelstiche anzubringen. Man kann durch einen Wink der schwarzen Hand eine oder zwei Einstellungen verhindern, aber nicht Hunderte. Man kann vier Schüler relegieren, aber nicht vierundzwanzig. Man kann einige einschüchtern, aber nicht alle: es sei denn, sie sind damit einverstanden.

Aus dem Inneren des Spitzelsystems hat Jens Reich (unter dem Pseudonym Thomas Asperger) im Sommer 1989 berichtet: „Sicherheit und Feigheit – Der Käfer im Brennglas", in: Lettre International Heft 5, 2. Vierteljahr 1989, S. 63 f.

Die vielfältigen Aufgaben des Ministeriums für Staatssicherheit

5 Das MfS hatte zum Zeitpunkt seiner Auflösung ca. 85 000 hauptamtliche Mitarbeiter, die in 36 Struktureinheiten der Zentrale und 15 Bezirksverwaltungen (BV) tätig waren. Nominell war das MfS ein Organ des DDR-Ministerrates. Tatsächlich konnte das MfS – mit Ausnahme der SED selbst – wie keine andere Einrichtung der DDR überall hineinregieren. Seine besondere Stellung zur Sozialistischen Einheitspartei Deutschlands (SED) wird daran deutlich, daß es sich als deren „Schild und Schwert" betrachtete, deren Beschlüsse als Befehle auffaßte und in den jeweiligen Parteigremien vertreten war. Erich Mielke [Chef des MfS] saß seit 1971 im Politbüro des Zentralkomitees (ZK) der SED, des höchsten politischen Führungsgremiums, die Chefs der Bezirksverwaltungen und Kreisdienststellen (KD) in der jeweiligen Kreis- bzw. Bezirksleitung und außerdem in der für die territoriale Sicherheit wichtigen Bezirks- bzw. Kreiseinsatzleitung (BEL bzw. KEL). Den Vorsitz dort führte der 1. Sekretär der entsprechenden SED-Organisation.

Das MfS befaßte sich bei seiner Tätigkeit mit allen Bereichen der Gesellschaft (vom Besorgen eines Mangelartikels bis zum Faschingsumzug) und war über die Entwicklung bestens informiert. Letztlich wurden die Entscheidungen aber von der SED gefällt. Kennzeichnend war, daß das MfS besonders seit den 70er Jahren viele geheimdienstfremde Aufgaben übertragen bekam, um die Verwerfungen in der Gesellschaft zu kaschieren:

– Der Öffnung der DDR nach außen (Grundlagenvertrag mit der BRD 1972, Aufnahme in die UNO 1973, Abschluß der KSZE 1975) wurde mit einem kaum veränderten Abschotten nach innen begegnet. Das MfS wurde zuständig für Paß- und Grenzkontrollen (Hauptabteilung [HA] VI), Terrorabwehr (HA XXII), Kontrolle der in der DDR lebenden Ausländer (HA II).

– Seit dem KSZE-Abschluß 1975 wurde das Problem der ständigen Ausreise auf neue Weise virulent, das das MfS eingrenzen sollte (Zentrale Koordinierungsgruppe [ZKG]).

– Vom Bestehen des MfS an gehörte der Bereich Personenschutz (HA PS), einschließlich der Betreuung des Regierungsbunkers (AGM), zu den größten Hauptabteilungen.

– Das MfS organisierte für die immer weniger innovative DDR-Wirtschaft das Beschaffen von Maschinen, Ausrüstungen und Know-

How, die auf der COCOM-Liste standen (HA XVIII und Hauptverwaltung Aufklärung [HV A]).

– Am Beispiel des Bereiches Kommerzielle Koordinierung (Schalck-Golodkowski) zeigt sich, daß es selbst auf dem Gebiet der Wirtschaft Aufgabenstellungen gab, deren Lösung allein dem MfS anvertraut wurden (AG BKK).

– Weil der Bevölkerung sowohl die wirtschaftlichen als auch die innenpolitischen Schwierigkeiten nicht verborgen blieben, handelte das MfS wie eine politische Polizei, um die kritischen Stimmen zu disziplinieren.

Wenn in der DDR irgendetwas mißlang, offenkundig wurde, kriselte, kurzum nicht den Planungen und Wunschvorstellungen entsprach, wurde das MfS mit in die Verantwortung genommen. Das MfS sollte vorbeugend tätig werden, mußte gleichzeitig auf viele Eventualitäten vorbereitet sein und wenigstens eine schnelle Informationstätigkeit sichern, wenn der Schaden schon nicht zu verhindern gewesen war. Darum wurden in einer grenzenlosen Datensammelwut selbst die unsinnigsten Details gespeichert. Diesen ausufernden Aufgabenstellungen war die Sprache und die Begrifflichkeit im MfS adäquat, so bedeutete „politisch-operativ" einerseits, daß etwas zwar legal, aber politisch unvertretbar war (z. B. die Verhaftung von Pfarrer Eppelmann), andererseits, daß eine Verhaltensweise zwar nicht strafbar, aber vom MfS mißbilligt und gleichwohl bearbeitet wurde (z. B. unabhängige Philosophiekreise).

Das MfS dürfte neben dem Leistungssport die einzige Einrichtung der DDR gewesen sein, die bis zuletzt funktionierte. Weil – wie in der ganzen Gesellschaft – eine parlamentarische Kontrolle fehlte und keinerlei interne Diskussion der Arbeit zugelassen wurde, setzten sich im MfS die Gebrechen und Schwächen der allein herrschenden Partei fort. Das MfS war jedoch stets die wichtigste Stütze der SED. Die klassischen Geheimdienstdisziplinen – Abwehr und Aufklärung – machten dagegen nur noch einen Bruchteil der MfS-Arbeit aus.

Stephan Wolf, ev. Theologe, aktiv im Ostberliner Komitee zur Stasi-Auflösung, arbeitet heute in der Gauck-Behörde (Originalbeitrag).

6 Die innere Organisationsstruktur des MfS

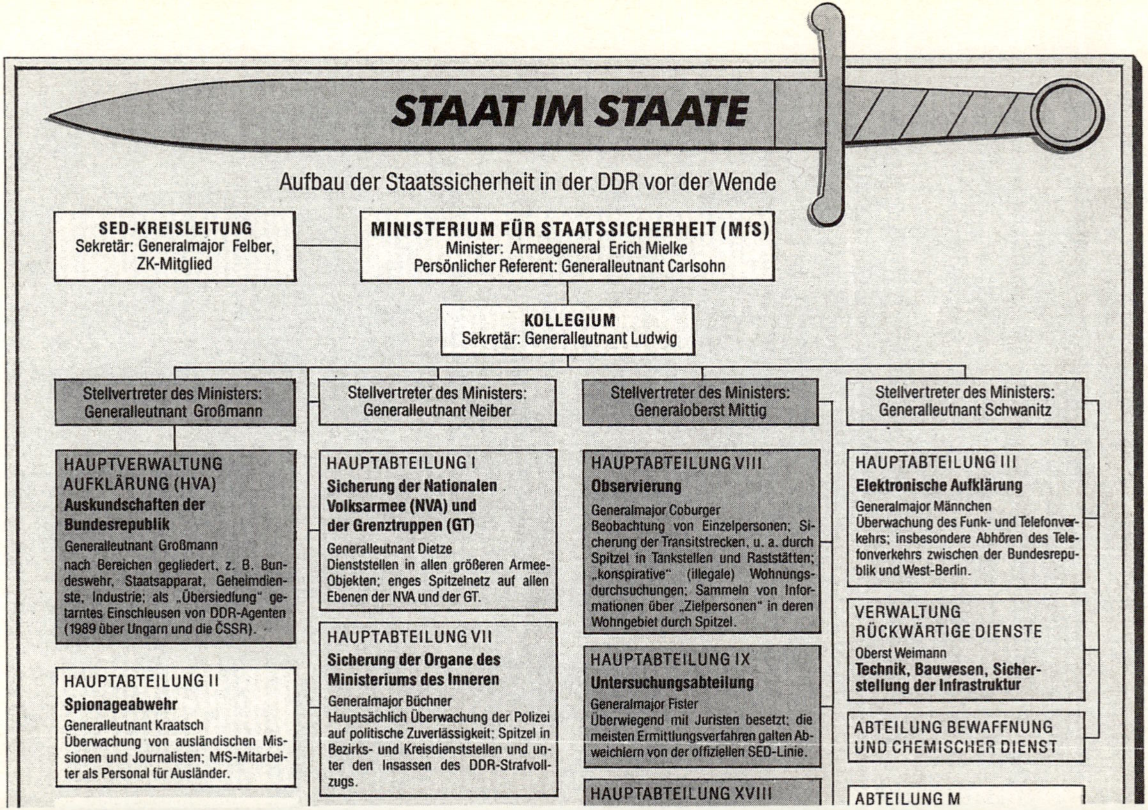

STAAT IM STAATE

Aufbau der Staatssicherheit in der DDR vor der Wende

MINISTERIUM FÜR STAATSSICHERHEIT (MfS)
Minister: Armeegeneral Erich Mielke
Persönlicher Referent: Generalleutnant Carlsohn

KOLLEGIUM
Sekretär: Generalleutnant Ludwig

SED-KREISLEITUNG
Sekretär: Generalmajor Felber, ZK-Mitglied

Stellvertreter des Ministers: Generalleutnant Großmann

HAUPTVERWALTUNG AUFKLÄRUNG (HVA)
Auskundschaftung der Bundesrepublik
Generalleutnant Großmann
nach Bereichen gegliedert, z. B. Bundeswehr, Staatsapparat, Geheimdienste, Industrie; als „Übersiedlung" getarntes Einschleusen von DDR-Agenten (1989 über Ungarn und die CSSR).

HAUPTABTEILUNG II
Spionageabwehr
Generalleutnant Kraatsch
Überwachung von ausländischen Missionen und Journalisten; MfS-Mitarbeiter als Personal für Ausländer.

Stellvertreter des Ministers: Generalleutnant Neiber

HAUPTABTEILUNG I
Sicherung der Nationalen Volksarmee (NVA) und der Grenztruppen (GT)
Generalleutnant Dietze
Dienststellen in allen größeren Armee-Objekten; enges Spitzelnetz auf allen Ebenen der NVA und der GT.

HAUPTABTEILUNG VII
Sicherung der Organe des Ministeriums des Inneren
Generalmajor Büchner
Hauptsächlich Überwachung der Polizei auf politische Zuverlässigkeit; Spitzel in Bezirks- und Kreisdienststellen und unter den Insassen des DDR-Strafvollzugs.

Stellvertreter des Ministers: Generaloberst Mittig

HAUPTABTEILUNG VIII
Observierung
Generalmajor Coburger
Beobachtung von Einzelpersonen; Sicherung der Transitstrecken, u. a. durch Spitzel in Tankstellen und Raststätten; „konspirative" (illegale) Wohnungsdurchsuchungen; Sammeln von Informationen über „Zielpersonen" in deren Wohngebiet durch Spitzel.

HAUPTABTEILUNG IX
Untersuchungsabteilung
Generalmajor Fister
Überwiegend mit Juristen besetzt; die meisten Ermittlungsverfahren galten Abweichlern von der offiziellen SED-Linie.

HAUPTABTEILUNG XVIII

Stellvertreter des Ministers: Generalleutnant Schwanitz

HAUPTABTEILUNG III
Elektronische Aufklärung
Generalmajor Männchen
Überwachung des Funk- und Telefonverkehrs; insbesondere Abhören des Telefonverkehrs zwischen der Bundesrepublik und West-Berlin.

VERWALTUNG RÜCKWÄRTIGE DIENSTE
Oberst Weimann
Technik, Bauwesen, Sicherstellung der Infrastruktur

ABTEILUNG BEWAFFNUNG UND CHEMISCHER DIENST

ABTEILUNG M

Der Spiegel 6/1990, S. 54

HAUPTABTEILUNG VI
Sicherung und Kontrolle der Grenze
Generalmajor Fiedler
Paßkontrolleinheiten an allen Grenzübergängern; Spitzel und Abhöranlagen in von Ausländern bevorzugten DDR-Hotels; Spitzel in Reisegruppen von DDR-Bürgern.

ABTEILUNG X
Generalmajor Damm
Verbindungsstelle zu den Geheimdiensten der sozialistischen Bruderländer.

ABTEILUNG XI
Sicherung des Chiffrier- und Nachrichtenwesens
Generalmajor Birke
Sicherheitsüberprüfung aller im Bereich Funk- und Fernschreibverkehr tätigen DDR-Bürger.

ABTEILUNG XII
Zentrale Kartei
Oberst Roth
Jede Person, an der eine MfS-Abteilung Interesse hat, wird zunächst in dieser Kartei erfaßt – noch vor operativen Maßnahmen. Datensammlung; Auskünfte an die MfS-Abteilungen.

ZENTRALE PERSONEN-DATENBANK
Computerisierte Datensammlung, parallel zur Aktenablage bei Abteilung XII.

HAUPTABTEILUNG XX
Bekämpfung der „politisch-ideologischen Diversion" (PID) und „politischer Untergrund-Tätigkeiten" (PuT)
Generalleutnant Kienberg
Bereiche: Kirche, Jugend, Volksbildung, Staatsapparat, Gesundheitswesen, Kulturpolitik, Sport; Einschleusen von Spitzeln in die „Untergrundszene", in oppositionelle Gruppen und Bewegungen.

ABTEILUNG XXII
Terrorismusbekämpfung
Oberst Franz

ABTEILUNG XVII
Passierscheinbüros/West-Berlin
Oberst Janßen

HAUPTABTEILUNG XIX
Sicherung des Verkehrswesens
Generalmajor Braun
Dienststellen und Spitzeleinsatz bei der Deutschen Reichsbahn, bei Interflug und im grenzüberschreitenden Kraftverkehr (Lkw); Spezialeinheiten zur Terrorabwehr.

ABTEILUNG 26
Überwachung des DDR-Telefon- und Fernmeldesystems
Generalmajor Leber

ABTEILUNG NACHRICHTENTECHNIK

Sicherung der Volkswirtschaft
Generalleutnant Kleine
Kontrolle aller Kombinate, Betriebe, landwirtschaftlicher Einrichtungen und der Akademie der Wissenschaft; Genehmigung von Auslandsdienstreisen; Einstufung von DDR-Bürgern zu „Geheimnisträgern"; Spitzeleinsatz.

ZENTRALOPERATIVER STAB
Einsatzplanung für Großveranstaltungen
Oberst Sommer

BEREICH KOMMERZIELLE KOORDINATION (BKK)
Oberst Meinel

ABTEILUNG 32
Operativ-technischer Sektor
Generalmajor Schmidt

ZENTRALER MEDIZINISCHER DIENST
Generalmajor Klein

HAUPTABTEILUNG KADER UND SCHULUNG
Innere Sicherheit
Generalmajor Möller
MfS-Mitarbeiter-Überprüfung.

ABTEILUNG XIV
Untersuchungshaftanstalten des MfS
Oberst Ratzizick

Überwachung des Postverkehrs
Oberst Strobel
Zugriff auf alle Postsendungen; Öffnen der Briefe, Kopieren und Speichern „relevanter Texte".

HAUPTABTEILUNG PS
Personen- und Objektschutz
Generalmajor Wolf
„Persönliche Begleiter" der SED-Führer; alle in Wandlitz tätigen Personen waren Mitarbeiter der Abteilung PS; mit:
Wachregiment „Feliks Dzierzynski"

ZENTRALE KOORDINIERUNGSGRUPPE (ZKG)
Bearbeitung der Anträge auf Übersiedlung
Generalmajor Niebling
Ausforschen der Antragsteller, Suche nach Gründen einer Ablehnung.

ZENTRALE AUSWERTUNGS- UND INFORMATIONS-GRUPPE (ZA/G)
Analyse und Auswertung
Generalleutnant Irmler
Zusammengefaßte Berichte für die SED-Führung.

ARBEITSGRUPPE MINISTER
Sonderaufgaben für Mielke
Generalmajor Geißler

Spitzel: „Inoffizielle Mitarbeiter" (IM) und „Offiziere im besonderen Einsatz" (OibE)

Das MfS: „Schild und Schwert der Partei" oder heimliche Regierung?

7 Völlig eindeutig ist dies: Die Sozialistische Einheitspartei Deutschlands (SED) war dem Ministerium für Staatssicherheit (MfS) vorgeordnet. Das MfS hatte die Macht der SED zu sichern. Ebenso deutlich ist freilich: Das Ministerium für Staatssicherheit hat seine Einflußnahme auf Entscheidungen der Partei und Regierung im Laufe der Zeit Schritt für Schritt ausgedehnt.

Zum einen war das schon in der umfangreichen Aufgabenstellung angelegt. Das MfS war nicht nur ein Geheimdienst nach innen und nach außen. Darüber hinaus oblagen ihm der Betrieb und die Sicherung der Nachrichtenverbindungen der Regierung. Es stellte den Personenschutz, versah die Paßkontrolle, hatte schwere Kriminalität und Verbrechen der nationalsozialistischen Zeit aufzuklären, leitete die Terrorbekämpfung.

Zum anderen aber entwickelte der Auftrag, die Macht der Partei zu sichern, eine eigene Dynamik. Das starke Sicherheitsbedürfnis verführte dazu, alles und jeden zu überprüfen. Keinem war zu trauen. Schließlich erwarb das MfS eine besondere Informationsdichte: Abgehörte Gespräche und Sitzungen, die Postkontrolle sowie ein dichtes Netz von Inoffiziellen Mitarbeitern legten die Basis. Die Berichte über die wirtschaftliche Lage sowie über die Stimmung in der Bevölkerung ergaben eine zuverlässige Situationsanalyse. Infolgedessen wurde das MfS von der Partei mehr und mehr für innenpolitische Aufgaben herangezogen, die eigentlich durch die Partei selbst oder die Regierung hätten gelöst werden müssen.

Die Ausreiseproblematik bietet nur ein Beispiel dafür. Ebenso wurden Engpässe in Wirtschaft und Forschung oder die Elektrifizierung der Reichsbahn in den Aufgabenkatalog einbezogen. Einzelheiten harren noch der Aufklärung. Doch schon jetzt kann man sagen: Wesentliche Entscheidungen wurden durch das MfS vorbereitet. Wo die Partei versagte oder durch unrealistische Vorgaben falsche politische und wirtschaftliche Akzente setzte, sollte das MfS als Schild und Schwert der Partei für Abhilfe sorgen. [...]

Das Mitwirken des MfS bei Entscheidungsprozessen kann jeder Bürger im nachhinein dort vermuten, wo er keine Begründung bei der Ablehnung eines Anliegens, etwa eines Reiseantrages, erhielt. In der staatlichen Personalpolitik waren Rückfragen beim MfS zwingend vorgeschrieben und die Entscheidungsvorschläge in der Regel maßgebend. [...]

Diese Gegebenheiten blieben vielen Bürgern (mich eingeschlossen) bis zum Ende der DDR verborgen. Anders verhielt es sich offensichtlich bei leitenden Persönlichkeiten in Wirtschaft und Forschung. Die harte tägliche Praxis drängte sie zu der Einsicht in die spezifische Machtstruktur: hier eine schwache Regierung – da eine im ideologischen Führungsanspruch unbeugsame, in der politischen Umsetzung jedoch nicht entsprechend starke Partei – dort schließlich ein starkes MfS zur Vorbereitung von Entscheidungen. Diese Leitungspersonen redeten nicht darüber, stellten sich jedoch darauf ein, daß oft nur durch die Hilfe des MfS Engpässe und Planschwierigkeiten zu meistern waren. Sie haben deshalb Gespräche mit dem MfS nicht verweigert, oft sogar gesucht. Ihren Berichten zufolge wurden eigene Bedenken auch dadurch zerstreut, daß dieser Geheimdienst als ein offizielles Ministerium geführt wurde, das immer auch Gesetzes- oder Verfassungsparagraphen für sein Vorgehen anzuführen wußte.

[...] Die Perspektive der Bespitzelung der eigenen Bevölkerung ist nur eine, wenn auch durch nichts zu bagatellisierende Sicht. Die den politischen und wirtschaftlichen Ablauf unmittelbar betreffende Funktion des MfS ist die andere Seite, die man auch zur Kenntnis nehmen muß.

Der „Stasi-Auflöser" Ulrich Schröter untersucht in einem Artikel der Zeit vom 6. 3. 1992: „Wie wurde man ein IM?"

Wie wurde man hauptamtlicher Mitarbeiter des MfS?

8 Der Bedarf des MfS und aller seiner Diensteinheiten an für seine Zwecke geeigneten Mitarbeitern war zu allen Zeiten sehr groß. [...]

Die Leitung des MfS ging davon aus, daß nur die im Sinne ihrer Weltsicht Besten für eine Mitarbeit in den Organen des MfS in Frage kommen könnten. Folglich wurden bei der Auswahl außerordentlich strenge Maßstäbe angelegt, wobei zwei Zielsetzungen zugleich verfolgt wurden. Zum einen sollte eine weitgehende Sicherheit geschaffen werden, daß in die Reihen des MfS nur solche Personen kommen konnten, die gründlich überprüft waren, auf keinen Fall für gegnerische Geheimdienste arbeiteten und damit eine möglichst große Garantie dafür boten, im Sinne des MfS erfolgreich tätig werden zu können. Auf der anderen Seite wurde denjenigen, die im MfS tätig wurden, ein Elitebewußtsein vermittelt. [...]

In der Praxis bedeutete dies, daß die Gewinnung von neuen Mitarbeitern – wie bei Geheimdiensten allgemein üblich – grundsätzlich vom MfS auszugehen hatte. [...]

Für die Einstellung eines Mitarbeiters war ein spezieller Anforderungskatalog erarbeitet worden. Geradezu als selbstverständlich hatte zu gelten, daß die ins Auge Gefaßten aus der Arbeiterklasse zu stammen hatten, aus einem „fortschrittlichen" Elternhaus kommen mußten und im Sinne der marxistisch-leninistischen Weltanschauung erzogen worden waren. Bevorzugt sollten sie Mitglied der SED und – wenn sie jünger waren – der Freien Deutschen Jugend sein. Es war vorgeschrieben, daß über die für das MfS zu Gewinnenden zunächst umfangreiche Informationen eingeholt wurden. Diese bezogen sich sowohl auf die politische Einstellung als auch auf die persönliche Situation des Kandidaten in der Familie, auf seine Rolle und Stellung in der Gesellschaft ebenso wie auf sein Verhalten am Arbeitsplatz und im gesamten Freizeitbereich. Alle Überprüfungen erfolgten unter strengster Geheimhaltung. Auf keinen Fall durfte der für eine Mitarbeit im MfS Vorgesehene bemerken, daß er überprüft wurde. Auch jene Personen, von denen man sich Informationen über den Kandidaten beschaffte, durften keinerlei Hinweise darauf bekommen, welchem Ziel die Erkundungen dienten. [...]

Überprüft wurden auch die Angehörigen sowie die weiteren Verwandten und Freunde. Zu den Angehörigen und weiteren Verwandten gehörten außer Vater, Mutter und Geschwister des zu Überprüfenden sein Ehepartner und seine Kinder, die Geschwister des Ehepartners und deren Männer beziehungsweise Frauen, deren Verlobte, Freund oder Freundin, die wie Ehepartner zu werten waren. Auch die Großeltern väterlicher- und mütterlicherseits waren in die Überprüfung einzubeziehen, die Onkel und Tanten und deren Ehepartner, Cousins und Cousinen und deren Partner. Der gleiche Personenkreis war auch vom Ehepartner des Kandidaten zu untersuchen. [...] Erst wenn diese umständlichen Prozeduren erledigt waren und zu positiven Ergebnissen geführt hatten, wurde ein Werbungsvorschlag erarbeitet. Erst danach begannen die Gespräche mit dem Kandidaten, vorausgesetzt, es lagen bereits genügend Hinweise für seine generelle Bereitschaft vor.

Aus der Studie der Stasi-Auflöser David Gill und Ulrich Schröter: Das MfS. Anatomie des Mielke-Imperiums, 1. Aufl., Berlin 1991, S. 67 ff.

Verpflichtungserklärung der Hauptamtlichen Mitarbeiter des MfS

9 Ich ....
  (Name, Vorname)   (Geburtsdatum, -ort)

verpflichte mich, auf der Grundlage der dazu erlassenen Rechtsvorschriften und dienstlichen Bestimmungen im Ministerium für Staatssicherheit Dienst im militärischen Beruf zu leisten.

Bei der Abgabe dieser Verpflichtung bin ich mir bewußt,

daß das Ministerium für Staatssicherheit ein zuverlässiges und der Sozialistischen Einheitspartei Deutschlands treu ergebenes Organ des Ministerrates der Deutschen Demokratischen Republik ist, in deren Auftrag es wichtige politisch-operative und militärische Aufgaben zur Festigung unserer Arbeiter-und-Bauern-Macht und zur Sicherung des Friedens durchführt,

daß das Ministerium für Staatssicherheit als ein bewaffnetes Organ der Arbeiter-und-Bauern-Macht zum Schutz und zur Sicherung der sozialistischen Gesellschaft und zum Kampf gegen alle Anschläge der Feinde des Friedens und des Sozialismus geschaffen wurde.

Ich verpflichte mich

a) alle meine Kräfte und Fähigkeiten einzusetzen, um die ehrenvollen Pflichten und Aufgaben eines Angehörigen des Ministeriums für Staatssicherheit zu erfüllen, die Beschlüsse der Sozialistischen Einheitspartei Deutschlands und die Verfassung [...] sowie die dienstlichen Bestimmungen und Befehle des Ministers für Staatssicherheit und der anderen zuständigen Vorgesetzten einzuhalten und mit schöpferischer Initiative durchzuführen,

b) den Dienst, getreu dem Fahneneid, ehrlich und gewissenhaft an jedem Einsatzort zu leisten, mit aller Entschlossenheit den Kampf gegen die Feinde der Deutschen Demokratischen Republik und der sozialistischen Staatengemeinschaft zu führen [...],

c) die militärische Disziplin zu wahren, ständig einsatzbereit zu sein und meine marxistisch-leninistische, spezial-fachliche, militärische, wissenschaftlich-technische und allgemeine Bildung sowie praktischen Fähigkeiten zur Lösung der mir übertragenen Aufgaben zu vervollkommnen,

d) die Verbundenheit zwischen dem Ministerium für Staatssicherheit und der Arbeiterklasse, den Genossenschaftsbauern und den anderen Werktätigen unablässig zu festigen,

e) nach den Geboten der sozialistischen Ethik und Moral zu handeln [...],

f) während und nach der Ableistung des Dienstes die staatlichen und militärischen Geheimnisse zu wahren sowie vor Gericht, Staatsanwalt, Untersuchungsorganen oder anderen staatlichen und gesellschaftlichen Organen über Tatsachen, die mit dem Dienst im Ministerium für Staatssicherheit im Zusammenhang stehen, nur dann auszusagen, wenn mir die Genehmigung dazu erteilt wurde,
g) entsprechend der erfolgten Belehrung über die verbrecherischen Methoden der imperialistischen Geheimdienste und ihrer Organisationen bei allen Versuchen der Verbindungsaufnahme stets wachsam zu sein und solche Versuche sofort meinem Vorgesetzten zu melden,
h) das Verbot, Westberlin, die BRD oder andere Länder des kapitalistischen Auslands zu betreten, zu befahren oder zu überfliegen sowie Verbindungen jeglicher Art von oder nach dort zu unterhalten, soweit kein dienstlicher Auftrag vorliegt, einzuhalten und dafür zu sorgen, daß auch meine Familienangehörigen oder Personen, die ständig oder überwiegend zur häuslichen Gemeinschaft gehören, dieses Verbot unbedingt achten sowie bei Nichtachtung dieses Verbots durch meine Familienangehörigen oder durch Personen, die zur häuslichen Gemeinschaft gehören, unverzüglich meinem Vorgesetzten Meldung zu erstatten,
i) alle Post, die aus Westberlin, der BRD oder anderen Ländern des kapitalistischen Auslands an mich gesandt wird, unverzüglich meinem Vorgesetzten zu übergeben bzw. den Empfang solcher Post durch meine Familienangehörigen oder durch Personen, die zur häuslichen Gemeinschaft gehören, sofort meinem Vorgesetzten zu melden und die Ankunft von Personen aus Westberlin, der BRD oder anderen Ländern des kapitalistischen Auslands, die mich, meine Familienangehörigen oder zum Haushalt gehörende Personen besuchen oder auf andere Art mit mir oder den Vorgenannten in Verbindung treten, meinem Vorgesetzten sofort zu melden, [...]
k) auch nach meiner Entlassung mich so zu verhalten und so zu handeln, daß eine Gefährdung für die Tätigkeit des Ministeriums für Staatssicherheit und meine Person nicht eintreten kann.

Ich wurde über die strafrechtlichen Folgen der Verletzung dieser durch mich abgegebenen Verpflichtung ausführlich belehrt.

....
(Ort, Datum)   (Unterschrift)
....
Verpflichtet durch: (Name, Dienstgrad, Dienststellung)

Die Zahl der derart verpflichteten Hauptamtlichen Mitarbeiter des MfS wuchs von 1973 bis 1983 von 52 707 auf etwa 85 000. Neuere Berechnungen gehen von einem Stand von etwa 99 000 Hauptamtlichen zum Zeitpunkt der Stasi-Auflösung aus.

Aus: David Gill / Ulrich Schröter: Das MfS. Anatomie des Mielke-Imperiums, 1. Aufl., Berlin 1991, S. 28 ff.

Ein Hauptamtlicher erzählt

10 [...] gerade aus der Sicht der Tätigkeit der Hauptabteilung XX war es eindeutig so, daß alle Entscheidungen, die politische und gesellschaftliche Fragen betreffen, dem Parteiapparat unterbreitet wurden und diese Entscheidungen letztlich dann auch im Parteiapparat gefallen sind. [...]

Letztlich entschied der Generalsekretär der Partei, ob solche Maßnahmen eingeleitet wurden oder nicht. [...]

Die eigentliche politische Macht im Lande ging vom Zentralkomitee, vom Politbüro aus. [...]

Natürlich, die flächendeckende Überwachung gab es! Wer die Struktur des ehemaligen MfS betrachtet, wird ja erkennen, daß für jeden gesellschaftlichen Bereich operative Diensteinheiten des ehemaligen MfS zuständig waren. Die Struktur war so ausgerichtet, daß die gesamte Gesellschaft de facto unter Kontrolle stand. Das war Ergebnis einer Sicherheitsdoktrin, die getragen war von Mißtrauen gegen das Volk, die darauf gerichtet war, mit den spezifischen Mitteln der Geheimdienstarbeit alles, was in der Gesellschaft vorging, noch mal zu überwachen. [...]

Ich glaube nicht, daß die flächendeckende Überwachung erst Anfang der achtziger Jahre zum Tragen kam. [...]

Richtig ist, daß mit der Berufung von Erich Mielke, zunächst als Kandidat, später als Mitglied des Politbüros, und mit der daraus resultierenden größeren Einflußmöglichkeit auf Entscheidungen der Parteiführung, der Weg frei wurde für die auch von uns schon vor der Wende so empfundene, völlig unnötige, unsinnige Aufblähung des Sicherheitsapparates. Das widersprach jeder Vernunft und jedem ökonomischen Prinzip. In dem Maße, wie sich dieser Apparat ständig erweiterte, wuchs natürlich das Potential für diese flächendeckende Überwachung. Wobei man natürlich andererseits sagen muß, daß diese Aufblähung des Apparates zum großen Teil effektivitätsmindernd war, daß also immer größere Teile dieses Apparates sich mit sich selbst beschäftigt haben, sich gegenseitig Konkurrenz machten. Oder daß auch vor allem Bereiche ausgebaut wurden, die am Ende keinerlei höhere Sicherheit für dieses Land bringen konnten. Die Abteilungen bewachten sich untereinander. [...]

Die Privilegien im ehemaligen MfS begannen bei der Funktion des stellvertretenden Hauptabteilungsleiters [...]. Diese Funktionäre hatten dann personengebundene Fahrer zur Verfügung. In der Regel sogar mehrere PKW westlicher Produktion. Ich hatte als Dienstwagen einen Wartburg.

Sie hatten die Möglichkeit, Sonderläden für ihre Versorgung zu nutzen, die auch mit Produkten westlicher Herkunft ausgestattet waren, in denen es dann keine Versorgungsschwierigkeiten gab. Sie hatten weiterhin die Möglichkeit, sich gesonderten medizinischen Untersuchungen zu unterziehen [...]. Sie hatten die Möglichkeit, sich in Exklusiv-Ferienheimen zu sehr kulanten Preisen zu erholen [...].

[...] ich habe keinen psychischen Druck gefühlt, keine Schuld, was die Verfolgung von DDR-Bürgern betrifft, weil sie, zumindest aus dem Bereich, dem ich angehört habe, keineswegs diese Ausmaße hatte, wie sie allgemein vermutet werden. Die Personen, die im Blickpunkt unserer Arbeit standen – es waren etwa 2500 Angehörige von verschiedensten Oppositionsgruppen, die sich fast ausschließlich im kirchlichen Bereich gebildet hatten –, sind ja keiner absoluten Repression unterworfen worden. Im Vordergrund aller Überlegungen und Bestrebungen stand, mit politischen Mitteln diese Personenkreise zu isolieren, sie daran zu hindern, politisch-pluralistische Strukturen in der DDR zu schaffen oder diese Strukturen zu festigen und zu erweitern.

[...] die Fülle von Materialien, die auf Grund der flächendeckenden Überwachung gesammelt wurden, enthält in ungeahnter Weise Sprengstoff. Möglichkeiten nämlich, Personen zu kompromittieren, zu diskreditieren, so daß also auch hier der größte Teil dieses Materials meiner Meinung nach verschwinden sollte. Im Interesse eines Neuanfangs wäre es sicher für alle wichtig, soviel wie möglich zu vernichten. Zweifellos sollte man dieses oder jenes erhalten, was von historischem Wert ist, aber doch nichts, was Aufschlüsse gibt über das Verhalten, über Äußerungen von Personen, Einzelpersonen oder gar über ihre Zusammenarbeit mit dem ehemaligen MfS.

Natürlich wurde eine Reihe freiwilliger Mitarbeiter von unserer

Abteilung in oppositionelle Gruppen geschleust, und es handelte sich ja nicht um wenige. [...]

Die Zahl der ehemaligen Informanten des MfS ist enorm groß. Ich bin der Auffassung, daß Personen, die individuelle Schuld auf sich geladen haben, nach rechtsstaatlichen Grundsätzen bestraft werden müssen. Aber das ist aus meiner Sicht ein außerordentlich geringer Teil von ehemaligen Mitarbeitern des MfS. Die überwiegende Anzahl dieser Mitarbeiter hat ehrlich ihre Pflicht erfüllt, die ihr auferlegt war, hat sich diszipliniert, einsatzbereit gezeigt, in der Überzeugung, damit etwas Gutes für einen sozialistischen Staat, auch für die Bevölkerung, zu leisten.

Aus einem Interview, das Christina Wilkening Anfang 1990 mit „Hans, 50 Jahre, Hauptabteilung XX" geführt hat, in: Christina Wilkening: Staat im Staate. Auskünfte ehemaliger Stasi-Mitarbeiter, 1. Aufl., Berlin 1990, S. 59 ff.

Die „Kaderakten" als Stoffsammlung für das MfS

11 Über jede von den Kaderabteilungen registrierte Person wird eine sorgsam verwaltete Akte geführt. Sie umfaßt viele Unterlagen und Daten über alle Bereiche des Lebens: Personalbogen, Lichtbilder, Lebensläufe, Zeugnisse, Gesundheitsatteste, Anzeigen von Zuträgern, Beobachtungen, Beurteilungen, Protokolle der Einstellungs- und Entwicklungsgespräche, gerichtliche oder andere Strafen (teilweise auch von Angehörigen und Freunden), Meinungsäußerungen politischer Art; nähere Angaben über Familienmitglieder, Verwandte und Freunde, Urlaubsanschriften, Auslandsreisen, Krankmeldungen, Besuche aus der Bundesrepublik und dem westlichen Ausland, Verbindungen (brieflich) zu Personen in der Bundesrepublik Deutschland und im westlichen Ausland, Einkommens- und Vermögensverhältnisse usw. Das Nichterscheinen zur Maidemonstration kann dort ebenso aufmerksam notiert werden wie Diskussionsbeiträge oder die Spende für Angola. Belege über Auszeichnungen, Disziplinverstöße und Verpflichtungen (Aufträge) ergänzen das Bild. [...]

Die Kaderabteilung ist zugleich Auswertungs-, Auskunfts-, Beschaffungs- und (zentrale) Sammelstelle von Nachrichten über die ihr zugeordneten Kollegen und Genossen. Alle Meldungen, Anzeigen und wichtige Beobachtungen werden – unabhängig davon, ob sie ein Ermittlungsverfahren nach sich ziehen oder nicht – automatisch der zuständigen Kaderdienststelle zugeleitet. Ist der Fall „abgeschlossen", so fügt die Kaderleitung das Dokument in die Kaderakte des Betreffenden ein.

Um die politische Einstellung der Kader zu eruieren, werden neben dem Verhalten am Arbeitsplatz auch Freizeit- und Urlaubsgebaren analysiert. [...]

Wie ein Schatten begleitet die *Kaderakte* den einzelnen durch das Leben. Subjektive Wertungen haben auf ihren Inhalt großen Einfluß. Nicht selten steigert sich die erste ungünstige Beurteilung – unabhängig von den Tatsachen – zu stereotyper Kritik. Man kann in die Akte beliebig Blätter einreihen, aber nicht etwas daraus entnehmen. Negative Eintragungen (z. B. Strafen) können gelöscht werden. Die Löschung wird aber nur vermerkt, die betreffende Seite bleibt in der Akte. Die Seiten der Akte sind durchgehend numeriert und wichtige Informationen an verschiedenen Stellen notiert. Oftmals erfährt der „Beschuldigte" von den aufgezeichneten „Schwächen" und „Verfehlungen" erst dann [...], wenn er den Betrieb verlassen möchte (jeder Werktätige hat das Recht, die bei der Beendigung des Arbeitsverhältnisses über ihn ausgefertigte Beurteilung zu lesen. Vgl. Arbeitsrecht der DDR von J. Michas et al., Berlin Ost 1968, S. 157 ff.). Im Panzerschrank gesichert, gleichwohl gegenwärtig, ist die Kaderakte dem Einblick der Person entzogen, deren „zweites Ich" sie bedeutet. Sie ist mit einem Lochstreifen vergleichbar, der – nur vom Eingeweihten zu entschlüsseln – dem Computer eingegeben, jederzeit abrufbare Daten bereithält. Daraus folgt, daß die Akte so manipuliert werden kann, wie die Entwicklung (sozialer Auf- und Abstieg) des Betreffenden erfolgen soll.

Aus: Dieter Voigt/Werner Voß/Sabine Meck: Sozialstruktur der DDR, Darmstadt 1987, S. 250 ff. (Hier findet sich auch auf S. 252 das Faksimile eines Personalbogens, wie er für Arbeiter der VEB gebräuchlich war.)

Von der „Sicherheitsüberprüfung" zum „operativen Vorgang"

12 Die sogenannte Sicherheitsüberprüfung, in deren zweifelhaften Genuß viele Bürger mehrfach in ihrem Leben kamen, war diejenige unter den Kontrollmaßnahmen, bei der das MfS wirklich „flächendeckende" Erfolge feiern konnte. Arbeitsantritt, Arbeits-

platzwechsel, Bewerbung um eine Ausbildung, ein Studium, Antrag auf Besuchsreisen ins westliche Ausland, Antrag auf Adoption und vieles andere mehr gaben einen Anlaß, den Betreffenden erstmals oder wieder auf seine politisch-moralische Tauglichkeit im ideologischen Sinne des SED-Staates zu durchleuchten. Von ihm selbst unbemerkt griff das MfS auf schon vorhandene Akten, vor allem auch Kaderakten, zurück, ergänzte, korrigierte oder richtete neu ein. Der Abschnittsbevollmächtigte zum Beispiel, die Kaderabteilungen sowie Speicher und Archive von Einrichtungen, mit denen der zu Überprüfende bereits zu tun hatte, trugen das Ihre bei.

Man mußte nicht unbedingt politisch „auffällig" werden, um von der Stasi „operativ" bearbeitet zu werden. Im Zuge einer solchen Sicherheitsüberprüfung, die ja auch so Subjektives wie Meinungen von Nachbarn oder Kollegen auffing, konnten durchaus auslösende Momente für eine „Operative Personenkontrolle" gewonnen werden. Da mochte es ausreichen, daß jemand wiederholt Westbesuch empfangen hatte, vielleicht gar unangemeldeten. Vielleicht wurde über ihn ausgesagt, er lese viel. Bibliotheken verfügen über Informationsspeicher, wo u. a. abrufbar ist, ob derjenige über eine Bescheinigung zum Lesen gesperrter Literatur verfügt. Einer äußert sich unbedacht über seine Interessen, Kenntnisse, Meinungen, die denen der vorgegebenen politischen Linie entgegenstehen. Einmal auf jemanden aufmerksam geworden, kam die Stasi per Telefonabhörung, per Postkontrolle usw. Stück um Stück das „Strafregister" füllen.

So konspirativ, wie dieses erfolgt, hat sie dann auch den Anlaß, den Stolperstein, geschaffen, der den Betroffenen zu Fall bringen konnte. Die Staatssicherheit, die mit den abgelauschten Beweisen natürlich nicht offen umgehen konnte, „legendierte" dann das Reise- oder Berufsverbot, die Ablehnung zum Studium. Die wahren Gründe kamen für das Opfer nie ans Licht. Sie legendierte freilich auch die Anlässe zu Verhaftungen. Konspirativ angebrachte Veränderungen in der Wohnung, am Arbeitsplatz, Erpressung und Unterstellungen waren die Methoden zur Ausgrenzung, psychischen Vernichtung, „Unschädlichmachung des ‚Gegners'".

Gemessen am Stasi-Maß für Staatsfeindlichkeit wäre die übergroße Mehrheit der Bevölkerung einer Operativen Personenkontrolle zum Opfer gefallen. Doch selbst die Stasi arbeitete nach Planvorgaben und konnte nicht beliebig viele Fälle abrechnen. Außerdem mußte sie, um den immensen Aufwand eines sogenannten „Operativen Vorgangs" gemäß der Richtlinie 1/76, die ein Höchstmaß konspirativer Mittel und Tätigkeit vorsieht, rechtfertigen zu können, den Verdacht einer Straftat hegen.

Bürgerkomitee Leipzig (Hg.): Stasi intern. Macht und Banalität, 2. Aufl., Leipzig 1991, S. 201 f.

Die Opposition im Visier des MfS

13 In einem Referat, 1980 in Gera innerhalb der Bezirksverwaltung der Abteilung XX des MfS gehalten, trug ein SED-Referent folgendes vor:

„Die operative Bekämpfung politischer Untergrundtätigkeit erfordert die ständige Beachtung der innen- und außenpolitischen Lage. Mit der Schlußakte von Helsinki und nachfolgenden Verträgen und Vereinbarungen haben sich andere Bedingungen ergeben, die vom Gegner in vielfältiger Weise für die feindlichen Zielstellungen ausgenutzt werden. Politische Untergrundtätigkeit ist aus *rechtspolitischen* Gründen oft strafrechtlich nicht realisierbar mit EV [Ermittlungsverfahren] oder Inhaftierung. Daraus ergibt sich die operative Notwendigkeit, vorwiegend und immer stärker solche Vorgangsmethoden anzuwenden, wie *Verunsicherung, Zurückdrängung, Kriminalisierung* oder *Disziplinierung*.

Das heißt, alle gesetzlichen, staatlichen und gesellschaftlichen Möglichkeiten auszuschöpfen, um die negative Wirksamkeit derartiger Personen/Personenkreise einzuschränken, sie zu isolieren und zu gesellschaftskonformem Verhalten zu zwingen.

Ein solches Vorgehen verlangt *Beharrlichkeit* und *hartnäckiges Dranbleiben,* aber auch gleichzeitig *Klarheit* dafür, daß ein hohes Maß an qualifizierter operativer Arbeit zu leisten ist, ohne daß bei der Mehrzahl der Fälle ein Abschluß als EV mit Haft das alleinige Erfolgserlebnis darstellt. Das muß ideologisch klar sein, damit es nicht zu Resignation bei den Genossen führt oder andererseits die tschekistische Wachsamkeit darunter leidet."

Aus der Artikelserie, die Jürgen Fuchs (Schriftsteller, Stasi-Opfer: 1976 verhaftet, 1977 in die Bundesrepublik abgeschoben) unter dem Titel „Landschaften der Lüge" veröffentlicht hat (aus: Teil 2, Der Spiegel 48/1991, S. 72).

„Rückgewinnung, Umprofilierung, Zersetzung":
Methoden der Zerstörung jeglicher Opposition

14 Die Beeinflussung als Methode war schon früher entwickelt worden, spielte ab Mitte der 80er Jahre aber eine größere Rolle. Ihre Voraussetzung war die umfassende Information jenes „operativen Mitarbeiters", bei dem in der Stasi-Zentrale in der Normannenstraße oder in der MfS-Bezirksverwaltung die Fäden zusammenliefen. [...]

Die inoffiziellen Mitarbeiter hatten ihren Führungsoffizieren regelmäßig über die interne Gruppenstruktur zu berichten, über den Anteil des Einzelnen an der Arbeit der Gruppe, über Normen und Werte, die in diesen Gruppen dominierten, über Beziehungen der einzelnen Teilnehmer untereinander, über Freundschaften und Animositäten. Weitere Informationen wurden durch Befragungen an der Arbeitsstelle der betreffenden Person gewonnen: von Vertrauensleuten der Stasi, „Gesellschaftlicher Mitarbeiter Sicherheit", von Kollegen und Vorgesetzten. Zusätzlich bediente man sich „operativer Maßnahmen" wie Observation, dem Einbau von Wanzen in den Wohnungen, Abhören des Telefons und Kontrolle der Post.

Die so gesammelten Informationen bildeten die Grundlage für den Versuch der „Beeinflussung", für die es – je nach „Persönlichkeitsbild" – unterschiedliche Formen gab: „Die Formen der Beeinflussung...beinhalten sowohl operative Zersetzungs- und Umprofilierungs- als auch Rückgewinnungsmaßnahmen..."

Die harmloseste Form war die der „Rückgewinnung". Dabei hatte der IM die Aufgabe, durch sogenannte „Blickfeldarbeit" zuerst das Interesse und dann das Vertrauen der bespitzelten Person zu gewinnen. War ein Vertrauensverhältnis erst einmal hergestellt, so sollte er versuchen, diese Person durch „langfristige Beeinflussung zur Positionsaufgabe in Teilbereichen" zu bringen.

Die zweite Form der „Beeinflussung" war die „Umprofilierung". Dabei wurde vor allem mit positiven Anreizen operiert. Ausgangspunkt war auch hier das Persönlichkeitsbild der „bearbeiteten Person". Der Inoffizielle Mitarbeiter, der ihr Vertrauen gewonnen hatte, sollte nun „Alternativen zur bisherigen Lebensweise aufzeigen": „gemütliche Abende", „kulturelle Veranstaltungen", „materiellen Wohlstand" und berufliches Fortkommen. Dafür wurden dann auch die Vorgesetzten der betreffenden Person entsprechend instruiert.

Ziel dieser Methode war, daß derjenige, um den es ging, sich aus der Gruppenarbeit in's Privatleben zurückzog.

Die wichtigste Form der „Beeinflussung" aber war die „Zersetzung" [...].

Was unter „Zersetzung" zu verstehen ist, geht ebenfalls aus einer vom Ministerium für Staatssicherheit, im Jahr 1976, herausgegebenen „Richtlinie" hervor.

Die Stasi bediente sich dabei nicht nur der Inoffiziellen Mitarbeiter, sondern auch staatlicher Stellen und der Verbände, etwa wenn es darum ging, „berufliche Mißerfolge" zu organisieren. In der „Richtlinie" wurde das Verschicken „anonymer oder pseudonymer Briefe" und „kompromittierender Fotos" angeregt, ebenso „die gezielte Verbreitung von Gerüchten", etwa daß der Betreffende selbst für die Stasi arbeite. Ziel dieser infamen Methode war, die Gruppenarbeit durch das Anheizen von inneren Widersprüchen, durch Intrigen und gegenseitiges Mißtrauen zu lähmen [...].

Der Vorgang war „abgeschlossen", wenn der jeweilige Bürgerrechtler sich in's Privatleben zurückzog oder einen Ausreiseantrag stellte.

Die Bürgerrechtler haben sich gerade dadurch erfolgreich gewehrt, daß sie sich nicht auf die gleiche Ebene wie die Stasi einließen. Es ist ein oft beobachteter Vorgang in Diktaturen, daß oppositionelle Organisationen sich der Polizei und den Geheimdiensten in Struktur und Arbeitsweise immer mehr angleichen. Diesen Fehler haben die Bürgerrechtler in der DDR – begünstigt durch die außenpolitischen Rahmenbedingungen – nicht begangen.

Während die Stasi mit strengster Konspiration arbeitete, setzten die Bürgerrechtler auf weitestmögliche Offenheit. Bediente sich der Staat der Gewalt, so setzten sie auf Gewaltlosigkeit. Während das Ministerium für Staatssicherheit nach dem militärischen Prinzip von Befehl und Gehorsam funktionierte, wurde in den Bürgerrechtsgruppen diskutiert. Die Stasi wurde von einer paranoiden Furcht vor echten und vermeintlichen Feinden umgetrieben, die Bürgerrechtler dagegen kannten Solidarität und Hoffnung.

Aus einer Analyse der stasi-internen Richtlinien zur Bekämpfung der Opposition, die Walter Süß (in: Das Parlament 1-2/1991) vorgenommen hat.

„Operativer Vorgang" zur willkürlichen Anwendung eines politischen Strafrechts: Die schärfsten Waffen des MfS

15 Die „höchste" Stufe der konspirativen Überwachung und Verfolgung durch das MfS bestand darin, einen „Operativen Vorgang" (OV), einzuleiten. Über die damit verfolgten Ziele heißt es in der von Mielke im Januar 1976 herausgegebenen „Richtlinie Nr. 1/76 zur Entwicklung und Bearbeitung Operativer Vorgänge (OV)" [...], einleitend: „Mit der zielstrebigen Entwicklung und Bearbeitung Operativer Vorgänge ist vor allem vorbeugend ein Wirksamwerden feindlich-negativer Kräfte zu unterbinden, das Eintreten möglicher Schäden, Gefahren oder anderer schwerwiegender Folgen feindlich-negativer Handlungen zu verhindern und damit ein wesentlicher Beitrag zur kontinuierlichen Durchsetzung der Politik der Partei- und Staatsführung zu leisten."

[...] Das politische Strafrecht der DDR war so angelegt, daß man ohne Übertreibung nahezu jeden Bürger hätte verurteilen können, obwohl es in der Praxis, zumal in den achtziger Jahren, selten zur Anwendung kam – seine Wirkung lag in der Drohung. So wurde beispielsweise nach dem DDR-Strafgesetzbuch von 1979 nicht nur die Weitergabe geheimer Nachrichten nach Paragraph 97 als Spionage definiert, vielmehr konnte auch die Weitergabe von „der Geheimhaltung nicht unterliegenden Nachrichten" (§ 99) bestraft werden. Da schon „Vorbereitung und Versuch" strafbar waren, konnte bereits ein harmloser Brief in den Westen den Vorwand für ein Strafverfahren bilden. Ein ähnlicher Gummiparagraph war der Paragraph 220 („Öffentliche Herabwürdigung"), nach dem schon die kritische Erwähnung des Einmarsches der Sowjetarmee in Afghanistan, die Bezeichnung der Wahlen als „Scheinwahlen", das Tragen von Aufnähern wie „Schwerter zu Pflugscharen", die Weitergabe von hektographiertem Material oder nur ein politischer Witz in der Kneipe oder am Arbeitsplatz bestraft werden konnten.

Beteiligte sich jemand an politischen Appellen, kollektiven Eingaben oder Unterschriftensammlungen, konnte dies nach Paragraph 214 („Beeinträchtigung staatlicher oder gesellschaftlicher Tätigkeit") verfolgt werden. Die Teilnahme an der Liebknecht-Luxemburg-Demonstration im Januar 1988 unter der Losung „Freiheit ist immer die Freiheit der Andersdenkenden", der Versuch von Ausreisewilligen, sich in Gruppen zusammenzuschließen, Treffen von Ökologiegruppen im Raum Bitterfeld oder Leipzig oder eine Zusammenkunft in der Umweltbibliothek der Berliner Zionskirchgemeinde konnten als „Zusammenrottung" nach Paragraph 217 geahndet werden. [...]

War die Entscheidung über den Beginn eines Operativen Vorganges getroffen, so wurden die Mittel und Methoden, die Ziele und Etappenziele genau umrissen, wozu als Bestandteil des Operativen Vorganges ein sogenannter Operativplan auszuarbeiten war. [...]

Die Richtlinie enthält auch Festlegungen über die Anforderungen an die zum Einsatz kommenden IM. Sie mußten von ihrem Beruf, ihrer gesellschaftlichen Funktion und von ihrer Persönlichkeit her für das zu bearbeitende Opfer von Interesse sein, sie mußten es verstehen, sich ihm unauffällig zu nähern, Kontakt zu ihm herzustellen und sein Vertrauen zu gewinnen. [...]

Das MfS plante die Kontaktaufnahme des IM zu der von ihm zu bearbeitenden Person außerordentlich langfristig. [...] Mit Blick auf die Persönlichkeit, die Denk- und Verhaltensweise der verdächtigten Person und die konkreten Einsatzbedingungen entwickelte das MfS spezielle „Legenden", die so ausbau- und entwicklungsfähig waren, daß der IM einen weiten Spielraum besaß. Durch taktisch gut durchdachtes, natürlich wirkendes und glaubhaft motiviertes Verhalten sollte eine entsprechende Vertrauensbasis zwischen dem Informanten und dem Opfer geschaffen werden. Handlungen und Äußerungen des IM in Kombination mit der erarbeiteten Legende sollten Beweise der Zuverlässigkeit und der Vertrauenswürdigkeit liefern [...].

Ziel aller Operativen Vorgänge war die Liquidierung der oppositionellen Gruppierungen. Unterhalb der Schwelle strafrechtlicher Verfolgung bediente sich das MfS dazu insbesondere der Methode der *Zersetzung*, über die es in der Richtlinie Nr. 1/76 heißt: „Maßnahmen der Zersetzung sind auf das Hervorrufen sowie die Ausnutzung und Verstärkung solcher Widersprüche bzw. Differenzen zwischen feindlich-negativen Kräften zu richten, durch die sie zersplittert, gelähmt, desorganisiert und isoliert und ihre feindlich-negativen Handlungen einschließlich deren Auswirkungen vorbeugend verhindert, wesentlich eingeschränkt oder gänzlich unterbunden werden". [...]

Formen der Zersetzung waren vor allem die systematische Schädigung des öffentlichen Rufes, des Ansehens und des Prestiges, wozu wahre, überprüfbare und den Ruf schädigende Angaben zu „verdichten" waren mit unwahren, aber glaubhaft erscheinenden Fakten. Von großer Bedeutung war auch das Organisieren beruflicher und gesellschaftlicher Mißerfolge, um das Selbstvertrauen einzelner Personen zu untergraben beziehungsweise Zweifel an der persönlichen Perspektive aufkommen zu lassen. [...]

Zu den häufig angewandten Formen der Zersetzung gehörte es auch, die Gruppe oder Organisation zu veranlassen, sich unentwegt mit ihren internen Problemen zu beschäftigen, um sie so von ihrer eigentlichen Aktivität fernzuhalten. So wurden beispielsweise die IM beauftragt, immer wieder bestimmte Grundsatzdiskussionen anzuzetteln oder die Schwierigkeiten innerhalb der Gruppe zur Sprache zu bringen.

David Gill / Ulrich Schröter: Das MfS. Anatomie des Mielke-Imperiums, 1. Aufl., 1991, S. 131 ff.

Eingriff in die Biographie der Opfer: Zersetzung

16 Bewährte anzuwendende Formen der Zersetzung sind:
– systematische Diskreditierung des öffentlichen Rufes, des Ansehens und des Prestiges auf der Grundlage miteinander verbundener wahrer, überprüfbarer und diskreditierender sowie unwahrer, glaubhafter, nicht widerlegbarer und damit ebenfalls diskreditierender Angaben;
– systematische Organisierung beruflicher und gesellschaftlicher Mißerfolge zur Untergrabung des Selbstvertrauens einzelner Personen;
– zielstrebige Untergrabung von Überzeugungen im Zusammenhang mit bestimmten Idealen, Vorbildern usw. und die Erzeugung von Zweifeln an der persönlichen Perspektive;
– Erzeugen von Mißtrauen und gegenseitigen Verdächtigungen innerhalb von Gruppen, Gruppierungen und Organisationen;
– Erzeugen bzw. Ausnutzen und Verstärken von Rivalitäten innerhalb von Gruppen, Gruppierungen und Organisationen durch zielgerichtete Ausnutzung persönlicher Schwächen einzelner Mitglieder;
– Beschäftigung von Gruppen, Gruppierungen und Organisationen mit ihren internen Problemen mit dem Ziel der Einschränkung ihrer feindlich-negativen Handlungen;
– örtliches und zeitliches Unterbinden bzw. Einschränken der gegenseitigen Beziehungen der Mitglieder einer Gruppe, Gruppierung

oder Organisation auf der Grundlage geltender gesetzlicher Bestimmungen, z. B. durch Arbeitsplatzbindungen, Zuweisung örtlich entfernt liegender Arbeitsplätze usw.
Bewährte Mittel und Methoden der Zersetzung sind:
- das Heranführen bzw. der Einsatz von IM, legendiert als Kuriere der Zentrale, Vertrauenspersonen des Leiters der Gruppe, übergeordnete Personen, Beauftragte von zuständigen Stellen aus dem Operationsgebiet, andere Verbindungspersonen usw.;
- die Verwendung anonymer oder pseudonymer Briefe, Telegramme, Telefonanrufe usw.; kompromittierender Fotos, z. B. von stattgefundenen oder vorgetäuschten Begegnungen;
- die gezielte Verbreitung von Gerüchten über bestimmte Personen einer Gruppe, Gruppierung oder Organisation;
- gezielte Indiskretionen bzw. das Vortäuschen einer Dekonspiration von Abwehrmaßnahmen des MfS;
- die Vorladung von Personen zu staatlichen Dienststellen oder gesellschaftlichen Organisationen mit glaubhafter oder unglaubhafter Begründung.

Diese Mittel und Methoden sind entsprechend den konkreten Bedingungen des jeweiligen Operativen Vorganges schöpferisch und differenziert anzuwenden, auszubauen und weiterzuentwickeln.

„Richtlinie 1/76 zur Entwicklung und Bearbeitung Operativer Vorgänge",
in: David Gill/Ulrich Schröter: Das MfS. Anatomie des Mielke-Imperiums,
1. Aufl., Berlin 1991, S. 390 ff.

„Aktion Ärger": Die praktische Umsetzung der Richtlinie 1/76

17 In ihrem „Wörterbuch der politisch-operativen Arbeit" steht auf Seite 464:
„Zersetzung, operative Methode des MfS zur wirksamen Bekämpfung subversiver Tätigkeit ... Ziel ... ist die Zersplitterung, Lähmung, Desorganisierung und Isolierung feindlich-negativer Kräfte ... Hauptkräfte der Durchführung der Z. sind die IM ... Die Durchführung ... ist einheitlich und straff zu leiten ... Die politische Brisanz ... stellt hohe Anforderungen hinsichtlich der Wahrung der Konspiration."

„Zersetzung" kann auch heißen, wie im OV „Meißel" (Reg.-Nr. X 191/84) in der „Aktion Ärger" gegen das Malerehepaar Ev und Frank

Rub praktiziert, „operative Maßnahmen" in drei Phasen:

„1. Phase: Versuch (der OV-Person), sich als Exponent politischer Untergrund-Tätigkeit neu zu profilieren und im Sinne der Installierung negativ-feindlicher Basisgruppen[3] wirksam zu werden.

2. Phase: Zweifel an den Möglichkeiten der Realisierung seiner Zielstellung.

3. Phase: Resignation... und Antragstellung auf Übersiedlung nach Berlin/West."

Was wird in der „Aktion Ärger" veranstaltet? „Kriminalisierung": Prüfung von Möglichkeiten, die künstlerische Arbeit und das Sammeln von Antiquitäten als Form von Steuerhinterziehung zu handhaben. Dann die Wohnungsfrage: keine größere Wohnung für die beiden Maler mit ihren drei kleinen Kindern. Wie geht das? Über den Stadtrat für Wohnungswesen Jena, Arlitt, der gleichzeitig IMS[4] „Braun" ist (Reg.-Nr. X 596/73).

Im Aktenvermerk der KD Jena vom 8. 3. 1985 zur „Vorgangsperson Rub" wird festgelegt:

„Über die operativen Verbindungen zum Rat der Stadt... ist zu sichern, daß... kein größerer Wohnraum zur Verfügung gestellt wird."

Unterzeichnet von Major Günther und Oberleutnant Lippoldt. Handschriftlich darunter: „über Gen. Horn realisiert, bekommt *keinen* neuen Wohnraum".

Künstlerverband:

„Nach erneuter operativ organisierter Ablehnung des Antrages gaben die OV-Personen den Gedanken einer Aufnahme in den VBK [Verband Bildender Künstler] der DDR auf."

Gesundheit: Als Ev Rub am 13. 11. 1985 zusammenbricht und einen Suizidversuch unternimmt, liefert der Arzt in der Uni-Nervenklinik Jena, Prof. Dr. Gerhard Mühlau (IMS „Jörg Ott", Reg.-Nr. X 728/85), sogleich einen IM-Bericht an den Genossen Lincke von der KD Jena. Sein spezieller Beitrag zur ärztlichen Schweigepflicht.

Einmal ging es Ev und Frank Rub etwas besser, obwohl die „Aktion Ärger" lief und IMB „Tilo Buchholz", ein Kunstfreund und Vertrau-

---

[3] Damit war die „Jenaer Friedensgemeinschaft" gemeint.
[4] IMS: Inoffizieller Mitarbeiter Sicherheit, laut „Handbuch zum Umgang mit den Stasi-Unterlagen" die „niedrigste IM-Kategorie", „war überall im Lande tätig, im Betrieb genauso wie im Wohnhaus" – nicht spezialisierter Spitzel.

ter der Familie, im Bericht vom 12. 10. 84 mitteilte, „sie hätten die Ausreiseabsicht vorläufig erst einmal aufgegeben" – bei dieser Zeile findet sich die handschriftliche Randnotiz eines MfS-Mitarbeiters: „Wir müssen Rub traktieren, sonst schläft der ein."

Im November 1985 verläßt Familie Rub die DDR. In West-Berlin warten Freunde und auch Inoffizielle Mitarbeiter des MfS, um „die Weiterbearbeitung des OV ‚Meißel'" innerhalb des laufenden OV „Weinberg" (Reg.-Nr. 318/84) zu gewährleisten. Guten Aufenthalt in West-Berlin, ihr vertriebenen Künstler!

Jürgen Fuchs: Landschaften der Lüge, Teil 3, in: Der Spiegel 49/1991, S. 107 f.

Postschnüffler: Die Abteilung M

18 Rund 120 Mitarbeiter der Abteilung M, die den Postverkehr bearbeitete, waren im Altbau der Runden Ecke mit dem Öffnen, Kopieren und Weiterleiten von Briefen befaßt. Mittels einer speziellen Vorrichtung stieg unablässig Wasserdampf aus Schlitzen in der Schreibtischplatte. Genügte Wasserdampf nicht, wurde mit chemischen Lösungsmitteln geöffnet. Die geöffnete Post – es waren täglich etwa 1500 bis 2000 Briefe – konnte von einer unter Verdacht stehenden Person stammen oder auch der Autogrammwunsch eines Teenagers sein. Postkontrolle ermöglichte eine ungehemmte Schnüffelei im privaten Bereich einer jeden Person und erlaubte den Zugriff zu jeglicher oppositioneller Regung im Lande. Auch Telegrammtexte kamen grundsätzlich in der Staatssicherheit an.

In Räumlichkeiten des Leipziger Bahnpostamtes, die den Beschäftigten der Deutschen Post nicht zugänglich waren, wurde die zu kontrollierende Post „vorsortiert". Tafeln mit Adressen von DDR-Bürgern, vermutete Deckadressen im In- und Ausland, sogenannte „Brieflinien" gaben ein grobes Raster her. Aussortiert wurden aber auch Eingaben, Briefe an Persönlichkeiten in der BRD, an Warenhäuser, Fußballvereine, Musikgruppen. Auch sogenannte „Merkmalspostsendungen" gingen mit. Das waren Briefe mit ungewöhnlich verklebten Marken, ohne Absender oder mit auffallendem Schriftbild. Kuriere beförderten diese Post zu festen Tages- und Nachtzeiten in speziellen Taschen zum Dittrichring. Alles verlief nach einem gestrengen Zeitplan innerhalb von 12 Stunden Bearbeitungszeit, um so wenig wie möglich Verzögerungen im Postverkehr zu verursachen. Die Stasi-Mitarbeiter der Abteilung M gingen mit Handschuhen zu Werke, Bearbeitungsspuren sollten vermieden werden. Je nach Inhalt wurde kopiert oder auf Mikrofilm gebannt und entsprechend dem Auftrag weitergeleitet zur Auswertung. 3 bis 5 Prozent der geöffneten Sendungen verließen die Runde Ecke nie mehr. Das waren sogenannte „Bettelbriefe" in die BRD ebenso wie die der Autogrammjäger, z. B. die handgemalte Karte der 12jährigen Sabine an die Gruppe ABBA. Das waren Eingaben an das Staatsoberhaupt persönlich ebenso wie politisch relevante Schriftstücke, z. B. ein an die Botschaft der VR China in Berlin gerichtetes Protestschreiben gegen die Todesurteile von Peking. Briefe, die zuvor um beiliegende Devisen erleichtert worden waren, verschwanden ebenfalls aus dem Postverkehr. Jährlich entnahmen Mitarbeiter des MfS in Leipzig rund 180 000 DM aus Briefen. Diese Briefe zielgerichtet aufzufinden halfen Hinweise von Inoffiziellen Mitarbeitern.

Die Abteilung M steuerte aus ihrer Arbeit Schriftproben für die Handschriftenvergleichskartei, die der Überprüfung und Fahndung nach Adressen, Absendern und Deckadressen und selbstredend auch zur Schriftkontrolle unbequemer Zeitgenossen diente.

Bürgerkomitee Leipzig (Hg.): Stasi intern. Macht und Banalität, 2. Aufl., Leipzig, 1991, S. 121 f.

Eine „B-Maßnahme" der „Abteilung 26 b": Lauschangriff aus der Nachbarwohnung

19 Gera, den 21. 10. 76
Entsprechend einer fernmündlichen Vereinbarung wurde am 20. Oktober 1976 in der Zeit von 19.05 bis 21.20 Uhr der GMS [Gesellschaftlicher Mitarbeiter Sicherheit, eine Art „Blockwart", in der Stasi-Hierarchie Vorstufe zum IM] „K." in seiner Wohnung in Greiz... durch den Unterzeichneten und den Mitarbeiter der Abt. 26, Genossen B...., aufgesucht.

Ziel des Besuches war, die Bereitschaft des GMS sowie seiner Frau zu testen, bestimmte operative Maßnahmen in ihrer Wohnung zu gestatten und zu unterstützen... Die Ehefrau brachte zum Ausdruck, daß sie zu dem Schluß gekommen ist, daß *Kunze*... ein Gegner unseres Staates ist, den man hart bestrafen sollte. Sie habe ihn bisher als vernünftigen und begabten Menschen eingeschätzt... Die Ehefrau und der GMS verurteilten die Machenschaften des *Kunze.*

Mit dieser Einstellung... war der Zeitpunkt gekommen, das Anliegen unseres Besuches taktisch vorzubringen... Genosse B., Abt. 26, sagte..., daß wir bestimmte technische Mittel zum Einsatz bringen könnten, doch... dazu brauchten wir ihre Einwilligung... und Mithilfe... Der GMS „K." sagte sinngemäß: „Ich mache alle handwerklichen Arbeiten in meiner Wohnung selbst..., hämmere und bohre – das wissen alle im Hause. Ich könnte doch ein Loch in die Wand zu *Kunzes* bohren, wäre das nicht möglich?"... Bedenken hatte der GMS lediglich..., daß wir durch diese Maßnahme auch in seine Intimsphäre eindringen und mithören könnten, was in seiner Wohnung geschieht und gesprochen wird... Diese Meinung wurde durch Genossen B. zerstreut, indem er sagte, daß hier Vertrauen gegen Vertrauen steht und wir nicht die Absicht haben, seine Intimsphäre zu stören.

Die Ehefrau des GMS „K." brachte zum Ausdruck, daß ihr das etwas peinlich sei, einen Menschen, den sie bisher hochgeschätzt habe, zu „bespitzeln", und daß sie ihm *(Kunze)* nicht mehr ehrlich in die Augen schauen könnte. Mit Unterstützung ihres Ehemannes wurde ihr klargemacht, daß die Maßnahmen, die wir zur Abwehr von Angriffen gegen unsere humanistische Gesellschaftsordnung treffen, doch nichts mit der im Kapitalismus praktizierten Bespitzelung fortschrittlicher Kräfte zu tun habe. K. stelle sich mit seinen antisozialistischen Machwerken gegen unsere sozialistische Gesellschaft und verdiene es nicht, von ihr geschätzt und geachtet zu werden. Ihr Mann sagte: „Mutti, wir dürfen uns an dem, was *Kunze* tut, nicht mitschuldig machen. Er ist kein Mensch unserer Gesellschaft, bei dem dürfen wir keine Skrupel haben." Man merkte, daß die Frau des GMS innerlich mit sich rang... Beide gaben ihre Zustimmung, ihre Wohnung uns zur Verfügung zu stellen und die vorgesehenen Maßnahmen zu unterstützen. Sie wurden eindringlich darauf hingewiesen, über die geführten Gespräche strengstes Stillschweigen zu bewahren.

Deckname „Lyrik". Eine Dokumentation von Reiner Kunze,
Frankfurt/M. 1990, S. 73 f.

Geruchsproben

20 Sowohl die organisierte Opposition als auch der individuelle Protest gegen die Politik der damaligen Partei- und Staatsführung bahnten sich einen ersten Weg an die Öffentlichkeit über anonyme Worte, Sätze und Texte an Hauswänden, Parkbänken, auf Plakaten und Flugblättern. Die Staatssicherheit steigerte sich im schnellen Verschwindenlassen als auch in der Behandlung dieser von ihr als „Hetzschriften" klassifizierten Schriftzeichen mit kriminalistischen Methoden. Am „Tatort" wurde die Hand- bzw. Maschinenschrift verewigt und die Geruchsspur konserviert. Seit Beginn der siebziger Jahre ist es möglich, Alter und Geschlecht über die Handschrift zu ermitteln.

Die „Tat- und Vergleichsschriftenkartei" der Stasi wurde um eine Unmenge an Informationen reicher, zumal es später außerdem möglich war, Artenbestimmungen von Schreibmaterialien vorzunehmen. Das Wiedererkennen der „negativ-feindlichen" Person war, besonders wenn auf konspirativem Wege Vergleichsmaterial beschafft wurde, problemlos möglich und wurde zu Beginn der achtziger Jahre noch um eine Geruchskonservierung erweitert.

Man geht davon aus, daß jeder Mensch einen eigenen Geruch besitzt und an allen Gegenständen, die er berührt, hinterläßt. Diese Geruchsspuren können gesichert werden und anhand von Vergleichsproben mittels Hunden einer bestimmten Person zugeordnet werden.

Entsprechend der Strategie des MfS bezüglich einer „prophylaktischen Ermittlung" fertigte die Stasi von möglichst vielen Personen, die für sie in irgendeiner Weise interessant waren, Geruchsproben an. Diese Geruchsproben wurden meist konspirativ, d. h. ohne Wissen des Betroffenen, angefertigt. Man nahm entweder bei einer „konspirativen Hausdurchsuchung" eine Geruchsprobe oder man nahm sie vom Stuhl ab, auf dem der Betroffene bei einem belanglosen Gespräch nach einer Vorladung bei der Polizei gesessen hatte.

Diese Geruchsproben wurden dann in Gläsern aufbewahrt und konnten mehrfach und über Jahre hinweg zur Erkennung genutzt werden.

Bürgerkomitee Leipzig (Hg.): Stasi Intern. Macht und Banalität,
2. Aufl., 1991 Leipzig, S. 133, 147

Falsche Bärte und Perücken: Maskierung

21 Es ist ein Haus wie jedes andere in der Paul-Heyse-Straße in Leipzig-Schönefeld. Der Eingang zu den Räumen ist nicht von der Straße aus möglich, also bleibt nur der Zugang über den Hausflur, und dort befindet sich ein Schild. Es besagt, daß sich hier eine Außenstelle des VEB Wärmegerätewerkes Dresden befindet.

Betritt man über diese Tür die Erdgeschoßräume, meint man zunächst, sich wirklich in einer Betriebsaußenstelle zu befinden, jedenfalls sehen die ersten Räume, ein Büro und eine kleine Küche, dementsprechend aus. Z. B. sind an den Wänden Farbfotos von Wärmegeräten angebracht. Eine Zwischentür im Korridor verwehrt den Blick in die hinteren Bereiche des Objektes, und dort befindet sich zur Straßenseite ein großer Ladenraum der ehemaligen Fleischerei, heute als Lager genutzt.

Wir finden Wohnzimmer- und Küchenmöbel, Polstersessel, Campingstühle, Federbetten, Kühlschränke, Fahrräder, Gardinen, Bestecke, Küchengeschirr und vieles mehr bis an die Decke gestapelt.

Zwei weitere Türen im Korridor führen zu Räumen auf der Hofseite des Erdgeschosses. Hinter der ersten Tür verbirgt sich aber nur eine Treppe, die zu einem separaten Keller hinabführt. Die zweite Tür zeigt uns einen gemütlich eingerichteten Raum mit Polsterecke und Kachelofenluftheizung, Schrankwand, Fernseher, Kaffeemaschine etc. Nur von diesem Zimmer aus kann man einen kleinen fensterlosen, weißgefliesten Zwischenraum betreten, der in einen zweiten fensterlosen, aber etwas größeren Raum führt.

Dort, im eigentlich verborgensten Winkel des Erdgeschosses, müssen seltsame Dinge passiert sein. Jedenfalls gibt uns der Inhalt der vier Schränke erst einmal Rätsel auf. Wir finden dort Kartons mit Perücken, Zöpfen, Haaren in verschiedensten Formen und Farben, Modelliermasse für Gesichtsmasken, Schminke, Klebemittel zum Ankleben falscher Bärte, Halbglatzen, Perückenköpfe, Gipsabdrücke von Nasen, Kinn- und Stirnpartien, dazu das nötige Werkzeug wie Pinsel, Spiegel, Klebstoffe und Klebestreifen u. v. m. Drei Schränke sind mit Garderobe gefüllt, meist für Herren – Anzüge, Hemden, Pullover und Arbeitskleidung. In einem der Schränke steht ein Papiersack mit Abfällen: Klebestreifen, Haarreste, Reste von Modelliermasse, benutzte Falschbärte. Die Fülle des Abfalls zeugt von offensichtlich großen Einsatzmengen der Materialien, denn der Sack war zu drei

Vierteln voll. Außerdem wurde ein Stoß Bleistiftzeichnungen gefunden. Sie zeigen Gesichtsknochen, Gesichtsmuskeln und ihre Aufzählung, Porträts junger Menschen und in einigen Fällen die Veränderung zu alten, von Falten durchfurchten Gesichtern und verschiedene Bartformen.

Bürgerkomitee Leipzig (Hg.): Stasi intern. Macht und Banalität,
2. Aufl., Leipzig 1991, S. 182

Fälscherwerkstatt: Operative Technik

22 Oft war das Eindringen der Spitzel in weniger zugängliche persönliche oder betriebliche Bereiche mit einem erheblichen technischen Aufwand verbunden. Die Stasi sparte nicht an Ausgaben für exklusive Foto-, Video- und Tontechnik nach neuestem Standard. Zuständig für deren Anschaffung, Verwaltung und Ausleihe an die entsprechende Abteilung war der Bereich OT – Operative Technik [...] beim MfS. Die Mitarbeiter dieser Technikabteilung erfuhren in der Regel nicht, zu welchem Zweck die Geräte verwendet wurden.

Sie fertigten nach Bedarf Jackentaschen mit doppeltem Boden, sogenannte „Container", an, Anoraks, aus deren Taschen heraus fotografiert werden konnte, und sie fertigten und vergaben, verlängerten und siegelten alle erdenklichen Personal- und Dienstdokumente. Ausweise, Pässe, Reiseanlagen, Fahrerlaubnis, Mietvertrag, Zeugnis, Urkunden aller Art, Passierscheine „legendierten" die häufig wechselnden Identitäten von Inoffiziellen und anderen Mitarbeitern. Nur eines blieb den Spitzeln doch nicht erspart: Sie mußten sich, wenn es sich um ein spezielles fachliches „Operationsgebiet" handelte, die intellektuellen Voraussetzungen aneignen. Blanko-Zeugnisse für Berufs-, Hoch- und Fachschulen lagen in der Abteilung OT ausreichend bereit.

Bürgerkomitee Leipzig (Hg.): Stasi intern. Macht und Banalität,
2. Aufl., Leipzig 1991, S. 187

Konspirative Wohnungen

23 Konspirative Objekte unterhielt die Stasi in großer Zahl in allen Städten, Kleinstädten und auf dem Lande. Hauptsächlich fanden dort die Treffs der Inoffiziellen Mitarbeiter statt, es wurde aber ebenso „Funkaufklärung" betrieben, d. h. es wurden Informationen von sogenannten „Raummikrofonen" – Wanzen – aufgenommen bzw. abgehört. Es wurde aber auch aus konspirativen Objekten heraus beobachtet, fotografiert und gefilmt. [...]

Standort und Einrichtung von konspirativen Zimmern, Wohnungen und Häusern entsprachen den Belangen der jeweiligen Diensteinheit. [...]

Die Abteilung XX, die die „Sicherung gesellschaftlicher Bereiche sowie die Bekämpfung der Politischen Untergrundtätigkeit und der Politisch-ideologischen Diversion" oblag, nutzte eine Vielzahl von Räumen in der Karl-Marx-Universität, in Gebäuden der Blockparteien, in Kliniken, Wohnheimen usw. Bemerkenswerterweise sollen gerade die Gebäude der SED „sauber" geblieben sein, da eine eventuelle Dekonspiration die Partei diskreditiert hätte!

Die für Spionage und Spionageabwehr zuständigen Einheiten bevorzugten Einfamilienhäuser und Wohnungen. Ihnen stand offensichtlich ein beachtlicher Etat zu deren Ausbau und Einrichtung zur Verfügung. [...]

Regulärer Wohnraum wurde häufig von einem zuständigen Inoffiziellen Mitarbeiter für Konspiration (IMK/KW) und vielleicht gar dessen Familie bewohnt. Interessant ist: Familien mit schulpflichtigen Kindern wurden gemieden.

Eine Möglichkeit zur Tarnung ersann das MfS, indem es sogenannte Personenlegenden schuf. Für einen solchen Mitarbeiter wurde eine zweite Identität geschaffen mit allen dazugehörigen Dokumenten. Der Mietvertrag lief dann also unter dem Namen einer nichtexistenten Person. Auf eventuelle Anfragen von Hausbewohnern, weshalb die Wohnung so lange leer stehe, gab sich der IM etwa als wissenschaftlicher Mitarbeiter aus, der nur gelegentlich in Leipzig Vorlesungen besuche und deshalb eine Zweitwohnung besäße.

Bürgerkomitee Leipzig (Hg.): Stasi Intern. Macht und Banalität,
2. Aufl., Leipzig 1991, S. 174

Die Stasi „in der Produktion"

24 Am 2. Mai 1985, einem Donnerstag, geraten zur Mittagszeit in der Kantine von „VEB Metallmöbel Berlin" zwei Männer aneinander. Reiner W., Leiter der Produktionsplanung des Betriebs, stellt seinen Mitarbeiter Uwe Bastian vor versammelter Mannschaft zur Rede: Ob er, will der Chef von Bastian wissen, tags zuvor bei der „Kampfdemonstration" zum 1. Mai mitmarschiert sei. Der schüttelt den Kopf. Am „Kampf der Arbeiterklasse", so wie ihn die SED verstand, hatte Bastian nie Interesse gehabt. Seinem Chef antwortet er deshalb: „Wenn ich das nächste Mal mein eigenes Transparent mitbringen kann, dann bin ich dabei."

Das hätte Bastian nicht sagen sollen. Bereits am nächsten Tag findet sich der damals 27jährige angehende Ingenieur in der „Produktion" wieder. Er muß, statt Statistiken über produzierte Camping-Möbel aufzustellen, nun Aluminiumleisten in eine Maschine schieben. Den ganzen Tag der gleiche Handgriff.

Was sein Chef von ihm hält, bekommt „Kollege Bastian" sechs Wochen später via Hauspost mitgeteilt: Es ist die „Begründung der Nichteignung als Mitarbeiter Produktionsplanung". In dem Schreiben heißt es: „Ihr Auftreten und Ihre Argumentation können niemals Vorbild und Unterstützung für unsere Werktätigen sein, weil Sie, fußend auf eine bewußte Inaktivität mit intellektuellem Verdrehen, Wortklaubereien und einseitiger Auslegung von Rechtsforderungen, eine negative Grundhaltung zu unserem Staat und zur Politik unserer Partei erkennen lassen." Der Chef vermißt die „erforderliche politische Reife". Daher könne eine „gleichgeartete leitende oder verwaltungstechnische Arbeitsaufgabe" Bastian nicht mehr übertragen werden.

Bastian ist nicht der einzige, der das dreiseitige Schreiben erhält. Einen Durchschlag schickt Reiner W. an die Stasi. [...]

Der Brief gehört zu dem „Beweismaterial", mit dem das MfS die „Zersetzungsmaßnahmen" gegen den 27jährigen vor sich selbst legitimiert. Er ist zusätzliches Wasser auf die Mühlen der Stasi, die den renitenten Produktionsplaner schon länger im Auge hat. Mit einigen Freunden vom Prenzlauer Berg setzt sich Bastian nämlich in dieser Zeit nicht nur öffentlich für eine „sozialistische Demokratie" in der DDR ein, [...] Bastian macht sich auch Gedanken über eine „blockübergreifende Friedensbewegung". Die Friedensfreunde entwerfen dazu ein Papier. Nicht nur die Bundesrepublik, auch der Arbeiter- und Mauernstaat schneiden darin nicht besonders vorteilhaft ab. Es geht um „Abrüstung", um die „partnerschaftliche Zusammenarbeit aller Völker" und um die „Beseitigung der Möglichkeit kriegerischer Auseinandersetzungen zur Konfliktlösung".

Der Honecker-Staat wittert, als ihm einer seiner Spitzel diese Gedanken zuträgt, „die Etablierung einer staatsfeindlichen Gruppierung". Am 1. Juli 1985 eröffnet die Stasi deshalb unter der Registriernummer XX/1284/85 den Operativvorgang (OV) „Entwurf". Es ist der Startschuß für einen groß angelegten Spitzeleinsatz. Gesammelt werden soll fortan Material, um Bastian und seinen Freunden Verstöße gegen das DDR-Strafrecht anhängen zu können. Die Mielke-Truppe denkt dabei an „staatsfeindliche Nachrichtenübermittlung", „verfassungsfeindlichen Zusammenschluß", und „staatsfeindliche Hetze" [...].

Zehn Inoffizielle Mitarbeiter (IM) werden angesetzt. Bastians Wohnung in der Dimitroffstraße wird verwanzt, Wohnung und Arbeitsplatz mehrmals „konspirativ" durchsucht. [...]

Die Stasi-Obristen können sich in puncto „Disziplinierungsmaßnahmen im Betrieb" in der Tat auf die Schulter klopfen. Als Bastian sich bei der Konfliktkommission des Betriebs wegen seiner Versetzung in die Produktionsabteilung beschwert, erhält er einen Job als Technologe. Er muß „Materialverbrauchsnormen" ermitteln. Doch im Betrieb registriert man sehr bald, daß sich der potentielle Staatsfeind damit durchaus arrangieren kann. So wird über eine andere Schiene weiter „diszipliniert": „VEB Metallmöbel", erklärt die Betriebsleitung dem ungeliebten Querdenker, habe kein Interesse mehr an der Beendigung seines Fernstudiums. [...]

Helfershelfer, die eingesetzt werden, damit aus dem OV „Entwurf" ein Erfolg wird, gibt es genug. Manchmal muß die Stasi, eigentlich „Schild und Schwert der Partei", dabei auch auf die Genossen von der SED höchstselbst zurückgreifen. Am 14. Oktober 1985 zum Beispiel stellt sich der Direktor für Kader und Bildung bei „VEB Metallmöbel" zur Verfügung.

An diesem Tag sollen Wanzen in der Wohnung Bastians eingebaut werden. Es ist ein ausgeklügeltes Verfahren: Damit Bastian nicht wegen eines dummen Zufalls die Stasi bei sich daheim überraschen kann, wird er mit einem Genossen auf Dienstreise geschickt. „Der Direktor für Kader und Bildung unternimmt mit dem Bastian eine

Dienstreise in mehrere Zweigbetriebe des VEB Metallmöbel, die am Stadtrand von Berlin liegen. Durch den Direktor für Kader und Bildung ist garantiert, daß Bastian zwischendurch nicht nach Hause kommen kann", heißt es in einem fünf Tage zuvor aufgestellten „Absicherungsplan". Bastians Freundin, damals hochschwanger, wird zur selben Zeit zu einem „Kadergespräch" im Klinikum Berlin-Buch vorgeladen. Auch sie muß für mehr als zwei Stunden die Wohnung verlassen. Die Abhöraktion gelingt, zusätzlich abgesichert durch eine Einsatzgruppe der Kreisdienststelle Prenzlauer Berg, „die mit einem Pkw und 3 Funkgeräten ausgerüstet ist". [...]

Uwe Bastian hat seine Stasi-Akte gelesen, insgesamt 310 Seiten. [...]

Aus den vorhandenen Unterlagen hat Bastian erfahren, daß das vermeintlich allgewaltige Ministerium für Staatssicherheit dabei nicht immer leichtes Spiel hatte. Mancher seiner früheren Kollegen hat nichts gesagt, als die Stasi mal wieder Auskunft über „den Bastian" haben wollte. Da habe es eine „Form des passiven Widerstands" gegeben. Dem DDR-Oppositionellen tut es gut, auf solche Leute zu stoßen – in einer Zeit, da die öffentliche Diskussion das Bild vermittelt, neben dem Häuflein Opfer sei die DDR ein Volk der Täter gewesen.

Der Journalist Axel Vornbäumen schildert in der Frankfurter Rundschau vom 29. 2. 1992, wie der Ingenieur Uwe Bastian zum „Feind" wurde: „Verdächtig, wer am 1. Mai nicht in der Reihe marschierte..."

Verfolgung und Kriminalisierung aufmüpfiger Schüler

25 Das Ereignis, das es zu rekapitulieren gilt, liegt zwanzig Jahre zurück. Vor zwanzig Jahren, am 14. April 1970, wurde ich verhaftet. Es war frühmorgens gegen sieben. Ich packte gerade meine Sachen für die Schule zusammen, als es an unserer Wohnungstür klingelte. Zwei Herren vom Ministerium für Staatssicherheit stellten sich vor, indem einer von ihnen seine Klappkarte kurz aufschlug. Die Herren ließen mir keine Zeit für Erklärungen gegenüber meiner erschrockenen Mutter. Sie setzten mich in einen Wartburg und fuhren mich nach Karl-Marx-Stadt. Währenddessen kamen andere Mitarbeiter, unsere Wohnung wurde gründlich durchsucht. Zwei Wäschekörbe, voll mit „Beweismaterial", stellte man sicher. Jener 14. April 1970 war ein Dienstag, an dem wir eine Mathematikarbeit schrieben –

ohne mich. Klamm und neblig war es draußen, und ein ernstes Schweigen lastete während der langen Fahrt auf allen. Laut knallte ein großes Eisentor hinter uns zu, als wir in der Untersuchungshaftanstalt auf dem Kaßberg ankamen. Die Falle hatte zugeschnappt. Und es wurde daraus ein Schnitt durch mein Leben.

Es stand wohl von Anfang an fest, daß ich im Knast bleiben würde, denn man nahm mir sogleich meine persönlichen Dinge ab: Fahrscheine, Kaugummis, Portemonnaie, einen alten Lottoschein. Meine Personalien wurden abgefragt, Fingerabdrücke genommen, das Konterfei festgehalten für die Verbrecherkartei. Am Vormittag folgte die erste Vernehmung. Unmißverständlich zielte die Frage, welche staatsfeindlichen Handlungen ich in der Vergangenheit begangen hätte, auf mein Hiersein. Die Frage kam mir lachhaft vor. Meine Antwort war so natürlich wie lapidar: Ich war mir nicht bewußt, Dinge im Sinne der Vorhaltung getan zu haben. Der Vernehmer, ein Oberleutnant mit Fassonschnitt und Goldrandbrille, lächelte gelassen. Er wußte, daß ihm viel Arbeit bevorstand, mir klarzumachen, daß ich ein Staatsfeind sei, und er wußte ebenso, daß er diese Überzeugungsarbeit erfolgreich würde abschließen können am Ende, zumindest nach außen hin. Wer einmal hier saß, dessen Schuld stand von vornherein fest; der mußte seine Unschuld beweisen! Erst am nächsten Nachmittag wurde ich dem Haftrichter vorgeführt. Längst war die gesetzliche Frist, nach der ein Haftbefehl hätte ausgeschrieben werden müssen oder der Beschuldigte auf freien Fuß zu setzen sei, überschritten. Formalien brauchte man nicht genau zu nehmen. Warum auch.

Was war passiert? [...] Ich war Schüler der „EOS Johann-Gottfried-Herder" in Schneeberg und ein ziemlich glühender Verehrer all jener Einflüsse, die nicht zum sozialistischen Bildungsgut gehörten. [...] Man suchte sich Verbündete auf dem Schulhof, um dem Druck standzuhalten. Als Pennäler fand ich sie in älteren Mitschülern. Die trugen ihre Renitenz noch etwas offener zur Schau [...].

Inzwischen hatten sich meine Freunde entschlossen, eine Art „Club" zu gründen. In Diskussionen wollten sie über Konzepte gesellschaftlicher Veränderungen nachdenken. Zwischen einem der späteren Hauptangeklagten, der als Initiator galt, gab es auch mit mir einmal ein Gespräch darüber. Auf die Frage, ob ich mitmachen wolle, sagte ich natürlich ja, und das sollte mir zum Verhängnis werden. Der Tatbestand der „staatsfeindlichen Gruppenbildung" war erfüllt! Erst nach den insistierenden Fragen des Vernehmers in der Untersuchungshaft erinnerte ich mich wieder an dieses, an sich belanglos verlaufende Gespräch. Mein Bewußtsein mußte erst begreifen lernen, daß ich mich zum *Gegner* gewandelt hatte.

Bevor „der Club" jedoch überhaupt öffentlich in Erscheinung trat, war die Sache eigentlich schon wieder gestorben. Unvorhergesehene Sorgen plagten die Aufrührer: Das Mädchen, das zu uns gehörte, hatte sein Tagebuch verloren. Darin stand: „Wir haben eine Widerstandsgruppe gegründet." Ein wachsamer Bürger, ausgerechnet ein Polizist, fand dieses Bekenntnisbuch. Er las es und gab es nicht an die Besitzerin zurück, sondern leitete es an das Ministerium für derlei Angelegenheiten weiter. Dies reichte aus, um den Schneeberger Freundeskreis und die Schule, an der die Umtriebe begannen, unter Dauerobservation zu nehmen. [...]

Am 20. Februar 1970 kam es dann zu ersten Verhaftungen. [...]

Was sich daran anschloß, entwickelte und verflocht sich zu einem gigantischen Untersuchungsverfahren, in dessen Verlauf buchstäblich kein Stein auf dem anderen blieb. Jedes Geheimnis wurde gelüftet, keine noch so winzige Unklarheit blieb bestehen. Allein die „Aufklärung" des Falles dauerte mehr als ein Jahr. Ein erfahrener Staatsanwalt und eine junge Staatsanwältin verfaßten anschließend eine 150seitige Anklageschrift, die minutiös Persönlichkeitsstruktur und Entwicklung jedes einzelnen beschrieb und die Straftatbestände im einzelnen aufführte. Die Hauptverhandlung wurde wegen der Größe des Prozesses in zwei Verfahren aufgeteilt. [...]

Insgesamt dauerte der Prozeß vier Wochen. Zwei Richter sprachen die Strafen aus: Haftzeiten zwischen fünfeinhalb Jahren und 20 Monaten. Ich selbst bekam zwei Jahre und drei Monate aufgebrummt. [...]

Vor unserer Inhaftierung sah unsere Renitenz wie ein Spiel mit dem Feuer aus. Danach brannte es lichterloh! Die Androhung einer langen Haftstrafe von zwei bis zwölf Jahren bewirkte bei mir – ich muß es gestehen – einen psychischen Zusammenbruch. Keiner von uns hatte sich vorher je mit dem Strafgesetzbuch beschäftigt. Die Macht, in der wir uns befanden, war so total und absolut, daß jeglicher Widerstand gegen „das Verfahren" aussichtslos war und damals wohl selbstmörderisch gewesen wäre. Gewiß, ich bin nie geschlagen worden, erfuhr keine Nachtverhöre. Das war gar nicht nötig. Wenn die Vernehmungen nicht nach Wunsch liefen, wurde man eben wochenlang nicht zur Vernehmung geholt. Die verrinnende Zeit geriet zur Folter. Manchmal zweifelte ich ernsthaft, ob die anderen überhaupt noch mit mir im gleichen Bau säßen. Es überstieg mein Vorstellungsvermögen. Dieses scheinbar ins Unendliche verlängerte Ausharren in einer Zelle, ohne absehen zu können, was geschehen würde, entfachte in mir einen nahezu wahnhaften Zustand. Es war eine stumpfsinnige, vernichtende Ereignislosigkeit. Offensichtlich hat man um die Persönlichkeitsstruktur jedes einzelnen sehr genau gewußt und kalkulierte geschickt damit. Daß ich von Natur aus unruhig und ungeduldig bin, erfuhr man beispielsweise aus Beurteilungen in meinen Schulzeugnissen. Selbst diese sind als „Beweismittel" in die Unterlagen meiner Ermittlungsakten eingegangen.

Wie grotesk das Selbstverständnis der Angeklagten damals war, zeigen ihre Schlußworte im Prozeß. Selbstverständlich bereute jeder seine „Straftaten", das schien überhaupt Voraussetzung für „milde" Urteile zu sein. Das Mädchen, das jenes ominöse Tagebuch verloren und mit ihrem keck hingeschriebenen Wort von der „Widerstandsgruppe" die Lawine ins Rollen gebracht hatte, sagte: „Ich muß mich sehr schämen für das, was ich getan habe... Ich möchte das Vertrauen wiedererlangen. Ich werde wieder ordentlich leben und nicht mehr überheblich sein."

[...] Ich selbst hatte, wie ein mutiertes Wesen, ähnlichen Schwachsinn geäußert: Ich wolle an der Seite meines Vaters alles wiedergutmachen. Im Grunde verbarg sich dahinter die erbarmungswürdige Hilflosigkeit gegen ein empfundenes Unrecht, das nicht auszusprechen war, sich aber verwirrt Worte suchte.

Eine Szene, die mir unvergeßlich bleibt: Die Angeklagte Wollny wurde vom Richter befragt, welche „staatsfeindlichen Absichten" sie auf dem Literaturabend mit dem Verlesen des an sich unpolitischen Gedichtes „Lied vom Pflaumenbaum" von Brecht verband. „Weil es mein Lieblingsgedicht ist", sagte sie spontan und verlegen. Einen Moment herrschte Stille im Gerichtssaal. Die Antwort offenbarte die ganze Sinnlosigkeit der unterstellten Anschuldigung. [...]

Nach der Verurteilung wurden wir in verschiedene Haftanstalten verlegt. Als wir einen Großteil der Strafe abgesessen hatten, folgten vorzeitige Entlassungen auf Bewährung. Jeder befand sich ja bereits auf dem Wege der „Besserung". Meine Eltern lebten seit langem schon getrennt, und weil meiner Mutter „ideologisches Versagen in der Erziehung ihres minderjährigen Sohnes" vorgeworfen worden war, kam ich zu meinem Vater nach Berlin. Und meine Mutter? Sie wurde, nach 25jähriger Berufspraxis als Lehrerin, aus dem Schuldienst entlassen. [...]

Die Demoralisierung, die uns sieben Schulkameraden auseinandergebracht und zuletzt völlig auseinandergesprengt hatte, saß tief und wirkte auch nach der Haftentlassung weiter. Ein Indiz dafür ist sicher, daß sich die damaligen „Verschwörer" nicht ein einziges Mal wieder zusammengefunden haben. Ja, wozu auch! Es gab kein Interesse, in der Sprachlosigkeit Anekdoten und Vorwürfe auszutauschen. [...]

Die „Strafsache Schaarschmidt und andere" umfaßt 14 Akten zu je 200 Seiten. Sie ist nur eine von vielen.

Autobiographischer Bericht des Opfers Thomas Günther: Die Strafsache 1 BS 5/71. Staatsverbrecher in Kinderschuhen – oder: Wie der Stasi sich der Schüler annahm, in: Süddeutsche Zeitung vom 7. 4. 1990

Hausarrest für Robert Havemann

26 Robert Havemann verwandte sich für seinen Freund Biermann, indem er u. a. an Honecker, den ehemaligen Zuchthauskameraden, mit der dringenden Mahnung schrieb, diesen Künstler und Kommunisten wieder in seine Heimat zurückkehren zu lassen, ohne seinerzeit wissen zu können, was vom Geheimdienstapparat gegen ihn selbst vorgesehen war. Bereits einen Tag vor der tatsächlichen Ausbürgerung Biermanns wurde ein Haftbefehl gegen Havemann ausgestellt, aber aufgrund der befürchteten aktiven Solidarität im In- und Ausland wurde er nicht vollstreckt. Die Staatsmacht hatte Grenzen ihrer Willkür gespürt.

Konnte die Partei- und Staatsführung Robert Havemann selbst nicht verhaften und später ausweisen lassen, so tat sie es mit politischen „Gesinnungsgenossen", seinem persönlichen Freund Jürgen Fuchs und dessen Freunden, Gerulf Pannach und Christian Kunert. [...]

Auf einer Fahrt nach Berlin wird aus dem Auto Havemanns heraus Jürgen Fuchs von der Stasi verhaftet und monatelangen Verhören ausgesetzt. Schließlich schieben sie ihn zwangsweise in den Westen ab. Aber diesmal bleibt die Führung der SED und der Stasi nicht mehr nur dabei, direkt und brutal in den Umkreis Robert Havemanns einzugreifen, sondern ersinnt, da sie ihn weder vertreiben noch inhaftieren kann, eine besonders infame Methode gegen ihn und seine Familie.

Das Kreisgericht in Fürstenwalde sprach am 26. 11. 1976 über Robert Havemann eine bis dahin in der DDR nicht gekannte Aufenthaltsbeschränkung aus. Der Vorwand für diese Verurteilung Havemanns war ein wenige Tage alter Beitrag im „Spiegel" gegen die Ausbürgerung Wolf Biermanns aus der DDR. Zur vermeintlichen Begründung wurde angegeben, daß Havemann damit Ordnung und Sicherheit der DDR gefährde und zum Widerstand aufgerufen hätte. Obgleich die DDR-Gesetze lediglich eine territoriale Ausgrenzung vorgesehen hätten (so ein Verbot für das Betreten Berlins durch „Asoziale"), wurde Havemann eine Erlaubnis zum Aufenthalt an einem bestimmten Ort, seinem Wochenendgrundstück, gegeben. Indem hier sogar DDR-Gesetze verletzt waren, wurden zudem weder die konkrete Bedeutung und die Dauer noch die Regelungen von Ausnahmen, etwa für den Arztbesuch, festgelegt. Der Hausarrest war von der Stasi erdacht, organisiert und kontrolliert und sollte im Laufe der Zeit ausgebaut werden. Die Gerichtsverhandlung diente lediglich der pseudojuristischen Verklärung dieser Tatsache. Deshalb konnte das Verbot des Verlassens des Grundstückes auf dem Höhepunkt seiner Ausführung im Frühjahr 1977 ohne weiteres auf die ganze Familie ausgedehnt werden. [...]

Das Hausarresturteil wird von der Stasi von Anfang an generalstabsmäßig vorbereitet. Entsprechend dauerte die scheinbare Gerichtsverhandlung im Kreisgericht Fürstenwalde nicht einmal eine halbe Stunde. Über die eigentliche Stasi-Beobachtung und -Kontrolle bestand anfangs keine detaillierte Konzeption, Umfang und Ausmaß wurden schrittweise entwickelt. Die Überwachung und reale Behinderung wurde im Laufe der Monate und Jahre ausgebaut. Sie begann mit der Abschaltung des Telefons und wurde gegen Ende des Hausarrestes so verschärft, daß sich etwa 200 Personen im operativen Einsatz mit Robert Havemann befaßt haben müssen. Autosperren und Polizeiposten waren im Bereich um die Burgwallstraße aufgestellt worden, damit jeder, der in die Straße zu Fuß oder mit dem Auto wollte, kontrolliert oder abgewiesen werden konnte, wenn er nach Meinung der Drahtzieher dort nichts zu suchen hatte. Bei den wenigen geduldeten Besuchen Havemanns in Berlin, wenn er zum Beispiel wegen seiner schweren Lungenkrankheit den Arzt aufsuchen mußte, wurde sein Auto von mehreren Stasi-Fahrzeugen begleitet. Wenn er auf den See am Grundstück mit dem Ruderboot hinausfuhr, wurde er von einem Motorboot begleitet, und am Ufer fuhren Wächter mit dem

Fahrrad entlang. So wurde Robert Havemann in allen Lebenslagen kontrolliert, wodurch erreicht werden sollte, ihn gänzlich von der Außenwelt abzuschirmen. Nach dem Tode Robert Havemanns fanden sich unter dem Decknamen „Leitz" im Archiv der Stasi über einhundert Akten mit jeweils hunderten Seiten.

Aus einer Veröffentlichung der „Havemann-Gesellschaft" (Robert Havemann. Dokumente eines Lebens, 1. Aufl., Berlin 1991, S. 218 ff.), die sich dem Leben und Werk – und den Stasi-Akten – von Robert Havemann widmet.

„Ausbürgerung": Hinauswurf des Liedermachers Wolf Biermann

27 Zufällig fand ich in meiner Akte Nr. 56 das Szenario für meine Ausbürgerung. Die Konzeption wurde schon am 12. 4. 1973 von der HA IX/2 erarbeitet. Es lag aber, wie gesagt, in den Händen des Politbüros, zu entscheiden, ob, wie und wann.

In diesem Dokument heißt es:

„Das dargestellte Vorgehen *Biermann*s erfüllt die objektiven und subjektiven Tatumstände des schweren Falls der staatsfeindlichen Hetze gemäß § 106 Abs. 1 Ziffer 1, Abs. 2 StGB sowie wegen gleichartiger Angriffe gegen die Sowjetunion den Tatbestand des § 108 StGB und würde eine Freiheitsstrafe von 10 bis 15 Jahren zulassen.

... Zur Realisierung des Abschlusses der Bearbeitung *Biermann*s erfolgt die Einleitung folgender Maßnahmen:

1. Mit dem Ziel der Aberkennung der Staatsbürgerschaft, die gemäß § 13 Staatsbürgerschaftsgesetz voraussetzt, daß *Biermann* während seines Aufenthaltes im nichtsozialistischen Ausland in grober Weise die staatsbürgerlichen Pflichten verletzt...

... soll die Beantragung einer Reise durch *Biermann* in dringenden Familienangelegenheiten zu seiner Großmutter nach Hamburg erreicht werden.

Im Rahmen des üblichen Verfahrensweges wird einer seitens *Biermann*s zu erwartenden Forderung nach einer Garantie für eine Wiedereinreisegenehmigung damit begegnet, daß entsprechend der bestehenden gesetzlichen Regelung dies nicht üblich ist, da die Erteilung einer befristeten Ausreisegenehmigung die Rückkehr des betreffenden Bürgers voraussetzt und dies auch von ihm erwartet wird...

2. Bei Nichtdurchführung der angestrebten Reise erfolgt in Verwirklichung der Version der Entlassung aus der Staatsbürgerschaft,

die einen entsprechenden schriftlichen Antrag des Betreffenden voraussetzt, die vorläufige Festnahme *Biermann*s wegen der von ihm begangenen Straftaten gemäß §§ 106 und 108 StGB.

Im Ergebnis der innerhalb der gesetzlich zulässigen Frist von 24 Stunden zu führenden Vernehmung wird *Biermann* seiner Straftaten überführt, ihm die für seine Straftaten vom Gesetz angedrohte Freiheitsstrafe mitgeteilt und ihm dabei alternativ die Möglichkeit der schriftlichen Beantragung einer Entlassung aus der Staatsbürgerschaft der DDR und die damit verbundene Übersiedlung nach Westdeutschland nahegelegt. Die Durchführung dieser Untersuchungshandlung erfolgt unter Teilnahme eines Staatsanwalts der Abteilung IA beim Generalstaatsanwalt der DDR.

Ausgehend von der mit hoher Wahrscheinlichkeit eintretenden Ablehnung der Beantragung einer Entlassung aus der Staatsbürgerschaft und einer damit verbundenen provokatorischen Forderung seitens *Biermann*s zur Verbüßung der Freiheitsstrafe, sollte auch gegen seinen Willen eine sofortige Ausweisung nach Westdeutschland vorgenommen werden.

Bei Durchführung dieser Maßnahme ist eine zeitweilige Forcierung der Hetztätigkeit gegen die DDR zu erwarten, in deren Mittelpunkt der Vorwurf des Verstoßes gegen das Staatsbürgerschaftsgesetz der DDR stehen würde...

In Vorbereitung der vorstehenden Maßnahme erfolgt mit dem Ziel des Nachweises des hetzerischen Charakters der von *Biermann* in Zusammenhang mit westlichen Publikationsorganen veröffentlichten Schriften die Erarbeitung eines Sachverständigengutachtens."

Aus diesem Dokument geht etwas Wichtiges hervor: Die Staatssicherheit bestimmte nicht, sondern schlug vor. Seitenlang werden das juristische und das propagandistische Für und Wider einer Ausbürgerung analysiert. Den entscheidenden Genossen in der Parteiführung sollte eine für sie vernünftige Entscheidung möglich gemacht werden. Es dauerte immerhin noch über drei Jahre, bis es zur Ausbürgerung kam. Nun wird anhand der Akten auch klarer, warum. [...]

Wieder ein interessanter Zufall: Dann kam im Jahre 1976 eine Einladung der IG Metall für sechs Konzerte in der Bundesrepublik. Ich durfte nach Köln reisen, wo ich nach elf Jahren Auftrittsverbot am 13. November mein erstes großes Konzert gab. [...]

Das Konzert war bedeutsamer, als es Lieder je sein können, und es war außerdem für mich ein großer Erfolg. [...]

Die Glückseligkeit dauerte kurz genug. In den Mittagstunden des 16. November hörte ich auf dem Weg zum zweiten Konzert in Bochum im Autoradio, daß Wolf Biermann ausgebürgert ist. [...]

Millionen Menschen in der DDR, die nie meine Lieder gehört hatten, saßen viereinhalb Stunden bis weit nach Mitternacht vor der Flimmerkiste und bildeten sich ein eigenes Urteil. Mit dem Ärger in den West-Medien hatten die Bonzen, wie die Akte zeigt, gerechnet, aber nicht mit der Protestbewegung in der DDR selbst. So was hatte es noch nie gegeben. Obwohl die Ausbürgerung eines Menschen natürlich unvergleichlich viel weniger bedeutet als der Einmarsch in die ČSSR am 21. August 1968, war die Protestbewegung gegen meine Ausbürgerung doch breiter und tiefer. Das zeigt, dieses Regime war reif für den Zusammenbruch. Trotzdem hielt es noch mal zwölf Jahre.

Durch die Akteneinsicht ergibt sich für mich eine neue aufreizende Perspektive auf meine Lieder und Gedichte. Im Stasi-Szenario meiner Ausbürgerung war als dritte Version vorgesehen, daß ich mit Gewalt rausgeschafft werde, weil die Herrschenden „mit hoher Wahrscheinlichkeit" davon ausgingen, daß ich nicht unterschreibe und statt dessen auf der „provokatorischen Forderung... zur Verbüßung der Freiheitsstrafe" beharre. [...]

Eins habe ich an meinen Akten deutlicher als vorher gesehen: Die Stasi war bescheiden. Sie war ein treuer Dienstleistungsbetrieb der Macht. Das Selbstbild der Stasi, die sich als „Schwert und Schild der Partei" sah, war korrekt. Einzig und allein die Funktionäre der Partei bestimmten, wen das Schwert trifft. Diese Tatsache sollte der ganzen Diskussion einen neuen Schwerpunkt geben. Die Stasi spitzelte, sie wertete, machte Vorschläge und führte sie auf Anweisung aus. [...]

Diese Struktur entsprach dem normalen stalinistischen Modell in der Sowjetunion: Nicht die bewaffneten Organe (Armee, Polizei, Geheimpolizei) herrschten, sondern die Partei. Und da die Partei vom Parteiapparat beherrscht wurde und dieser wiederum in hierarchischen Abstufungen vom Politbüro, ergibt sich klar, wer die Macht und damit also auch die Verantwortung für irgendwelche politischen Verbrechen hatte.

In einem Artikel (Das Kaninchen frißt die Schlange, in: Der Spiegel 10/1992, S. 47 ff.) berichtet Wolf Biermann über seine Aktenfunde in der Gauck-Behörde.

Die Biermann-Ausbürgerung hatte unerwartete Folgen

28 Größere Verbreitung als die Bücher Robert Havemanns fanden die Lieder seines Freundes Wolf Biermann. 1953 war Biermann aus Hamburg in die DDR, „das bessere Deutschland", gekommen. Zusammen mit Havemann erhielt der undogmatische Marxist durch das 11. Plenum des ZK der SED 1965 Auftrittsverbot. Das machte ihn unter DDR-Jugendlichen in zunehmendem Maße populär. Biermanns Lieder wurden per Tonband quer durch die ganze DDR kopiert, die Liedtexte per Schreibmaschine vervielfältigt. Seine kommunistische Kritik des „real existierenden Sozialismus" war ein integrales bewußtseinsbildendes Element für viele DDR-Jugendliche. Die Ausbürgerung Wolf Biermanns aus der DDR während einer Konzertreise in die BRD 1976 führte zu einer Protestwelle, die zu einer Initialzündung für viele Oppositionelle wurde.

Zwölf bekannte DDR-Schriftsteller, Sarah Kirsch, Christa Wolf, Volker Braun, Franz Fühmann, Stephan Hermlin, Stefan Heym, Günter Kunert, Heiner Müller, Rolf Schneider, Gerhard Wolf, Jurek Becker und Erich Arendt protestierten am 17. November 1976 in einer öffentlichen Erklärung, in der zu lesen war: „Biermann hat nie, auch nicht in Köln, Zweifel darüber gelassen, für welchen der beiden deutschen Staaten er bei aller Kritik eintritt. Wir protestieren gegen seine Ausbürgerung und bitten darum, die beschlossenen Maßnahmen zu überdenken." Dem Protest schlossen sich in den folgenden Tagen mehrere Hundert Schriftsteller und Künstler durch ihre Unterschrift an, eine für DDR-Verhältnisse erstaunliche Solidaritätsaktion.

Unterstützt wurde Biermann auch von der Jenaer Szene. Nach erregten Diskussionen um Aktionsformen wurde beschlossen, sich an der Protestresolution der Schriftsteller zu beteiligen. Mehrere Hundert Unterschriften wurden gesammelt, unter anderem vor den Toren des Carl-Zeiss-Werkes. Die Staatssicherheit schlug zu. Etwa 50 Aktive wurden festgenommen [...].

Verhaftet und danach ausgewiesen wurden auch Künstler, der Schriftsteller Jürgen Fuchs, die Leipziger Liedermacher Gerulf Pannach und Christian Kunert. Robert Havemann erhielt Hausarrest. Auf eigenen Wunsch gingen die Popsängerin Nina Hagen, ihre Mutter, die Sängerin Eva-Maria Hagen, der Schriftsteller Thomas Brasch, die Schauspielerin Katharina Thalbach, der Lyriker Reiner Kunze und viele andere nach ihnen.

Wolfgang Rüddenklau, Redakteur der „Umweltblätter", eines wichtigen unabhängigen Publikationsorgans der Opposition, in seiner Darstellung und Dokumentation der DDR-Opposition von 1986-89, in: Störenfried, 1. Aufl., Berlin 1992, S. 23 f.

Der Schriftsteller Erich Loest auf Spurensuche in Leipzig

29 [...] jetzt geht die Sache Erich Loest wieder und wieder durch den Kopf, nachdem ihm dieses Dossier der Stasi in die Hände gefallen ist, dieses Konvolut von Akten, Hunderte von Schreibmaschinenseiten, auf denen in Form von Operativ-Plänen, Abhörprotokollen und Agentenreports dokumentiert ist, wie er sich jahrelang im Fadenkreuz der Stasi bewegt hat: wie er mittels Wanzen in seiner Wohnung abgehorcht wurde; wie ihn Stasi-Observierer auf Schritt und Tritt verfolgten, bisweilen in grotesker Wichtigtuerei von Straßenbahnhaltestelle zu Straßenbahnhaltestelle; wie man durch die Anzettelung von Intrigen seine schriftstellerische Arbeit kaputtzumachen versuchte; wie ein halbes Dutzend oder mehr Spitzel mobilisiert wurden, um seiner Gedanken habhaft zu werden. Und auch, wie man seine Familie zu „zersetzen" suchte, indem man „über die Kinder Loests ... umfassende Aufklärungsmaßnahmen" einleitete, „um in deren Ergebnis weitere Ansatzpunkte zur Herbeiführung von privaten Konfliktsituationen zu erarbeiten". Das Wanzensystem hatte Loests Privatleben zur Staatssache erklärt. [...]

Man kann nicht sagen, daß Erich Loest in einen schwindeln machenden Abgrund geblickt hätte, als er das alles aus der Akte erfuhr. Er hatte es ja doch schon vorher gewußt, wenigstens geahnt. Sogar, daß er von Freunden bespitzelt wurde. Aber wer von seinen Bekannten ihn verriet, das wußte er nicht, und deshalb auch nicht, wem er überhaupt noch trauen konnte. Das muß quälend sein. Es hinterläßt ein Gefühl der Ohnmacht. [...]

Erich Loest, der nicht zerbrochen ist, trotz seiner sieben Jahre im Zuchthaus, blättert nun im herbstlich kalten, verrußten Leipzig in seiner eigenen Vergangenheit, soweit sie von der Stasi aufgeschrieben worden ist. Dem Major Tinneberg, sagt er, ja, dem würde er gern begegnen, den würde er gern befragen. [...]

Die Frau war in Tinnebergs Referat unter dem Namen Richard Moritz als Inoffizielle Mitarbeiterin (IM) eingesetzt. Ihr Mann war Hans Heiner. Unter diesen Namen bekamen sie ihren Frontbefehl, wie er in Major Tinnebergs Operativ-Plan niedergeschrieben ist: „Einsatz der IM ‚Hans Heiner' und ‚Richard Moritz' zur Erarbeitung von Informationen aus dem familiären Bereich durch Intensivierung der privaten Verbindung entsprechend der bereits erteilten Aufträge und Verhaltenslinie." Ein Auftrag, der so richtig erst zu verstehen ist, wenn man sich das Szenarium des Indianerspiels näher vor Augen führt, das die Stasi-Bürokratie im Fall des Loest, Erich aufgezogen hatte. [...]

Dabei wird nämlich dreierlei sichtbar: zum einen die hysterische Angst des Systems vor einem einzelnen Menschen, dessen einzige, sehr zurückhaltend gebrauchte Waffe das Wort ist; zum anderen die schreckliche Einfältigkeit, mit welcher der Staat dann dieser gewaltigen Gefahr entgegenzutreten versucht, daß Loest „entsprechend seiner feindlichen Grundeinstellung durch literarische Veröffentlichungen in der DDR und BRD wesentliche gesellschaftliche Bereiche unserer sozialistischen Entwicklung angreift"; und schließlich der enorme Realitätsverlust, zu dem Organisationen generell neigen, die Macht haben und im Dunkeln agieren.

Im Café „Baum" sagt Erich Loest beinah entschuldigend und mit einer leichten Kopfbewegung in Richtung Rundes Eck, wo 2400 offizielle Stasi-Mitarbeiter, versehen mit Dienstrang, Uniform und Pistole, den Bezirk Leipzig unter Kontrolle zu halten versuchten: „Man kann doch nicht in diesen riesigen Häusern sitzen, mit all diesen Apparaten und nichts tun." Also tüftelte man unentwegt Strategien gegen den Feind, das Volk, aus. Im Falle Loests hieß das in fast unwirklich schönem Bürokratenkauderwelsch: „Die Zielstellung besteht... im rechtzeitigen Erkennen hinsichtlich seines feindlich-negativen Wirksamwerdens gegenüber der Kulturpolitik unseres Staates sowie in der Einleitung schadenverhütender Maßnahmen." Eine schadenverhütende Maßnahme war dann, daß man die Horchapparate derart auf Loests Wohnung ausrichtete, daß jeder noch so zarte Tastendruck einer Schreibmaschine im Tagesreport festzuhalten war. Ein Berichtstag, eher wahllos herausgegriffen: der 29. Januar 1980. Es war ein Tag, an dem Erich Loest beschloß, den zum bloßen Instrument des Regimes verkommenen Schriftstellerverband der DDR zu verlassen. Er tippte einen einzigen Satz: „Hiermit trete ich aus dem Schriftstellerverband der DDR aus." Und die Wanzen vom Runden Eck hielten fest: „Gegen 7.00 Uhr schreibt L. auf seiner Schreibmaschine (etwa 1.10 Minuten). Dieses Schriftstück wird neu in die Maschine eingespannt und wieder ausgespannt. Auf Grund der Handhabung der Maschine ist vermutlich ein kurzes Schreiben verfaßt worden. Anschließend hantiert L. im Wohnzimmer. Ab 7.50 Uhr ist Ruhe im Objekt." [...]

Es ist vielleicht wirklich vernünftiger, nun nicht in einem Rachefeldzug das Stasi-Aktenbündel als Anklageschrift zu schwingen. Erich Loest sieht in dem Dossier einfach auch eine spannende Lektüre, in einzelnen Blättern richtige Schmuckstücke, wie er sich ausdrückt. Und so wie er das sagt, klingt es nicht nur sarkastisch. Es schwingt auch ein bißchen Freude an spannender Kriminalliteratur mit. Loest selbst hat sich in der DDR ja selbst eine Weile als Krimi-Autor über Wasser gehalten. Aber die besten Krimis schreibt noch immer das Leben. Oder der Major Tinneberg. Am 4. Oktober 1979 fertigte er ein gelungenes Protokoll aus, das auf einem „Trefftermin" mit dem IM Hans Heiner basierte. Und wenn man es nun nachliest, dann überfällt einen plötzlich Mitleid mit dem armen Hans Heiner, der Puppe, die hilflos am Draht von Major Tinneberg zappelte.

In dem Protokoll nämlich legt der Major Tinneberg zunächst dar, wie ihm der IM Hans Heiner zu suggerieren versucht, daß er sich während eines Besuchs bei der Familie Loest zu sehr betrunken habe, als daß er aus dem Gespräch mit Loest Ergiebiges der Stasi mitteilen könne. Doch Protokoll-Autor Tinneberg weiß besser, was in der Wohnung Loests gelaufen ist. Dem Major lag nämlich auch ein Bericht der Wanzen-Abteilung vor, und aus diesem Bericht, so Tinneberg in seinem Protokoll, „gehen folgende operativ-relevante Fakten hervor: Entgegen der Behauptung des IM über hohen Alkoholkonsum waren keine Anzeichen darauf festzustellen. Der IM versuchte während des Gesprächs kaum, die ihm in der Instruierung vorgegebenen Informations-Komplexe anzuschneiden. Er verwies mehrfach auf seinen Vorschlag, mit Loest einen Spaziergang und ein Gespräch unter 4 Augen durchzuführen." Man kann sich leicht ausmalen, wie letzteres den Major Tinneberg erschreckt haben muß. Wenn ein Spitzel dabei abgehört wird, wie er seinem Bespitzelungsobjekt einen Spaziergang unter vier Augen vorschlägt, dann schrillen bei allen Tinnebergs der Welt die Alarmglocken. Tinneberg kommt in seinem Report denn auch schnell zu der Schlußfolgerung: „Es muß eingeschätzt werden, daß der IM nicht mehr ehrlich gegenüber dem MfS ist." Und schließlich der vernichtende „Maßnahmevorschlag" gegen Hans Heiner und dessen Frau Richard Moritz: „Ablage beider IM und Aufnahme ihrer operativen Bearbeitung..., um den Verdacht eines offenen Verrats zu prüfen."

Der Journalist Peter Sartorius berichtet in der Süddeutschen Zeitung vom 3. 11. 1990 über die schmerzhaften Erfahrungen des Schriftstellers Erich Loest nach der Lektüre seiner Stasi-Akten.

2 Der IM: Schlüsselfigur des Spitzelsystems? Inoffizielle Mitarbeiter und „flächendeckende Überwachung"

Weshalb gerade in der Spätphase der DDR das Spitzelheer wuchs und ein Wandel der Methoden des MfS den „Blauen" (so nannten die Hauptamtlichen untereinander „ihre" IM – nach den einstmals blauen Aktendeckeln der IM-Akten) eine besondere Bedeutung zukommen ließ, versucht der Bürgerrechtler *Jens Reich* zu erklären (30). Die Notwendigkeit einer „flächendeckenden Überwachung" hatte Stasi-Chef *Erich Mielke* 1985 in einer Dienstanweisung begründet (31). Der mit diesem Geschäft befaßten „Hauptabteilung (HA) XX" wies er eine leitende Rolle bei der Koordinierung der Attacken auf die Opposition zu. Auch die konkreten Methoden der Anwerbung von IM wurden streng bürokratisch geregelt: die „Richtlinie 1/79" sah vom „Vorlauf" bis zur „Verpflichtung" ein regelrechtes Drehbuch dieser „Werbung" vor (32). Nicht immer ließ sich dieses Szenario nach Wunsch des MfS verwirklichen: standhafte Ablehnung und Dekonspiration (d. h. Verweigerung des vom MfS angebotenen oder aufgeherrschten geheimzuhaltenden besonderen Vertrauensverhältnisses, indem der Anwerbeversuch mit Freunden offen besprochen wurde) führten zu „Abschluß und Archivierung" der IM-Vorlauf-Akte (33).

Zur Ausfertigung der Verpflichtungserklärung fand sich im Stasi-Archiv eine Formulierungshilfe, die aber nicht als Standardformular zu verstehen ist: die in den IM-Akten vorzufindenden Erklärungen sind meist handschriftlich und individuell (34).

Bereits in diesen Muster-Erklärungen für IM und sogenannte „Gesellschaftliche Mitarbeiter Sicherheit" wird deutlich, daß es unterschiedliche Grade der Verbindung mit dem MfS gab. Ein regelrechter Katalog verschiedener Spezies von IM zeigt, daß es eine Spitzel-Hierarchie gab, innerhalb derer man auf- oder absteigen konnte. Dieser Katalog war indes MfS-Herrschaftswissen und den je geführten IM nicht zugänglich (35).

Daß bei der „Werbung" auch erpresserische Methoden angezeigt waren, dokumentiert ein Auszug aus der „Richtlinie 1/79" (36).

Ein merkwürdiges Beziehungsgeflecht entwickelte sich in vielen Fällen zwischen den Führungsoffizieren und „ihren" IM (37). Vielfach von den IM im nachhinein als ein Vater-Sohn (bzw.-Tochter)-Verhältnis beschrieben, war auch von Seiten des MfS ein Erziehungsprozeß in diesem stetigen Kontakt geplant (38).

Wie diese Pläne und Richtlinien des MfS in der Praxis funktionierten, machen die Bekenntnisse eines ehemaligen Spitzels deutlich (39).

Daß ein Aussteigen aus der Verstrickung mit dem MfS möglich war, berichtet *Joachim Gauck* aus seinen Erfahrungen als Jugendpfarrer (40).

Das Riesenheer der IM in der Spätphase der DDR

30 Die Älteren unter uns erinnern sich noch lebhaft und mit Herzklopfen der namenlosen Angst, die die Menschen in der sowjetischen Besatzungszone und der frühen DDR-Zeit vor der sowjetischen und der eigenen Stasi hatten. Wer nach 1955 aufgewachsen ist, kennt nur noch die unterschwellige Angst vor dem Stasi-Apparat der zweiten Generation: Politische Häftlinge sind auch später noch mißhandelt und seelisch gebrochen worden, und wir kennen hier noch nicht alle Einzelheiten [...].

Die Staatssicherheit hatte in der Frühzeit des Systems vor allem polizeiliche Aufgaben. Ihr Verhältnis zur Information und zum Wahrheitsbegriff war voluntaristisch: Wahr ist, was der Parteilinie dient. [...]

In der bürokratischen Etappe des Realsozialismus ging dieses rein voluntaristische Verhältnis zu den Fakten verloren. Die Machthaber wollten nicht mehr unter dem Vorwand des Kampfes gegen den Klassenfeind Krieg gegen das eigene Volk führen, zumal es sie dabei selbst, als Person, erwischen konnte. Es entstand ein Bedürfnis, den Grad der Zustimmung durch die Bevölkerung planmäßig zu erhöhen. Außerdem wurden die Kontrollfunktionen von Parteiapparat, Staatsanwaltschaft und Gerichten verändert. Für die Stasi der späten DDR war zum Beispiel die Beweislage ein wiederholt auftauchendes Problem: Für einen Prozeß nach einem der politischen Paragraphen mußten Beweise gefunden oder geschickt so fabriziert werden, daß sie Staatsanwaltschaft und Gerichte überzeugten. Deren Ansprüche waren allerdings sehr merkwürdig, aber immerhin – sie waren eine nicht direkt befehlsabhängige Instanz und konnten das MfS blamieren. Allerdings: Die Verurteilungsquote überführter feindlich-negativer Personen war auch eine Planerfüllungskennziffer!

Dieser Paradigmenwechsel von der Terrortruppe zum bürokratischen Spezialministerium ermöglichte ein anderes Verhältnis zur Information. Sie wurde zum überwiegenden Teil registriert, nicht mehr für ein sofortiges Geständnis verwertet. Sie mußte auch in der Realität nachweisbar verankert sein.

Dazu hatten sie objektive Methoden, zum Beispiel Abhöranlagen und Brieföffnungsmaschinen. Das Dilemma war nur, daß der Bürger sich angepaßt und das feindlich-negative Element sich vorsichtig verhielt. Wenn die Bürgerrechtler alles Wichtige im Stadtpark besprachen oder die Schlüsselvokabeln aufschrieben und nicht aussprachen, dann konnte die Wanze nur überwiegend langweilige Bettszenen oder Geburtstagsumtrunke ohne direkte politische Relevanz belauschen.

Dieses Dilemma erzwang den Rekurs auf subjektive Methoden, vor allem den Spitzelbericht. Hier war bei geschickter Führung des inoffiziellen Informanten nun wirklich „operativ bedeutsame" Information zu gewinnen. Allerdings, wohlgemerkt, nur aus der intellektuellen Szene. Daß der Bauarbeiter „Scheiß-DDR" sagte, wenn er keinen Auspufftopf für seinen Trabant bekam, konnte nicht zu den Informationen über potentiell staatsfeindliche Aktivitäten gerechnet werden. Die Konsequenz wäre gewesen, praktisch die ganze Bevölkerung zu kriminalisieren, und das wollte die Parteiebene nun auch wieder nicht. Der Intelligenzler aber, verliebt ins abstrakte Wort, schmückte das Schimpfwort ganz anders aus, schrieb es auf, vervielfältigte es und reichte es im Freundeskreis herum; er diskutierte gern mit staunenden Westbesuchern über seine politischen Theorien und warum der ganze Sozialismus nie zu Stuhle kommen könne, mit einem Wort: Das war operativ verwertbare Information.

[...] Papier, Brille und Kugelschreiber verdrängten Pistole, Schlagstock und Knastzelle als Waffen im Klassenkampf. Nicht vollständig, aber der deutlichen Tendenz nach.

Jens Reich, einer der Gründer des Neuen Forums, zieht Bilanz: Abschied von den Lebenslügen. Die Intelligenz und die Macht, 1. Aufl., Berlin 1992, S. 74, 82 f.

Die Hauptabteilung XX organisierte die „flächendeckende Überwachung"

31 Die Auffassung, wonach die flächendeckende Überwachung für die Arbeit des MfS erst seit Mitte der achtziger Jahre typisch gewesen sei, hat [...] einen plausiblen Kern insofern, als die [...] Dienstanweisung Nr. 2/85 zur vorbeugenden Verhinderung, Aufdeckung und Bekämpfung der politischen Untergrundtätigkeit die Verstärkung der Überwachung und Unterdrückung oppositioneller Aktivitäten zum Ziel hatte. Das Grundsatzdokument war eine Reaktion der Staatssicherheit auf die Friedens-, Bürgerrechts- und Ökologiebewegung der DDR in den achtziger Jahren.

Als Kennzeichen der von ihm so verstandenen „politischen Untergrundtätigkeit" nannte Mielke darin „Suche, Sammlung und Zusammenschluß feindlich-negativer Kräfte zur Schaffung einer ideologischen, personellen und organisatorischen Basis für oppositionelle Bewegungen", ferner die „Übernahme, Ausarbeitung, Diskussion und Verbreitung oppositioneller antisozialistischer Konzeptionen, Plattformen, alternativer Auffassungen" sowie „Versuche ihrer Umsetzung in antisozialistische Aktivitäten", bis hin zur „Organisierung demonstrativ-provokatorischer, öffentlichkeitswirksamer Aktionen und Aktivitäten".

Seine Folgerung: „Die vorbeugende Verhinderung, Aufdeckung und Bekämpfung politischer Untergrundtätigkeit ist eine gesamtgesellschaftliche Aufgabe. Unter Führung der Partei und auf der Grundlage ihrer grundsätzlichen Orientierung sind alle Potenzen der sozialistischen Gesellschaft und des Staates zu mobilisieren, um ein Wirksamwerden feindlich-negativer Kräfte im Sinne politischer Untergrundtätigkeit zu verhindern."

Von selbst versteht sich, daß Mielke dabei dem MfS „unter Einsatz der operativen Kräfte und Mittel aller operativen Diensteinheiten" spezifische Aufgaben zuwies – speziell der Hauptabteilung XX, deren Aufgabenbereich schon immer im Kampf gegen politisch Andersdenkende bestanden hatte. In der Dienstanweisung Nr. 2/85 wurde ihr dabei jedoch gegenüber anderen operativen Diensteinheiten die Federführung zugeschrieben [...].

Die Hauptabteilung XX [...] unterschied sich in ihrer Struktur kaum von vergleichbaren anderen Hauptabteilungen. Ihr Leiter, Generalleutnant Paul Kienberg, Jahrgang 1926, stützte sich zur Koordinierung seiner Leitungsaufgaben sowie zur stabsmäßigen Vorbereitung politisch-operativer Einsätze auf die Arbeitsgruppe des Leiters und auf die Arbeitsgruppe Koordinierung. Eine Auswertungs- und Kontrollgruppe (AKG) war für politische Lageeinschätzungen zuständig, sie beobachtete die Stimmung in der Bevölkerung, sie war für Kartei- und Aktenführung zuständig, speiste Informationen in den zentralen EDV-Speicher des MfS ein und nahm Aufgaben bei der Bestätigung von Reisekadern wahr.

Die Zuständigkeit der Abteilungen 1 bis 10 erstreckte sich von der „Sicherung zentraler staatlicher Organe" bis zur „Aufklärung von Nomenklaturkadern, Geheimnisträgern und Reisekadern". Von besonderer „politisch-operativer Bedeutung" waren die Abteilungen 4: „Überwachung der Kirchen" und die Abteilung 9: „Bekämpfung politischer Untergrundtätigkeit".

Die Arbeit der Linie XX wurde über die Abteilungen XX in den Bezirksverwaltungen bis zu „operativen Diensteinheiten" der Kreisdienststellen fortgeführt. Inoffizielle Mitarbeiter wurden auf allen Ebenen „geführt". Die Hauptabteilung XX war gleichsam „das eigentliche Zentrum der Staatssicherheit", wie Mielkes Stellvertreter Markus Wolf einmal eingeräumt hat, von dem aus „ein System der totalen Überwachung nach innen" gesteuert wurde.

Der Journalist und Historiker Karl Wilhelm Fricke in seiner Studie: MfS intern, 1. Aufl., Köln 1991, S. 46 f.

Wie wurde man ein IM? Vom „IM-Vorlauf" zur Verpflichtung

32 Bevor eine Person inoffizieller Mitarbeiter des MfS wurde, nahm die Stasi ihn oftmals über lange Zeit ins Fadenkreuz. In einem komplizierten Untersuchungs- und Kontrollverfahren, dem sogenannten „IM-Vorlauf", wurde überprüft, ob sich die Anwerbung für das Ministerium lohnen würde. Erforderlich war dazu ein förmlicher Eröffnungsbeschluß für das Anlegen einer Akte, der sich im 1. Teil der Akte als ausgefüllter Vordruck findet. Dieser gibt Auskunft über den Namen, die Adresse und das Arbeitsfeld des Betroffenen; er legt fest, für welche IM-Kategorie er vorgesehen war und enthält ferner eine Begründung, warum er für die Stasi interessant war. [...]

Dem Eröffnungsbeschluß schließen sich normalerweise zahllose Unterlagen der eigentlichen Voruntersuchung an. Zunächst suchte die Stasi Kontaktpersonen aus dem persönlichen und beruflichen Umfeld des Betroffenen. Sie korrespondierte in ausgedehnter Weise mit anderen Stasi-Abteilungen und nahm Verbindung zu IMs auf, die bereits am Wohnort oder am Arbeitsplatz des zu gewinnenden Kandidaten wirksam waren. Darüber hinaus suchte der zuständige Mitarbeiter Kontaktpersonen auf, die in ihrer Funktion – zum Beispiel als Kader oder Betriebsleiter oder als Mitglied der SED – auskunftsfähig und -willig waren. Manchmal schrieb die Stasi diese Personen auch lediglich an und verpflichtete sie unter Verweis auf die Geheimhaltung, dem MfS schriftlich über den Kandidaten Mitteilung zu machen – auch diese Korrespondenz ist in der Akte abgeheftet.

In einer ersten Auswertungsphase fertigte die Stasi Fragebögen und Lebensläufe an und zog eigene Ermittlungen aus den verschiedenen Kreisdienststellen sowie die Beurteilungen der Betriebe und die Berichte anderer IMs zu Rate, um sich zu vergewissern, ob tatsächlich eine Werbung vorgenommen werden sollte. Manchmal kam es in dieser Vorlaufphase auch schon zu einer Kontaktaufnahme, die aber nicht unbedingt zu einer Werbung führen mußte. Unter einem Vorwand trat man mit dem „Vorlauf-IM" in Kontakt, um herauszufinden, wie gesprächsbereit der Betreffende war und ob er sich von der Stasi einsetzen ließe. Der jeweilige Mitarbeiter erkundigte sich zum Beispiel beiläufig nach einem Kollegen des Betreffenden oder über Sachverhalte aus der Arbeitswelt. Gab der Betroffene bereitwillig oder gar geschmeichelt Auskunft und ließ auf diese Weise erkennen, daß er ein interessanter Gesprächspartner war, den man vielleicht noch mehr fragen oder dem man sogar gezielt Aufträge erteilen konnte, wurde die Wahrscheinlichkeit einer Anwerbung immer größer.

Während des Vorlaufes suchte die Stasi zugleich nach Schwachstellen des Kandidaten, die ihr die Anwerbung erleichtern konnten. Dazu gehörten Karrierewünsche, materielle Bedürfnisse und Ansatzpunkte für eine Erpressung, aber auch weltanschauliche Überzeugungen, die als Motiv für eine Mitarbeit dienen konnten. Wenn jemand beispielsweise gerne studieren wollte, vielleicht ein besonderes Fach, wenn jemand gerne Facharzt, Oberarzt, Professor oder Abteilungsleiter werden wollte, dann wurde das aufmerksam registriert und in der Akte vermerkt. Auch wenn jemand auf großem Fuß lebte und auf einen überdurchschnittlichen Lebensstandard Wert legte, wurde die Stasi hellhörig, weil solche Schwächen bestens dazu geeignet waren,

Einfluß auf den Kandidaten zu gewinnen und diesen bei der späteren Führung des IM noch zu erweitern.

Der Koordinator all dieser Voruntersuchungen machte zum Schluß einen Vorschlag zur Anwerbung oder zur Archivierung. Letzteres kam zum Beispiel vor, wenn die Vorlaufuntersuchungen gezeigt hatten, daß es sich um einen eher spröden Charakter handelte, um einen sehr mißtrauischen oder um einen antikommunistischen Bürger, der nichts mit der Stasi oder der SED zu tun haben wollte, um einen frommen Christen, der niemals eine Bereitschaftserklärung zur Mitarbeit unterschreiben würde, oder um einen geschwätzigen Menschen, der nicht konspirativ würde arbeiten können. Wenn der zuständige Sachbearbeiter den „Vorlauf-IM" jedoch positiv einschätzte, unterbreitete er seinem Vorgesetzten einen Vorschlag zur Anwerbung. [...]

Stimmte der Vorgesetzte dem Vorschlag zu, konnte der Anwerbungsversuch erfolgen. [...]

Die Anwerbung war nach der Richtlinie 1/79 über die Tätigkeit von inoffiziellen Mitarbeitern ein Höhepunkt in der Zusammenarbeit zwischen dem Informanten und dem MfS; gelegentlich nahm sie sogar eine feierliche Form an. In der Akte wird das Anwerbungsgespräch genau beschrieben. In der Regel mußte sich der neu gewonnene IM schriftlich zur Mitarbeit verpflichten und einen Decknamen annehmen – auch wenn er das nicht gerne tat; außerdem wurde er in die Regeln der konspirativen Arbeit eingeweiht. Die schriftliche Verpflichtung, die als wichtiger Bestandteil zu den Akten genommen wurde, konnte aber auch durch einen einfachen Handschlag ersetzt werden, was der Führungsoffizier dann im Treffbericht vermerkte. Der IM hatte sogar die Möglichkeit, einen neuen Decknamen zu wählen. Wenn der Betroffene, um ihn nicht zu verschrecken, keinen Decknamen mitgeteilt bekam, teilte die Stasi ihm dennoch für die MfS-interne Kommunikation einen solchen zu und heftete auch seine Berichte darunter ab. Bei dem Treffen wurde darüber hinaus festgelegt, wie oft und wo der Kontakt zwischen dem Informanten und dem Führungsoffizier stattfinden sollte, ob dazu eine konspirative Wohnung aufgesucht und ein spezielles Losungswort vereinbart werden sollte sowie unter welcher geheimen Telefonnummer der IM Verbindung mit dem MfS aufnehmen könnte.

Natürlich konnte der Kandidat auch die Bereitschaft zur Mitarbeit verweigern – zumeist war das eine Frage des Mutes, der Standfestigkeit und der persönlichen Lebensumstände. [...]

Nahm der IM jedoch seine Arbeit auf, wurde eine zweite, die Arbeitsakte angelegt, in der sein Klarname in der Regel nicht mehr auftaucht – sogar schriftliche Berichte sind mit Decknamen unterschrieben. [...] Im Prinzip ist die zweite Akte ähnlich aufgebaut wie die für den Vorlauf-IM: Neben den schriftlichen Berichten des Informanten enthält sie Zusammenfassungen des Führungsoffiziers über mündlichen Berichte, die sogenannten Treff- oder Auswertungsberichte, sowie Schriftstücke, die der IM der Stasi übergeben hatte.

Stasi-Auflöser und Aktenverwalter Joachim Gauck in seinem Buch: Die Stasi-Akten. Das unheimliche Erbe der DDR, 1. Aufl., Reinbek 1991, S. 55 ff.

Ein mißlungener „IM-Vorlauf"

33 Vor mir liegen die aufgeschlagenen Seiten einer orangefarbenen Akte; und ich denke daran, daß jenes Stück Leben, das diese Seiten mit ihren Aktenvermerken, „Operativinformationen", mit ihren konspirativen Niederschriften besitzen, alle Menschen einschließt, mit denen ich in den 80er Jahren befreundet war oder rein zufällig verkehrte: es handelt sich hierbei um eine „IM-Vorlauf-Akte", die im April 1985 durch Mitarbeiter der Staatssicherheit in der Bezirksverwaltung Rostock angelegt wurde. Erst heute, also sieben Jahre später, verschafft mir der Einblick in diese Akte die Möglichkeit, Hintergründe meines konspirativen Zusammentreffens mit dem sogenannten „Führungsoffizier" zu erfahren und darüber zu reflektieren. Bei mir war es eine Mischung aus Fügsamkeit und Überzeugtsein, die mich bereitwillig gemacht hatte, vertrauliche, geheime Gespräche mit dem MfS-Organ zu führen – nicht zuletzt deshalb, weil ich glaubte, dadurch meine kritischen Intentionen und Zweifel im Hinblick auf die erlebte DDR-Wirklichkeit artikulieren zu können.

Ich erinnere mich an den roten Wartburg, mit dem ich in ein entlegenes Waldstück am Rande der Stadt Rostock befördert wurde, an meine damalige Angst, irgendwohin entführt oder verschleppt zu werden, an die operative Technik (Tonband, Mikrofon), die eingesetzt wurde und die ich zu bemerken glaubte, weil ich eine merkwürdige Rückkopplung beim Sprechen im Innenraum des Wartburgs wahrzunehmen schien, an die ernsten Gesichter der beiden Offiziere des Staatssicherheitsdienstes, wie sie mit zackigen Worten an meine

Staatstreue appellierten und dabei eifrig bemüht waren, ein Vertrauensverhältnis zu mir aufzubauen, denn darin wurden sie geschult, und der Aufbau eines Vertrauensverhältnisses hatte vom Führungsoffizier auszugehen.

[...] die Vorlauf-Akte ist eine akribische „Nachweisführung" über den Versuch, mich für die „Lösung politisch-operativer Aufgaben" zu gewinnen. Im Vorschlag zur Kontaktaufnahme finde ich den damaligen Blickwinkel des MfS auf meine Person:

„Aus den vorliegenden Sachverhalten wird erkennbar, daß Sch. über operativ-interessante Verbindungen zu operativ-bedeutsamen Personen aus der sogenannten Aussteigerszene in Rostock und darüber hinaus verfügt. Es wird vorgeschlagen, die eingetretene Situation zu nutzen, um mit Sch. in Kontakt zu kommen. Als Anlaß wird die bevorstehende Exmatrikulation genutzt und Sch. aufgezeigt, daß durch sein Verschulden im Endeffekt ein geplanter Diplomlehrer für Sonderschulen der Volksbildung verloren geht. Mit diesen Ausführungen soll erreicht werden, daß sich Sch. in der Richtung öffnet, unbedingt wieder studieren zu wollen. In diesem Zusammenhang wird er aufgefordert, zu seinem bisherigen Leben Stellung zu beziehen. Bringt Sch. die vorhergenannten Sachverhalte zur Sprache, wird an seinen Wiedergutmachungswillen appelliert. Dies wäre gleichzeitig die Grundlage für weitere Kontaktgespräche, ohne zunächst über konspirativ erarbeitete Sachverhalte zu sprechen.

Verhält sich Sch. verschlossen, wird ihm eindeutig mitgeteilt, daß die Universität kein Interesse an einer Wiederaufnahme des Studiums hat.

Im nächsten Gespräch wird geprüft, inwieweit er bereit ist, Personen zu belasten."

Darum sollte es also auch in meinem Fall gehen.

Nahezu klassisch finde ich in dieser Akte ausformuliert, wie biografische Brüche und Phasen psychosozialer Instabilität von Menschen ausgenutzt wurden, um sie in konspirativen Szenen – ob im Wald oder in „konspirativen Wohnungen" – zu Akten der Hingabe an einen Staat zu erniedrigen, der seine kritischsten Köpfe in die Haftanstalten oder ins Exil abkommandierte, der die Einschüchterung und Verfolgung wirklicher und vermeintlicher Gegner der DDR am hellichten Tage vornahm, der die Masse der Menschen fortwährend demoralisierte, so daß Begriffe wie moralische Integrität und moralische Verantwortung zunehmend ihren Sinn verloren.

Nach einem halben Jahr voll von Werbungsgesprächen und Augenblicken der Erschöpfung und des selbstquälerischen Abwägens lehnte ich die „inoffizielle Zusammenarbeit" mit dem MfS ab. Die IM-Vorlaufakte wurde abgeschlossen und archiviert. Daß ich die Entscheidung getroffen hatte, mich nicht daran zu beteiligen, als Informant des MfS meinen Freunden eine kriminelle bzw. staatsfeindliche Identität zuzuschreiben, war für mich im nachhinein eine befreiende und wertvolle Erfahrung: daß es möglich war, sich an eigenen moralischen Werten zu orientieren und dem System nicht bedingungslos Gefolgschaft zu leisten. – Ich hatte mich auch einem Freund anvertraut, der wenige Monate später im Strafvollzug einsaß.

Andreas Schmidt, Lehrer, tätig als Stasi-Auflöser in Gera und heute Leiter der Außenstelle der Gauck-Behörde in Gera, berichtet über seine Erfahrungen mit dem MfS, in: Hans Joachim Schädlich (Hg.): Aktenkundig, 1. Aufl., Berlin 1992, S. 175 ff.

Verpflichtungserklärung: Formulierungshilfe des MfS...
...für IM

34 *Verpflichtung*

Durch Mitarbeiter des MfS mit dem Sachverhalt vertraut gemacht, erkläre ich, daß ich zukünftig:
– meinen staatsbürgerlichen Pflichten, insbesondere hinsichtlich des Artikels 23, Absatz 1, der Verfassung der DDR,
(– meinen Pflichten als Mitglied der SED gemäß dem Statut, besonders in Bezug auf den Kampf um konsequente Einhaltung der sozialistischer Gesetzlichkeit, von Ordnung, Disziplin und Sicherheit sowie den Kampf gegen Mängel und Mißstände in der Arbeit, gegen Schönfärberei und Lobhudelei,)
oder
(– meinen Pflichten (u. U. als Christ) zur wahren Bezeugung und zur Entlastung,)
gegenüber meinem Land, meiner Arbeitsstelle und meinen Mitmenschen auch damit gerecht werde, daß ich das MfS in seiner Arbeit ständig unterstützen werde.

Ich verpflichte mich deshalb freiwillig zur inoffiziellen Zusammenarbeit mit dem MfS. Ich werde erhaltene Aufträge gewissenhaft und

korrekt erfüllen sowie über die Ergebnisse wahrheitsgemäß und vollständig berichten.
Ich verpflichte mich, die Zusammenarbeit mit dem MfS gegenüber jedermann geheimzuhalten und darauf zu achten, daß niemand in keiner Weise über die Zusammenarbeit Kenntnis erlangt.
Zur ständigen Verbindungsaufnahme wurde mir die Telef.-Nr. . . . übergeben.
Als Deckname wähle ich mir . . . (Unterschrift mit Klarnamen)

... für GMS (Gesellschaftlicher Mitarbeiter Sicherheit)

Erklärung

Hiermit erkläre ich mich bereit, das MfS in seiner Arbeit zu unterstützen. Meine Bereitschaft ist freiwillig. Ich verpflichte mich darauf zu achten, daß niemand in keiner Weise über die Zusammenarbeit Kenntnis erlangt.
Ehrlichkeit und Zuverlässigkeit sind für mich Ehrensache.
Zur ständigen Verbindungsaufnahme wurde mir die Telef.-Nr. . . . übergeben.
Als Decknamen wähle ich mir . . . (Unterschrift mit Klarnamen)

Aus: Tina Krone/Irena Kukutz/Henry Leide (Hg.): Wenn wir unsere Akten lesen. Handbuch zum Umgang mit den Stasi-Akten, 1. Aufl., Berlin 1992, S. 146 f.

IM ist nicht gleich IM: Wie das MfS die Spitzel katalogisierte

35 Die inoffiziellen Mitarbeiter waren in verschiedene Kategorien unterteilt. Die Hauptgruppe bildeten die „Inoffiziellen Mitarbeiter Sicherheit" (IMS). Sie sollten der Stasi flächendeckend Aufschluß darüber geben, wer wann was aus welchem Grunde machte. Sie hatten Personeneinschätzungen vorzunehmen, schriftlich oder mündlich Bericht zu erstatten und Verstöße gegen Ordnung, Disziplin oder Sicherheit im Arbeits- und Lebensbereich der Menschen aufzuhellen. Eine zweite Gruppe stellten die „Inoffiziellen Mitarbeiter für besonderen Einsatz" (IME) dar. Sie waren etwas höher eingestuft und mit komplizierteren Aufgaben betraut. Beispielsweise

mußten sie andere operativ tätige Mitarbeiter der Stasi abdecken oder einschleusen und waren in der Lage, Personen, an denen das MfS wegen ihrer ideologischen Treue besonderes Interesse hatte, in bestimmte Positionen zu lancieren. Sie wurden auch zu Einschätzungen und Gutachten über bestimmte Problembereiche, etwa in der Wirtschaft, herangezogen und waren oftmals gezielt als Ermittler und Beobachter in schwierigen Zusammenhängen tätig.

Eine besondere Art von Spitzeltätigkeit leisteten die „Inoffiziellen Mitarbeiter Bearbeitung" (IMB). Diese Personen hatten, wie es bei der Stasi hieß, „konkrete Feindberührung", das heißt, sie besaßen oftmals das Vertrauen desjenigen, den das MfS gerade bespitzeln ließ. Ein IMB kam insbesondere im Bereich der sogenannten „politischen Untergrundtätigkeit" (PUT) oder der „politisch-ideologischen Diversion" (PID) zum Einsatz, also unter Kirchenleuten, unangepaßten Jugendlichen, Künstlern, kritischen Intellektuellen oder Personen aus dem Westen. Er sollte mithelfen, jede Art von „subversiver Tätigkeit" frühzeitig aufzudecken, und mußte deshalb, wie es hieß, „direkt" an der als feindlich eingestuften Person oder Gruppe arbeiten.

Eine vierte Kategorie bildeten die „Führungs-Inoffiziellen Mitarbeiter" (FIM), die bereits Erfahrungen in der Arbeit als IM gesammelt hatten und nun selber andere Informanten anleiteten. Dabei durften sie die ihnen unterstellten IMs beauftragen, zu konspirativen Treffs zu kommen, über die sie anschließend eigene Treffberichte verfaßten. Ein solcher FIM, der eigenständig kleine Netze von IMs führte, konnte beispielsweise in einem Interhotel eingesetzt werden, das rund um die Uhr von der Stasi überwacht wurde. Er koordinierte dann die Tätigkeit der übrigen in diesem von Ausländern frequentierten Hotel eingesetzten IMs, was vor Ort leichter war als aus der zuständigen Stasi-Dienststelle heraus.

Eine fünfte Kategorie waren die „Inoffiziellen Mitarbeiter zur Sicherung der Konspiration" (IMK), die die Aufgabe hatten, den konspirativen Charakter der Stasi-Überwachung zu sichern. Sie konnten beispielsweise ihre Wohnung als konspirativen Treffpunkt oder ihren Telefonanschluß für eine heimliche Kontaktaufnahme zur Verfügung stellen. Aus diesem Grund verfügten die IMK über eine „konspirative Wohnung" (KW), ein Decktelefon (DT) oder eine Deckadresse (DA), manchmal waren sie auch nur Verwalter eines „konspirativen Objektes", eines Sportheims oder eines FDGB-Erholungsobjektes – die Perversion der Überwachung schlug sich auch in einer Pervertierung der Sprache nieder.

Zur Kategorie der IMs gehörten auch die „Hauptamtlichen Inoffiziellen Mitarbeiter" (HIM), die ihre Dienstzeit im MfS nicht in den Räumen der Überwachungsbehörde absolvierten, sondern praktisch wie ein „normaler" IM lebten. Sie standen jedoch in keinem „zivilen" Arbeitsverhältnis, sondern waren mit der Führung von anderen Informanten beauftragt, was innerhalb des Ministeriums nicht unumstritten war, weil sich eine solche Arbeit kaum kontrollieren ließ. Auch die Arbeitsergebnisse waren schwer zu verifizieren, so daß Offiziere und Mitarbeiter des MfS dieser Struktur offenkundig mißtrauten und die Führung des Ministeriums die Bedeutung der HIMs zurückdrängte.

Eine spezielle Gruppe, deren Arbeit wie die der IMs durch die Richtlinie Nr. 1/79 detailliert geregelt wurde, bildeten die „Gesellschaftlichen Mitarbeiter Sicherheit" (GMS). Sie waren Vertrauenspersonen des MfS, die aufgrund ihrer beruflichen Position oder ihrer staatstreuen Haltung der Staatssicherheit für Auskünfte, Berichte und Mitarbeit zur Verfügung standen, ohne direkt konspirativ zu arbeiten. Ein typischer GMS war beispielsweise ein Kaderleiter – also der Personalchef – eines größeren Betriebes. Dieser war aufgrund seiner berufsbedingten Detailkenntnisse nicht nur eine wichtige Informationsquelle, sondern konnte zusammen mit dem Betriebsdirektor – häufig ebenfalls ein GMS – auch von der Stasi vorgegebene Personalentscheidungen treffen. Als GMS konnte auch der Inhaber eines Universitätslehrstuhls tätig sein, der seine Funktion der Partei verdankte und sich deshalb hinlänglich verpflichtet fühlte, dem Staat durch kostenlose Auskünfte an das MfS zu dienen.

Ein typischer Fall von Zusammenarbeit zwischen einem GMS und der Stasi ergab sich beispielsweise, wenn der Ingenieur einer interessanten Fachabteilung eines Betriebes als IM geworben werden sollte. Während der Beobachtungsphase, dem sogenannten IM-Vorlauf, suchte die Staatssicherheit nach GMS, die über die Zielperson befragt werden konnten. Der Kaderleiter oder der Betriebsdirektor wurden dann offiziell um Auskunft gebeten, was entweder schriftlich geschah oder durch eine Mitteilung des im Betrieb arbeitenden Sicherheitsbeauftragten des MfS oder durch einen persönlichen Besuch eines Stasi-Mitarbeiters. Der Bericht der GMS ging dann in die IM-Vorlaufakte ein. Diese Art von Zusammenarbeit mit dem MfS war in der DDR so selbstverständlich geworden, daß die Überwachungstätigkeit der GMS in der öffentlichen Diskussion bislang so gut wie keine Rolle spielte.

Joachim Gauck, in: Die Stasi-Akten. Das unheimliche Erbe der DDR, 1. Aufl., Reinbek 1991, S. 63 ff.

Anleitung zur Erpressung von IM-Kandidaten

36 Bei der Werbung auf der Grundlage der Auslösung von Rückversicherungs- und Wiedergutmachungsbestrebungen der Kandidaten mit Hilfe kompromittierender Materialien ist auszugehen von der Verletzung gesellschaftlicher Normen durch die Kandidaten einerseits und andererseits von ihrem Verlangen, negative Folgen dieser Normverletzung von sich abzuwenden bzw. eingetretene Schäden durch eigene Leistung wiedergutzumachen oder zu ersetzen. Das kompromittierende Material muß
– geeignet sein, den Kandidaten die Normverletzung bewußt zu machen, ihr Gewissen anzusprechen, Schuldgefühle zu wecken bzw. Unsicherheit zu erzeugen,
– auf die Besonderheiten der einzelnen Kandidaten, auf ihre konkreten Moralnormen, ihr Rechtsbewußtsein, auf ihre charakterliche Feinfühligkeit und Gefühlswelt, auf ihr berufliches Ethos oder ihr Geltungsbedürfnis ausgerichtet sein.

Der Einsatz des kompromittierenden Materials hat in Abhängigkeit von seiner Beschaffenheit und der Persönlichkeit des Kandidaten differenziert zu erfolgen durch
– die kompakte Anwendung des kompromittierenden Materials, um in ihrer feindlichen Einstellung verhärteten Kandidaten den Ernst der Lage bewußt zu machen,
– die ausgewählte, teilweise Anwendung des kompromittierenden Materials, um damit Impulse zur selbständigen Stellungnahme der Kandidaten zu geben,
– den Verzicht auf den direkten Einsatz des kompromittierenden Materials, dessen Vorhandensein die Kandidaten vermuten, um damit die Bereitschaft zur Zusammenarbeit, verbunden mit positiven Haltungen zu den operativen Mitarbeitern zu entwickeln.

Aus: Richtlinie 1/79 für die Arbeit mit Inoffiziellen Mitarbeitern, in:, David Gill/Ulrich Schröter: Das MfS. Anatomie des Mielke-Imperiums, 1. Aufl., Berlin 1991, S. 455

Der IM und sein Führungsoffizier: Ein besonderes Verhältnis

37 Jährlich wurden durch die Leiter der einzelnen Diensteinheiten (DE) ausführliche Konzeptionen zum Einsatz der einzelnen IM erarbeitet. Die Führungsoffiziere hatten entsprechend Entwicklungs- und Einsatzkonzeptionen zu jedem von ihnen geführten inoffiziellen Mitarbeiter vorzulegen. Manche Spitzel konnten sich „qualifizieren", sie wurden IME oder IMB. Aber auch das Herunterstufen in der IM-Skala wurde praktiziert: Wenn zum Beispiel der Freund mit dem Ausreiseantrag im Westen angekommen war, wurde der IMB wieder zum IMS – unter Umständen nur so lange, bis der nächste Freund an der Reihe war.

Es gab auch verschiedene Gründe, warum die Zusammenarbeit mit einem Spitzel beendet wurde: Seine „Zuverlässigkeit" wurde angezweifelt, die Informationen flossen für den Aufwand, der mit ihm getrieben werden mußte, zu spärlich, Alkoholismus oder dergleichen. Es gibt auch Beispiele dafür, daß IM von sich aus die Verbindung lösten. In keinem Fall zog das automatisch eine besondere Verfolgung nach sich, sicher aber den Verlust mancher Privilegien. Denn mit Geld wurden die wenigsten für ihre Dienste belohnt, wohl aber mit bevorzugter Wohnungsvergabe, Ausbildungsmöglichkeiten oder mit lukrativeren Arbeitsplätzen. Bei Beendigung der Zusammenarbeit wurden die Akten archiviert, aber unter Umständen nach einigen Jahren für einen nächsten Werbeversuch benutzt. Alle ehemaligen IM, von denen man wußte oder annahm, daß sie wieder geworben werden könnten, wurden in einer speziellen Kerblochkartei geführt (IMVK). Diese „IM-Vorauswahlkartei" bestand aus zwei Teilen: Im ersten waren alle aktuellen und im zweiten eben diese ehemaligen Spitzel mit ihren Fähigkeiten, Charaktereigenschaften, sexuellen Neigungen usw. erfaßt. Man konnte also ähnlich wie nach unbekannten Flugblattherstellern auch nach geeigneten Spitzeln fahnden.

Jeder inoffizielle Mitarbeiter wurde ständig kontrolliert, seine Berichte mit denen anderer verglichen, Berichte über ihn sorgfältig ausgewertet. [...] Bei Anzeichen von „Unzuverlässigkeit" konnte es auch passieren, daß seine Post kontrolliert und er per Wanze überwacht wurde.

Besondere Leistungen oder langjährige Treue waren öfter Anlaß zu Geld- oder Sachgeschenken. Die Offiziere waren angehalten, solchen Übergaben einen „würdigen Rahmen" zu geben. Das hieß dann, daß der Führungsoffizier (manchmal gemeinsam mit seinem Vorgesetzten) mit dem inoffiziellen Mitarbeiter in einer der vielen konspirativen Wohnungen (KW) saß und ganz im stillen gefeiert wurde.

Die Führungsoffiziere trafen sich mit ihren Spitzeln im Abstand von einigen Wochen, bei Bedarf auch öfter. In der Regel fanden diese Treffen in konspirativen Wohnungen statt, konnten aber auch, je nach Situation, in Gaststätten, auf Parkplätzen oder in der freien Natur sein. Der Offizier war angehalten, solche Treffen genau vorzubereiten, dem IM beizubringen, worauf er sich konzentrieren muß und ihn bei der Stange zu halten. Er mußte sich auf ihn einstellen wie der Spitzel auf seine Opfer. Überwiegend entwickelte sich eine vertrauliche Beziehung.

Aus dem Anleitungsbuch „Wenn wir unsere Akten lesen. Handbuch zum Umgang mit den Stasi-Akten", das von einigen Stasi-Opfern zur Erleichterung der Akteneinsicht erarbeitet wurde, hg. von Tina Krone/Irena Kukutz/Henry Leide, 1. Aufl., Berlin 1992, S. 18 ff.

Erziehung durch den Führungsoffizier

38 Die politisch-ideologische und fachlich-tschekistische Erziehung und Befähigung der IM hat ständig, planmäßig und differenziert zu erfolgen. [...]

Die IM-führenden Mitarbeiter haben sich dabei zu konzentrieren auf:
- das Entwickeln der Überzeugung von der Notwendigkeit des Schutzes der DDR und der sozialistischen Errungenschaften sowie des sicherheitspolitischen Denkens des IM;
- das Schaffen von Einsichten in den humanistischen und patriotischen Charakter der politisch-operativen Arbeit und der Zusammenarbeit mit dem MfS sowie das Auseinandersetzen mit Tendenzen ihrer Diskriminierung;
- das aktive Auseinandersetzen mit den IM über solche feindlichen Theorien und Auffassungen, mit denen sie selbst in Berührung kommen;
- die Vermittlung auf die Einsatzrichtung und die Persönlichkeit der IM ausgerichteter differenzierter Kenntnisse über den Feind, insbesondere über

das aggressive Wesen der imperialistischen Kräfte, vor allem der BRD,
deren langfristige und aufeinander abgestimmte Pläne,
die konkreten Ausgangspunkte, Angriffsrichtungen, Mittel und Methoden sowie Erscheinungsformen subversiver Tätigkeit im Wirkungsbereich der IM,
solche Objekte, Bereiche, Personenkreise und Personen, die durch Feindangriffe besonders gefährdet sind;
- die Anerziehung solcher Überzeugungen, Wertungen und Gefühle wie die politisch-ideologische, moralische und rechtliche Verurteilung des Feindes und seines skrupellosen Vorgehens, Abscheu und Haß gegen den Feind, die Überzeugung, daß auch solche politisch-operativen Aufgaben der Feindbekämpfung dienen, bei denen das nicht offensichtlich ist. [...]

In den Mittelpunkt sind dabei zu stellen:
- das Vertiefen der Einsicht in die Notwendigkeit und den Nutzen der Zusammenarbeit mit dem MfS und der übertragenen politisch-operativen Aufgaben;
- das Entwickeln gesellschaftlich wertvoller Motive für eine dauerhafte konspirative Zusammenarbeit mit dem MfS auf der Grundlage ideologischer Einsichten, des Pflichtbewußtseins oder der Wiedergutmachung;
- die engere Bindung der IM an das MfS und die Vertiefung des Vertrauensverhältnisses zwischen IM und Mitarbeiter, das richtige Reagieren auf persönliche Probleme der IM;
- das Schaffen von Erfolgserlebnissen für die IM sowie die Vertiefung der Einsicht und des Gefühls der Sicherheit und des Schutzes;
- das Beseitigen von Bedenken sowie Pflichten- oder Gewissenskollisionen bei dem IM. [...]

Die Erziehung und Befähigung der IM zur Wachsamkeit und Geheimhaltung und zur Wahrung der Konspiration ist inhaltlich auszurichten auf:
- das Vertrautmachen der IM mit den Regeln der Konspiration wie die ständige Selbstkontrolle und konsequente Vermeidung von Routine und Schematismus,
das wirklichkeitsnahe und lebensechte Handeln auf der Grundlage geeigneter operativer Legenden und Kombinationen,
das strikte Vermeiden und Verhindern der Preisgabe von operativen Kräften, Mitteln und Methoden des MfS durch über-

steigertes Geltungsbedürfnis, Schwatzhaftigkeit, Abweichen vom Auftrag und von der Instruktionen. [...]
Die IM sind so zu erziehen und zu befähigen, daß sie im Rahmen der ihnen erteilten Aufträge und Instruktionen selbständig aktiv und schöpferisch politisch-operativ richtig handeln und in der Lage sind,
- feindlich-negative Personen und Handlungen rechtzeitig zu erkennen, weiter aufzuklären bzw. zu bearbeiten,
- vertrauliche Beziehungen zu operativ interessierenden Personen herzustellen und auszubauen.

Aus der „Richtlinie 1/79 für die Arbeit mit Inoffiziellen Mitarbeitern (IM)", abgedruckt in: David Gill/Ulrich Schröter: Das MfS. Anatomie des Mielke-Imperiums, 1. Aufl., Berlin 1991, S. 432 ff.

Die Richtlinien des MfS in der Praxis: Ein Spitzel berichtet über die „Werbung" und seine „Arbeit"

39 Als ich vom MfS angeworben wurde, war ich siebzehn, als ich mit Entsetzen aufhörte, vierundzwanzig. [...]

1978 war ich Lehrling an einer Berufsschule in Lichtenberg. In meiner Klasse waren wir alle sehr gut miteinander befreundet. Es war eine schöne Zeit, wir hielten zusammen, schrieben voneinander ab [...].

Und weil es so schön war, hörte ich mir immerhin vierzehn Tage lang die jeweils allerneuesten antisemitischen Witzchen an. Als ich meine Freunde plötzlich bat, mit diesem Dreck in meiner Gegenwart aufzuhören, endete für mich die schöne Zeit in der DDR. Denn auf einmal hatte ihr Antisemitismus einen Gegenstand. Ein paar Tage später wurde ich morgens von zehn Leuten in dieser Schule empfangen, und zwar nicht mit Zuckerln in der Hand, sondern mit Brecheisen. Man mußte damals sehr schnell sein, um unbeschadet in den ersten Stock zu gelangen. Sowohl der Direktor der Schule als auch der Parteisekretär weigerten sich, dagegen irgend etwas zu unternehmen. Das würde nur Aufsehen erregen und dem Ansehen der Schule schaden. Ich mußte etwas unternehmen, also ging ich zu einer ehemaligen Lehrerin von mir. [...]

Als Jüdin begriff sie sofort, wie sehr meine Sicherheit bedroht war, zumal sich das ganze in Lichtenberg abspielte, schon damals eine Hochburg des Rechtsradikalismus.

Für den nächsten Tag arrangierte [sie] ein Treffen mit ihrem Vater – und einem seiner Freunde, der sich mir als Mitarbeiter der Kriminalpolizei vorstellte. Mit Fritz Scholz traf ich mich in den folgenden zwei Wochen, ich weiß nicht wie oft. Und plötzlich änderte sich die Situation in meiner Schule. Sowohl der Direktor als auch der Parteisekretär und meine reizenden Mitschüler wurden beunruhigend nett zu mir. Das interessierte mich weniger als die Tatsache, daß ich in Ruhe gelassen wurde. [...] Für mich war der Staatssicherheitsdienst in diesem Moment *ein Mann*, der für meine Rechte gekämpft hatte. [...]

In letzter Zeit muß ich immer öfter darüber nachdenken, ob meine Biographie nicht über weite Strecken eine exemplarische Biographie ist. Das klingt gewiß entsetzlich, aber es ist eine Biographie, in der immer wieder Gewalt eine Rolle spielt. Gewalt gegen mich, die ich versuchte, gegen andere zu wenden, und die Gewalt gegen andere, die sich stets auch gegen mich kehrte. [...] Meine Mutter war eine Trinkerin. Mein Stiefvater war ein Sadist. Ich habe immer wieder eine Szene vor Augen, wenn ich an meine frühe Kindheit denke. Sie gerinnt zu dieser einen Szene. Weit nach Mitternacht stehe ich am Fenster und schreie immer nur: „Mutti, komm nach Hause!" Ich weiß nicht, wie oft ich sie fragte: „Kommst Du auch wieder?" Und immer antwortete sie: „Ja, versprochen." Sehr oft kam sie nicht zurück, manchmal für Tage, manchmal für Wochen. Damals habe ich jedes Vertrauen zu Menschen verloren. Und manchmal, wenn sie in der Nacht wiederkam, dann nur, um von meinem Stiefvater so verprügelt zu werden, daß das Blut gegen die Wände spritzte. [...]

Ich komme aus einem Hinterhof, es war das letzte Loch. Von meinen Eltern bin ich immer verraten worden. Mal wurde ich dort hingesteckt, ein anderes Mal dahin. Ich wurde wie ein Möbel umhergeschoben. Mein leiblicher Vater verließ meine Mutter, als sie mit mir schwanger war. Danach gab es für sie kein Glück mehr. 1970 wurde meine Mutter zu sieben Jahren Haft verurteilt. Der Grund: Meine Mutter wurde vergewaltigt, ihr Freund versuchte, ihr zu helfen, und wurde dabei halbtot geschlagen. Meine Mutter drückte ihm in Panik ein Messer in die Hand, und er erstach den Mann. Meine Pflegeeltern hatten zu viele Westkontakte. Mit dieser Story im Hintergrund gab es für mich weder Abitur noch Studium. [...] Ungefähr mit zehn kam ich zu Pflegeeltern, in materiellen Wohlstand. Aber es war nicht mein Wohlstand, denn bei jeder individuellen Regung hieß es immer nur: „Hätten wir Dich doch besser nie aufgenommen." [...]

Ich war damals so einsam, daß ich einfach nur glücklich war, als sich zum erstenmal jemand um mich kümmerte, mir Fragen stellte, die Tatsache, daß ich auf der Welt war, überhaupt zur Kenntnis nahm. Wer fragt Dich denn heute, wie es Dir geht? Bis dahin war ich nur von Frauen umgeben. Zum erstenmal hatte ich so etwas wie einen Vater gefunden.

[...] nach einem halben Jahr meldete ich mich zum erstenmal bei ihm, weil ich seine Hilfe benötigte. Meine Lehrer hatten mir die Quittung dafür ausgestellt, daß ich ihre Schule in „Mißkredit" gebracht hatte. Sie ließen mich durch die Prüfung rasseln. Mit einem derart schlechten Zeugnis hätte ich irgendwo Teller waschen gehen können. Da Scholz den ganzen Hergang kannte, besorgte er mir einen Job, und zwar im Diplomatenklub. Nach einem Monat dort präsentierte mir auch Scholz seine Rechnung. Wie benimmt sich dieser und jener Gast, mit wem hat Fritz Pleitgen gesprochen, welche Zigarettenmarke raucht Lothar Löwe? [...]

Scholz fragte mich – vielleicht damals, vielleicht etwas früher –, ob ich für das MfS arbeiten wolle. Anfangs ging es sogar um eine offizielle Anstellung beim MfS. Ich würde ja wissen, worum es bei dieser Arbeit ginge, und damit meinte er natürlich die Bekämpfung des Antisemitismus in der DDR. In einem unserer Gespräche erzählte ich ihm aber, daß ich homosexuell wäre. Das war das Aus für eine offizielle Mitarbeit, was er sehr bedauerte. Er entschuldigte sich hunderttausendmal bei mir. Also ließ man sich etwas anderes einfallen: Under-cover-Arbeit. [...]

Ich hatte einige Söhne von Staatssicherheitsoffizieren kennengelernt. Sie erzählten mir eine Menge für das MfS interessante Familieninterna. Es war immer eine große Sorge der Inneren Abwehr, über Kinder oder andere Familienangehörige „undicht" zu werden. Einer von diesen Söhnen nahm mich mit in die Wohnung seines Vaters und zeigte mir dort die Bündel von Sterling- und Dollarnoten, aber auch einige interessante Unterlagen. Mit solchen Sachen hatte ich immer mehr zu tun. Die Firma interessierte sich auch für das Nachtleben homosexueller Offiziere der russischen Garnison. Dann gab es auch die ersten Aufträge, Gutachten über Schriftstellerkollegen anzufertigen. Wird er sich zum Oppositionellen entwickeln? Wird man sie integrieren können? Hat er vor, Skripte in den Westen zu schicken? Wer verkehrt mit ihm?

[...] Meine Treffen mit Diplomaten, bei denen ich ihnen Korre-

spondenz übergab, die sie für mich nach Westberlin beförderten, wurden vom MfS entweder gefilmt oder fotografiert. [...]
In den ersten zwei Jahren trafen wir [Andreas Sinakowski und sein Führungsoffizier] uns regelmäßig, manchmal alle zwei Wochen, manchmal wesentlich öfter [...].
Später benutzten wir für unsere Treffen, die oft drei oder vier Stunden dauern konnten, ein Haus in Kaulsdorf. Ich fuhr mit der Bahn hinaus, und Scholz holte mich mit seinem Wagen vom Bahnhof ab. Alle zwei bis drei Wochen wurde der Treffpunkt gewechselt. Dieses Haus entsprach allen Klischees von „Stasi": Kellerbar, Sauna, eine Treppe hinauf in den Salon, Ledermöbel, die immer neuesten Videogeräte, eine gut bestückte Bar. Erst wurde gegessen – eine Mitarbeiterin kochte und servierte –, dann arbeiteten wir. Seit 1982 bekam ich ungefähr sechshundert Mark monatlich, aber durch Kopfprämien...
Ich glaube, daß es in meiner Arbeit drei Phasen gab.
[...] Am Anfang versuchte ich, an die Wichtigkeit des MfS zu glauben. Am Morgen gelang es mir, am Abend wußte ich, es ist Heuchelei. Zu Beginn der 80er Jahre richtete sich mein Aufgabenfeld auch nicht unmittelbar gegen das Glück von Menschen, so daß ich gewissermaßen als „Zwischenhändler" nicht mit dem Resultat meiner Arbeit konfrontiert wurde. Meine Schuldgefühle ließen sich also in Grenzen halten. Einige Jahre später sah das ganz anders aus. Ich war stark eingebunden, zugleich aber auch viel verantwortlicher, da ich auf meine Arbeit Einfluß nehmen konnte. Ich erlebte die Folgen unmittelbarer, also auch schmerzlicher.
[...] Ich trank, bekam immer mehr Geld, um trinken zu können, und hatte natürlich immer mehr Angst vor meinem „Über-Vater". Das ist schon die zweite Phase, in der ich ganz einfach verzweifelt war. [...] Von meinen Opfern erhielt ich zum ersten Mal all die Argumente meiner eigenen Verzweiflung [...]. Ich saß mit diesen Menschen zusammen, redete mit ihnen, war in diesen Situationen ihr Freund und wußte genau, daß ich sie verriet. [...]
Ich wurde immer destruktiver. Und das ist die dritte Phase. Ich arbeitete bewußt gegen mich selbst, wurde zynisch [...].

Der Schriftsteller Andreas Sinakowski in einem Gespräch, das in der Wochenzeitschrift „Die Andere" 1990, Ausgaben 50-52, erschienen ist: „Präzise in der Trauer" (Interviewpartner: Frank Goyke)

„Dekonspiration" als Ausweg aus der Stasi-Verstrickung

40 In meiner Zeit als Jugendpfarrer in Rostock habe ich es erlebt, wie junge Menschen zu mir gekommen sind und gesagt haben: „Herr Gauck, stellen Sie sich vor, ich soll Sie bespitzeln. Man hat mir angedroht, mein Vergehen bei der Armee wieder aufzurollen und mich ins Gefängnis zu stecken, wenn ich mich weigere – was soll ich bloß machen?" Ich habe in einer solchen Situation mit dem Betreffenden überlegt, ob tatsächlich ein Verfahren hätte eröffnet werden können, denn für einen Außenstehenden war es in der Regel relativ schnell zu erkennen, ob es sich um eine bloße Drohung handelte oder nicht, notfalls haben wir einen Anwalt hinzugezogen. Wenn ein Verfahren unwahrscheinlich erschien, habe ich ihm Mut gemacht, beim nächsten Treff dem Führungsoffizier zu erklären, daß er mit seinem Pastor und seiner Freundin darüber gesprochen hätte – dann nämlich brach die Verbindung zum MfS fast automatisch zusammen. In der Akte wurde dann vermerkt: „Der inoffizielle Mitarbeiter hat sich dekonspiriert, so daß die Arbeit mit ihm eingestellt wurde. Der Vorgang ist zu archivieren."

Der Staatssicherheitsdienst lebte davon, daß seine Mitarbeiter konspirativ arbeiteten, und eine Verletzung dieser Geheimhaltung war die entscheidende Waffe, mit der man dem MfS begegnen konnte. Wir haben deshalb den jungen Leuten, die oft in großer Angst waren, wenn das MfS sie angeworben und zu einer Unterschrift genötigt hatte, ein einfaches Mittel empfohlen, sich diesem Druck zu widersetzen – sich seiner Freundin, seinem Seelsorger oder einer anderen Person anzuvertrauen. Man mußte nur den Mut haben, dies beim nächsten Treffen dem Stasi-Mitarbeiter zu sagen: daß man es einfach nicht für sich hätte behalten können, daß man bei einer Betriebsfeier, als viel Alkohol floß, den Kollegen davon erzählt, daß man in einer seelischen Krise einer Vertrauensperson alles gestanden habe – das MfS verlor sofort das Interesse.

Die Stasi war also nicht allmächtig. Selbst dann, wenn ein archivierter IM-Vorgang vorliegt, das heißt, wenn eine Spitzeltätigkeit belegbar ist, die irgendwann wieder beendet wurde, kann man erkennen, ob sich jemand unter Umständen durch eigene Initiative aus dem Zugriff des MfS gelöst hat oder nicht – ob er Täter war oder eher Opfer.

Joachim Gauck: Die Stasi-Akten. Das unheimliche Erbe der DDR,
1. Aufl., Reinbek 1991, S. 37 f.

3 Auf dem Weg zur Ergründung der Wahrheit? Die Konfrontation von Tätern und Opfern

Akten allein genügen nicht. Auch die sorgfältigste Bearbeitung und Quellenkritik dieser Stasi-Hinterlassenschaft kann die persönliche Zeugenschaft der Beteiligten nicht ersetzen oder überflüssig machen. Oftmals sprechen die Akten eine allzu deutliche Sprache, aber sie drohen die Betroffenen sprachlos zu machen. Wer vom Verrat durch engste Freunde erfährt, droht nach einer Phase von ohnmächtiger Wut und Rachegelüsten in Resignation und Trauer zu versinken. Bisher haben nur wenige – und das gilt insbesondere für die ehemaligen IM – den Mut aufgebracht, die Konfrontation zwischen Tätern und Opfern auszuhalten. Um so wertvoller sind die gelungenen Beispiele solcher Gespräche.

Zunächst aber muß gegen die Praxis einer vorverurteilenden Etikettierung die jeden einzelnen Fall konkret prüfende Differenzierung in der Täter- und Opferzuschreibung eingefordert werden (41).

Was das biographisch bedeuten kann, macht der „Fall" *Wolfgang Templin* deutlich: der IM, der erschüttert seine Verpflichtungserklärung aus der Studentenzeit in den Akten wiederfindet, wurde zum mit besonders perfiden und haßerfüllten „operativen Maßnahmen" gequälten „OV Verräter" (42).

Unter den Oppositionsgruppen der 80er Jahre war insbesondere die *autonome Friedensbewegung* in Ostberlin ein bevorzugtes Objekt, über das die HA XX ihre Netze ausgeworfen hatte. Viele IMB wurden auf die kleinen Gruppen angesetzt – eine von ihnen war *Monika H.* – mit dem IM-Decknamen „Karin Lenz". Sie hat sich, von ihren „Freundinnen" in der *Initiative für Frieden und Menschenrechte* als IM enttarnt, als eine der ersten öffentlich dazu bekannt, Stasi-Spitzel gewesen zu sein. Sie stellte sich im Gespräch den Fragen derjenigen, die sie jahrelang bespitzelt hatte und „operativ bearbeiten" half. Diese Konfrontation zeigt aber auch in erschreckender Weise, welche psychologischen Mechanismen von der Stasi benutzt wurden, um gefügige Mitarbeiter zu pressen. Die Geschichte der Monika H., die in den Gesprächen mit *Katja Havemann* und *Irena Kukutz* offengelegt wird, zeigt die Verstrickung einer Täterin, die nicht zuletzt durch ihre Lebensgeschichte zugleich Opfer ist (43 und 45). Wie zynisch dieses Spiel war, zeigt ein „Erfolgsbericht" der HA XX über die erfolgreiche „Zersetzungsarbeit": „IMB ‚Karin Lenz'" erscheint hier nur als funktionierendes Rädchen in einer „operativen" Gesamtplanung (44).

Auch in der Künstlerszene vom Prenzlauer Berg in Ostberlin wirkten die Enthüllungen über den Verrat der Künstler-Organisatoren an ihren Freunden besonders niederschmetternd: glaubte man sich doch dort in einer staatsfernen Nische relativ abgeschirmt gegenüber den „Organen", von deren Desinteresse an der apolitischen Kunstwelt man ausging (46). Eine bittere Bilanz zieht der Lyriker Jan Faktor, einer der Geschädigten der IM „David Menzer" und „Gerhard" (47). Das an dieser Stelle vorgesehene Dokument eines Täter-Opfer-Gesprächs (erschienen im Magazin der Süddeutschen Zeitung vom 16. 4. 1992: „Wolltest Du nie bei der Stasi aussteigen?") konnte infolge eines urheberrechtlich begründeten Einspruchs nicht wiedergegeben werden.

Der Fall der von ihrem Ehemann bespitzelten Oppositionellen Vera Wollenberger zeigt, daß die allzu große Nähe des Verrats überwältigt und mit Sprachlosigkeit schlägt (48).

Täter und Opfer: Eine schwierige Differenzierung

41 [...] auch die Inoffiziellen Mitarbeiter der Stasi können nicht pauschal zu Tätern abgestempelt werden, denn unter ihnen gab es nicht wenige Menschen, die immer Gegner des SED-Regimes gewesen waren und die nur aufgrund besonderer Druck- und Krisensituationen ihre Unterschrift gegeben oder „Ja" zu einer Mitarbeit gesagt haben. In jedem Einzelfall ist daher sorgfältig zu untersuchen, warum wer was der Stasi berichtet hat, denn unter Umständen war eine Erpressung im Spiel oder die IMs erzählten nur das, was ohnehin jeder wußte. Die große Schwierigkeit bei der Beurteilung der Frage, ob jemand Opfer oder Täter oder vielleicht auch beides war, sind die vielen notwendigen Differenzierungen.

Selbst eine Erpressung ist nicht immer eindeutig als solche erkennbar. Wenn zum Beispiel ein junges Paar versuchte, in den Westen zu flüchten, festgenommen wurde und sich anschließend getrennt in der

Stasi-Untersuchungshaft befand, konnte die Stasi unerhörten psychischen Druck ausüben. Es begannen dann zumeist umfangreiche Verhöre, in deren Verlauf den Inhaftierten immer deutlicher wurde, daß sie der Gnade der Staatssicherheit auf Gedeih und Verderb ausgeliefert waren. Die Vernehmer spielten ihre Macht aus, indem sie, wenn die Betroffenen am Ende ihrer seelischen Kraft waren, das Angebot unterbreiteten: „Ja, wenn Sie mit uns kooperieren, dann löst sich Ihr Problem." Es konnte dann dazu kommen, daß einer der beiden Partner ganz eisern jede Form von Zusammenarbeit verweigerte und keinerlei Aussagen machte, während der andere Partner meinte, durch eine gewisse Kooperationsbereitschaft könnte er vielleicht auch für den anderen den Durchbruch erzielen und möglichst bald in den Westen gelangen.

Die Drucksituation war oft so groß, daß die Betroffenen keinen anderen Ausweg sahen, als eine Bereitschaftserklärung zur Zusammenarbeit zu unterschreiben. Die Stasi „erleichterte" ihnen diesen Entschluß, indem sie nicht klar und deutlich zu verstehen gab, daß sie sie auf diese Weise als „Inoffizielle Mitarbeiter" anwarb, sondern zum Beispiel argumentierte: „Sie wissen ja, daß wir für den Frieden arbeiten, und auch wir wollen den Ausgleich zwischen den Systemen. Sie wollen zwar in den Westen, ein Vorhaben, das wir nicht gutheißen und von dem Sie besser abrücken würden. Aber Sie können für sich und Ihre Frau oder Ihre Freundin mehr erreichen, wenn Sie konstruktiv mit uns zusammenarbeiten, wenn Sie offen und ehrlich" – das waren häufig benutzte Ausdrücke der Stasi – „mit uns sprechen und uns alle Mitteilungen machen, die zweckdienlich sind. Wir verabreden das jetzt, und Sie müssen nur ihre Bereitschaft zur Zusammenarbeit unterschreiben."

Das ist ein typischer Vorgang, den man unter Umständen aber nicht als Erpressung bezeichnen würde. Ein Stasi-Offizier würde sagen, er habe im Rahmen seines Systems Überzeugungsarbeit geleistet – der Betroffene aber hat bei sich nur gedacht: „Wie komme ich hier raus, wie komme ich hinter diesen Gitterstäben hervor, wie komme ich an einen Anwalt heran, wie kann ich Öffentlichkeit herstellen? Wenn ich hier unterschreibe, komme ich vielleicht frei und kriege keinen Prozeß." Es konnte sogar passieren, daß ein kooperationswilliger Partner freigesprochen wurde, während der andere in einem Verfahren zu 18 Monaten Haft verurteilt wurde. Der eine von beiden steht nun in der Kartei als „Inoffizieller Mitarbeiter" und hat auch die Bereitschaftserklärung unterschrieben – ist er deswegen ein Täter, oder ist er nur ein Opfer?

Joachim Gauck: Die Stasi-Akten. Das unheimliche Erbe der DDR, 1. Aufl., Reinbek 1991, S. 28 f.

Vom IM zum Operativen Vorgang: Der Fall Wolfgang Templin

42 Die Akte Templin ist weitaus dicker als die meisten der insgesamt etwa sechs Millionen Stasi-Dossiers. [...] Zwischen den engen Zeilen sucht Templin zu ergründen, wie weit er als Regimegegner noch Herr seines Lebens war – und wo die Stasi ihn nur noch an Fäden führte. [...]

Die Stasi-Perspektive zwingt zum Vergleich von bürokratischen Berichten und menschlicher Erinnerung. Immer wieder dringt Templin zu Kernfragen der historischen Aufarbeitung vor: Wie „wahr" ist die Akte? Konnte der Apparat nur sehen, was er sehen wollte? Wann lügt der kleine Sachbearbeiter aus Erfolgsdruck, wann der Spitzel aus Eitelkeit?

Und wann ist es Templins Erinnerung, die trügt? Etwa, wenn er in den ersten 181 Seiten seiner Akte blättert? Damals hieß sein Deckname „*Peter*" – und „*Peter*" war IM, Inoffizieller Mitarbeiter also. Der Wandel vom Täter zum Opfer, vom kommunistischen Saulus zum demokratischen Paulus – er zeigt, daß schwarz und weiß nicht genügen, um ein Leben in der DDR nachzuzeichnen. Ist Templin zu verurteilen, weil er erst Berichte lieferte und dann schwieg, oder verdient er Hochachtung, weil er sich aus eigener Kraft von der Stasi löste und als *Verräter* jahrelang gejagt wurde?

Der Band mit dem Kürzel *AIM 1832/76* ist für ihn der größte Schock bei der Akteneinsicht gewesen. Aus seiner „Täterakte" wird ihm das Schlüsseldokument seiner Verstrickung, die Verpflichtungserklärung, vor Augen gehalten. Mit blauer Tinte hat Templin vor neunzehn Jahren auf kariertes Papier gekrakelt: „*Ich, Wolfgang Templin, geb. am 25. 11. 1948 in Jena, verpflichte mich hiermit freiwillig zu einer Zusammenarbeit mit den Organen des MfS. Ich bin darüber belehrt worden, daß ich mit keiner Person, auch nicht mit meinen nächsten Angehörigen, über diese Zusammenarbeit sprechen darf. Zum Zwecke der Abdeckung dieser Zusammenarbeit und zum Unterschreiben der von mir angefertigten Berichte wähle ich mir den Decknamen ‚Peter'.*"

Verzweiflung quält Templin, als er Mitte Januar dieses Bruchstück seiner Biographie wiederentdecken muß. Seine studentischen Stasi-Kontakte hatte er zwar schon zwei Jahre zuvor im kleinen Kreis und zuletzt gar in einem Zeitungsartikel offenbart, eine Verpflichtung zur Zusammenarbeit dabei jedoch verschwiegen – „verdrängt", wie er zunächst sagt. Schamgefühle rauben ihm plötzlich jede Spur von Stolz über sein zweites, sein oppositionelles Leben. [...]

Wer die Akte befragt, wie „*Peter*" gewonnen wurde, der erfährt: „*T. brachte sofort zum Ausdruck, das MfS in seiner Arbeit zu unterstützen.*" Das notierten die Stasi-Offiziere nach ihrer ersten Kontaktaufnahme am 24. September 1971. Damals war der 22jährige Philosophiestudent, unehelicher Sohn einer Jenaer Putzfrau und eines sowjetischen Militärarztes, noch ein glühend-gläubiger Kommunist. Als übereifriger Parteigruppenorganisator an der Humboldt-Universität verzweifelte er ob sturer SED-Bonzen. Die Stasi versprach, ihm zuzuhören – und hoffte selbst auf einen neuen Agenten: „*Der Kandidat ist dafür vorgesehen, auf der Linie der HA XX/5 perspektivische Aufgaben zu erfüllen.*"

Im bürokratischen Kauderwelsch der Tschekisten steht HA XX für *Hauptabteilung XX*, die zentrale Instanz zur Bespitzelung der DDR-Bevölkerung; bis zum Sturm auf die Stasizentrale in der Normannenstraße sollte sie Templin auf den Fersen bleiben. Persönliche Kontinuität verkörperte dabei Generalmajor Paul Kienberg, der als langjähriger Abteilungsleiter den *Templin, Wolfgang* mit persönlichem Eifer jagte und der, damals erst Oberst, die Werbung des IM „*Peter*" „*bestätigte*".

[...] Der Offizier verlangte Berichte über Kommilitonen. Templin lieferte „in dem naiven Glauben", dem sturen System „den Teufel mit dem Beelzebub austreiben zu können", immerhin zwanzig personenbezogene Berichte mit Namen und Zitaten wie diesen: „*... hat noch nicht immer die richtige Haltung zu vielen ideologischen Fragen*", „*... leistet immer gerade soviel, um nicht negativ aufzufallen*" [...].

Und nach zweieinhalb Jahren endet die IM-Akte jäh und mit dem knappen Vermerk: „*Der IM hat für unsere DE [Diensteinheit] keine Perspektive.*" [...]

Nein, unter Aktenzeichen AIM 1832/76 ist keine Erklärung zu finden. Das wahre Motiv für den Bruch der Stasi mit Templin liegt im Bruch Templins mit dem Stasi-Staat. Während der eine Bürokrat noch Spuren verwischt, hat sein Kollege längst eine neue Akte angelegt.

89

Der nächste Band in Templins Stasi-Biographie heißt „*Kreis*" und ist schon ein *Operativer Vorgang*, also eine sogenannte Opferakte. Templin hat sich – streng konspirativ – in einen trotzkistischen Studentenzirkel gewagt. Das verheimlichte „*Peter*" zwar der Stasi – doch die war gleichwohl informiert. Denn mit seinem Kommilitonen Arnold Schölzel täuschte ein IM „*André*" vor, nach einem besseren Weg zum Kommunismus zu suchen. Und als Templin der Gruppe schließlich seine Stasi-Kontakte offenbarte, da meldete „*André*" sofort den „*Verräter*". Unter dieser Chiffre sollte ihn die Stasi später hetzen. [...]

Templins langer Weg in die Opposition hatte begonnen. Trotzkist, Dissident, noch nach Studienaufenthalten im unruhigen Polen ab 1977 Verhöre und Verhaftungen, Anfang der achtziger Jahre schon von der Friedensbewegung beeindruckt, aber noch bis 1983 Mitglied der SED. Es waren viele, auch kleine Schritte; am Ende war der Bruch total. [...]

Einer, der bis heute zu allem schweigt, leitet am 19. Februar 1985 einen neuen Abschnitt im Leben des *Templin, Wolfgang* ein. Gerhard Haas, Hauptmann in der Stasi-Hauptabteilung XX/2, wandelt an diesem Tag unter *Reg.-Nr. XV/5575/81* die bisherige *Operative Personenkontrolle „Verräter"* um in die aggressivste Form der Unterdrückung: in einen *Operativen Vorgang*. Belauscht und beschattet werden Wolfgang Templin und seine zweite Ehefrau Regina zwar schon seit zwei Jahren; auch hat der Philosoph längst seine Arbeit in der Akademie der Wissenschaften durch Stasi-Intervention verloren. Aber was Staatsterror gegen Andersdenkende sein kann, das sollten die Templins erst noch erfahren: jene Annoncenaktion, mit der das MfS die Templins im Frühjahr 1986 „an den Rand der Erschöpfung" trieb. Die Stasi bestellte – und der „*Verräter*" sollte bezahlen: *fünfzig Kilogramm Hundefutter „Bello", acht Stück „Kreissägeblätter 400 x 2,5 x 65"*, das Fohlen „*Eddy, Farbe Sommerrappe, Preis 1000,00 Mark*", einen *Betonmischer, dreißig Bruteier Marke „New Hampshire"*. Eine „*Maika Kindermann*" forderte Alimente, eine „*Anne L.*" freute sich über Templins Antwort auf eine Kontaktanzeige, ein Eisbudenbesitzer fühlte sich von Templin beleidigt und drohte mit Prozeß und Prügel. Zwanzig, dreißig Briefe, zudem drei oder fünf Telegramme beschäftigten die Templins bald täglich. Beschwerden bei Briefträgern oder Kripo halfen nichts. [...]

Der Psychoterror gegen die Templins eskalierte vollends im

November 1987. Als Wolfgang Templin seine hochschwangere Frau ins Krankenhaus begleitete, wurden beide von fünf Stasi-Mitarbeitern so hautnah beschattet, „daß wir ihr Keuchen hinter unseren Rücken hörten". Regina Templin hatte Angst; erst eine resolute Krankenschwester konnte den halbstarken Jung-Tschekisten am Eingang die Tür weisen. In der Stasi-Akte heißt es nur: *„13.22 Uhr kamen ‚Zentrale 1 und 2'... aus dem Wohnhaus und gingen... zum Bettenhaus der Charité, das sie um 13.33. Uhr betraten. Beide begaben sich in die zweite Etage (Kreißsaal)."* Tage später, auf dem Weg zur Entbindung, schrie Templin völlig entnervt seine Stasi-Schatten an, sie mögen ihn endlich in Ruhe lassen. *„Ihm wurde keine Antwort gegeben. Danach ging ‚Zentrale 1' weiter zur Charité, welche er um 14.20 Uhr durch den Haupteingang betrat."*

Es ist ein ähnlich lakonischer „Beobachtungsbericht", der am 25. Januar 1988 das Ende der Templins als Oppositionelle in der DDR protokolliert: *„05.00 Uhr erfolgte durch die HA VIII/Abt. 2 die Festnahme von ‚Zentrale 1' und ‚Zentrale 2'. 06.15 Uhr wurde die Beobachtung beendet."* Die Akte offenbart keinerlei Hintergründe der Verhaftung im Umfeld der Rosa-Luxemburg-Demonstration; weder erhellt sie die Hintergründe der Verhandlungen zwischen Staat und Kirche, noch beleuchtet sie die zwielichtige Rolle der Anwälte Schnur und de Maizière. Am 4. Februar 1988 werden die Templins wider Willen für zwei Jahre in den Westen abgeschoben. [...]

Kaum abgeschoben, wurde schon konspirativ die Ausbürgerung der Templins vorbereitet: *„Schaffung und Dokumentierung von Beweisen der groben Verletzung staatsbürgerlicher Pflichten gemäß § 13 des Staatsbürgergesetzes, um eine Wiedereinreise und Rückkehr des Ehepaares Templin in die DDR zu verhindern"* – das ist das neue Ziel in jenem „Maßnahmeplan", *„zur weiteren politisch-operativen Kontrolle und Bearbeitung des OV ‚Verräter'"*, der das Datum des 26. Februar 1988 trägt. Auch im Westen ließ die Stasi ihre „Feinde" nicht aus den Augen. [...]

Präventiv verlangte die Stasi vom IM „Martin" im Januar 1989 einige „Anmerkungen zur Persönlichkeitsentwicklung des Wolfgang Templin", die gleich auch einige „Möglichkeiten der Bearbeitung Templins bei ev. Rückkehr in die DDR" enthielten: *„Falls nötig, erscheinen wenige, dafür harte Maßnahmen innerhalb der normalen Gesetzlichkeit sinnvoll (Heimeinweisung eines Kindes)."* Wenige Wochen später endete die Akte wie im Nichts. Lothar Pawliczak, der ehemalige IM

„*Wolf*", erklärt, warum: „Mein Führungsoffizier versicherte mir bei unserem letzten Gespräch, daß er alle Sachen, die er noch bei sich im Schrank habe, vernichten werde." Das war am 4. November 1989.

Sechs Tage später, am 10. November 1989, kämpfte sich ein bärtiger Mann, schmächtig, dunkelhaarig, gegen den Strom der westwärts fließenden Menschenmenge nach Ostberlin durch. Die Einreisesperre griff nicht mehr, die Grenzbeamten prüften nicht einmal seinen blauen DDR-Paß. Wolfgang Templin war wieder da.

„Manchmal, ja manchmal" habe er schon erwogen, seine Stasi-Biograpie nicht einzusehen: „Aber der innere Druck war stärker." Weil es „keine Wahrheit ohne Akte" gebe, gleichwohl aber „die Akte allein nicht die Wahrheit ist", will Templin jetzt weiterlesen, mit Hilfe bislang noch verschlossener Dossiers aus Stasi- und Parteibürokratie „Strukturen erkennen".

Heute fühlt er sich, auch nach den Qualen und Selbstzweifeln bei der Wiederbegegnung mit „*Peter*", innerlich stärker als noch vor einigen Wochen. Das hat er kürzlich dem IM „*Wolf*" in einem Gespräch so erklärt: „Mensch sein als Chance besteht darin, anders sein zu können."

Der Journalist Christian Wernicke (in: Die Zeit 11/1992 vom 6. 3. 1992) über die „Akteneinsicht" Wolfgang Templins: „Vorgang auf! Einsicht in ein zersetztes Leben"

Täter oder Opfer? Das zynische Spiel der Stasi-„Psychologen" mit beschädigten Menschen

43 *Irena Kukutz:* Warum hast du dich bereit erklärt, meine Fragen zu beantworten?

„Karin Lenz" (Monika H.): Ja, das hat mit meiner Schuld zu tun, ich habe ein recht großes Schuldgefühl. Auch hat es für mich etwas mit Aufarbeiten zu tun, unbedingt. Aber eigentlich möchte ich es herausschreien, daß man etwas einfach ändern muß, daß ich nicht mit dieser Belastung leben will, mit meinem schlechten Gewissen, meinen Schuldgefühlen. Ich habe was furchtbar Schlimmes gemacht.

Irena Kukutz: Seit wann hast du denn für die Stasi gearbeitet?

„Karin Lenz": Seit 1981!

Irena Kukutz: Wie hast du dich eigentlich anfangs der Stasi verpflichtet?

„Karin Lenz": Ich habe ganz zu Anfang eine Erklärung geschrieben. Die haben sie mir diktiert. Es stand darin, daß ich für sie arbeite, daß ich das freiwillig tue und daß ich mit niemandem darüber rede. Als ich mit meiner Verlagschefin doch darüber geredet hatte, mußte ich lang und breit aufschreiben, warum das getan hatte. Da waren sie sauer auf mich.

Irena Kukutz: Hast du gemerkt, daß sie dich „getestet" haben, bevor dir die Mitarbeit angetragen wurde?

„Karin Lenz": Im Nachhinein ist mir vieles klar geworden. Damals bin ich auf so vieles reingefallen. Ich bin ein Schaf gewesen. Daß die Stasi alles von mir wußte und auch über meine Krankengeschichte bestens informiert war, einschließlich meiner Suizidversuche, das habe ich erst jetzt mitbekommen. [...]

Irena Kukutz: Und als wir uns kennenlernten, wie war deine Situation damals?

„Karin Lenz": Da sollte ich eingeschleust werden, ganz tolle Kundschafterin...

Irena Kukutz: Ich meine, wie hast du dich gefühlt? Das muß doch so eine Gespaltenheit gewesen sein.

„Karin Lenz": Im Grunde gehörte Gespaltenheit schon lange zu meinem Wesen. Auch im Kinderheim war schon etwas davon da. Da ging es mir oft ganz schlecht, aber kein Mensch sollte davon was mitkriegen. [...] später in der Psychiatrie: Meine Ärztin Frau F., die mochte ich sehr. Ich wollte da nicht mehr raus, hatte solche Angst, wieder in diesem Transpress-Verlag zu arbeiten. Die Frau F. hat mich entlassen. Und sie wußte ganz genau, entweder schaffe ich es oder es geht schief. Es ist schiefgegangen. Und da kam ich dann nach Buch, in die Geschlossene. Das Schlimmste, was es gibt. Ich habe mich gewehrt, wie ich nur konnte, und landete dafür im „Bunker". Das kann sich keiner vorstellen, der es nicht kennt. Viele Schwestern dort, die zeigen dir so richtig, daß du ein Dreck bist. Die hatten keine Seele mehr. Mein ständiges Flüchten vor der Wirklichkeit, da war die Stasi-Arbeit genau das Richtige für mich. Ich habe nie wirklich in der Realität gelebt. Weder bei euch, noch bei denen. Ich habe mich früher auch immer noch schlechter eingeschätzt als ich war. Oder auch nicht war. Aber auffallen wollte ich auch, wollte anerkannt sein. Da mußte ich negativ auffallen. Das hatte ich bei meiner Mutter schon bestens geübt. Und so ist es immer geblieben. Das ist nie weggegangen. Bei der Stasi habe ich mir eingebildet, ein gutes Selbstwertgefühl zu

haben. Das habe ich mir eingebildet, aber ich bin in Wirklichkeit immer hohl gewesen. Schnittlauch.

Ich glaube auch, daß sich die Stasi für diese Arbeit Leute ausgesucht hat, die psychisch angeschlagen sind. Aber weil ja fast alle schief und krumm erzogen sind, kann das auch immer wieder passieren. [...]

Ich war vorher entwurzelt. Und die Stasi hat mir die Wurzeln gegeben. Die hat mir scheinbar Geborgenheit gegeben. Für mich war das damals keine scheinbare Geborgenheit, sondern eine ganz reale Geborgenheit.

Irena Kukutz: Fühlst du dich heute mehr als Täter oder als Opfer?

„*Karin Lenz*": Das ist wirklich eine schwierige Frage. Ich bin Opfer meiner Erziehung, meines ganzen bisherigen Lebens. Und auf diesem Hintergrund war das eigentlich nur möglich. Zugleich fühle ich mich auch sehr als Täter. Ich empfinde mich immer stärker als Täter. Heute habe ich eine riesengroße Scham ... die Schuld, Vertrauen benutzt zu haben ...

[...] Es mag diesen oder jenen geben, der mich nicht für so schuldig hält, eben weil ich durch meine Erziehung geradezu prädestiniert war für die Stasi, und der deshalb in mir eher ein Opfer sieht. Aber das macht mich gerade so krank. Ich habe die Dinge, die mir im Leben immer so wichtig waren: Ehrlichkeit, Wahrheit, Aufrichtigkeit alle nur im Sinne der Partei gesehen, alles im Sinne der Ideale ... Und heute frage ich mich, wer hat eigentlich das Recht dazu, naive, gutgläubige Menschen – und das war ich immer gewesen – derart zu benutzen? Da habe ich jetzt so eine Wut.

IM „Karin Lenz" im Gespräch mit Irena Kukutz und Katja Havemann, deren „Untergrundarbeit" in der „Initiative für Frieden und Menschenrechte" sie „zersetzen" half, in: Irena Kukutz/Katja Havemann: Geschützte Quelle – Gespräche mit Monika H. alias Karin Lenz, 1. Aufl., Berlin 1990 (Auszüge, zusammengestellt aus den insgesamt 4 Gesprächen), S. 33 ff.

Erfolgreiche „Zersetzungsarbeit" von IMB „Karin Lenz" aus der Sicht des MfS

44 *4. Wirkung der eingesetzten Mittel und Methoden bei der Vorgangsbearbeitung*

4.1 IM-Einsatz

Über den IMB „Christian" besteht die Möglichkeit, nahezu alle Mitglieder der „Initiative Frieden und Menschenrechte", so auch die B▬, unter Kontrolle zu halten, da er als gleichwertiges Mitglied an allen Beratungen teilnehmen und interne Informationen erhalten konnte.

Der IMB „Karin Lenz" der HA XX/2 hat hervorragende persönliche Beziehungen zur B▬ und war somit in der Lage, Informationen über Aktivitäten der „Initiative Frieden und Menschenrechte" hinaus zu erbringen. Über die IMB „Sebastian", IMB „Rudi" und IMB „Markus Hirsch" war die Erarbeitung solcher Informationen möglich geworden, die insbesondere öffentlichkeitswirksame Aktivitäten zum Inhalt hatten. Die beim IMB „Rudi" entstandenen Möglichkeiten, sich in die „Initiative Frieden und Menschenrechte" einzubringen, sind konsequent weier [sic] zu verfolgen.

4.2 Maßnahmen der Abteilung 26

Erneut konnte über die A-Maßnahme der Abt. 26 eine Vielzahl von Kontaktpartnern und Vereinbarungen bekannt gemacht werden. Sehr deutlich konnte der inspirierende Charakter der Beziehungen des J▬, R▬ zur B▬ aufgedeckt werden.

Über die B-Maßnahme der Abt. 26 wurde in einigen Fällen der Inhalt von Zusammenkünften im Atelier der B▬ bekannt gemacht. Dadurch und in Auswertung mit IM-Berichten konnte ein wesentlicher Erkenntnisgewinn erzielt werden.

Nicht gelungen ist der Einsatz der B-Maßnahme zur Wohnung der B▬.

4.3 Maßnahmen der Abt. VIII

Durch verschiedene Beobachtungsmaßnahmen, insbesondere zur vorbeugenden Verhinderung geplanter öffentlichkeitswirksamer Aktivitäten, war es möglich, konkrete Tatbeteiligungen der B▬ zuzuordnen, sowie Anlaufpunkte und Kontaktpartner in Erfahrung zu bringen.

Politisch-Operative Wertung
Für die extrem feindliche Grundhaltung der B▬ zu den gesellschaftlichen Verhältnissen in der DDR konnten erneut eine Reihe von Hinweisen erarbeitet werden.

Ihr Zusammenwirken mit anderen Führungskräften politischer Untergrundtätigkeit hat die B▬ weiter vervollkommnet, wesentliches Aktionsfeld ihrer Handlungen und Aktivitäten war die „Initiative Frieden und Menschenrechte". Vorgetragenen Angriffen [sic] unterlagen einer Zunahme an Gesellschaftsgefährlichkeit und lagen in der Tendenz zu mehr Öffentlichkeitswirksamkeit.

Mit der am 5. 2. 1988 durch die B▬ vollzogenen Ausreise in die BRD ist die Grundlage der Weiterbearbeitung des OV entsprechend der Zielstellung bei seiner Anlage nicht mehr gegeben.

Vorgeschlagen wird die Ablage des OV.

Die B▬ B▬ ist unter operative Personenkontrolle zu nehmen, folgende Bearbeitungsgrundsätze sind anzugehen.
1. Kontrolle ihrer Aktivitäten und Handlungen im Operationsgebiet, insbesondere unter der Maßgabe, der Nachweisführung und offiziell auswertbaren Dokumentation, daß die B▬
   - mit Personen, Personengruppen, Vereinigungen und Institutionen, die eine gegen die DDR gerichtete Tätigkeit betreiben, in Kontakt steht und der Kontakt für gegen die DDR gerichtete Aktivitäten genutzt wird;
   - sich anderswärtig an gegen die DDR gerichteten Aktivitäten und Handlungen beteiligt;
   - Handlungen, die gegen die DDR gerichtet sind, unterstützt.
2. Die Rückverbindungen der B▬ in die DDR unter Kontrolle zu halten, Verbindungskanäle zu erkennen und eine zu erwartende Gesellschaftsgefährlichkeit zu verhindern.

Erläuterungen:
IMB: „Inoffizieller Mitarbeiter mit Feindberührung"
IMB „Karin Lenz" der HA XX/2: Die hauptamtliche inoffizielle Mitarbeiterin Monika H.; die HA XX/2 war u. a. zur Verfolgung „staatsfeindlicher Hetze" da – jegliche Opposition sollte durch die Aktivitäten der HA XX verhindert und bekämpft werden.
Initiative für Frieden und Menschenrechte: Im Januar 1986 gegründete Oppositionsgruppe, aus der Ostberliner Friedensbewegung hervorgegangen. Neben den Bürgerrechtlern G. Poppe, B. Bohley, V. Wollenberger und W. Templin sammelten sich zahlreiche IM, die ihrem Auftrag der „Zersetzung" recht erfolgreich nachkamen.

Abteilung 26: Technische Abteilung des MfS, zuständig für die Überwachung mittels Wanzen, Videokameras, Mikrofonen und auch für das Abhören von Telefongesprächen. (A – Maßnahmen = Abhören des Telefons; B – Maßnahmen: Lauschangriff vermittels Wanzen, also von Mini-Mikrofonen, die über einen Sender mit dem Lauscher oder dem Tonbandgerät in einer nahe gelegenen „konspirativen Wohnung" verbunden waren).

Maßnahmen der Abt. VIII: Die Abt. VIII war die „Dienstleistungsabteilung", zuständig für Hausdurchsuchungen, Observierung, Festnahmen.

Operationsgebiet: Das „nichtsozialistische Ausland", hier konkret Westberlin und die Bundesrepublik.

Quelle aus: Tina Krone/Irena Kukutz/Henry Leide (Hg.): Wenn wir unsere Akten lesen. Handbuch zum Umgang mit den Stasi-Akten, 1. Aufl., Berlin 1992, S. 133 f.

Die „geschützte Quelle": IM „Karin Lenz" stellt sich den Fragen der „zersetzten" Oppositionellen

45 *Irena Kukutz:* Bei den „Frauen für den Frieden" und dann in der „Initiative für Frieden und Menschenrechte", welche speziellen Aufgaben hattest du da?

„Karin Lenz": Ich bin nie auf jemanden angesetzt worden. [...] Natürlich habe ich von der „Initiative" erzählt, natürlich habe ich erzählt, was die „Frauen" vorhaben. Meine Aufgabe bestand darin, Gerüchte zu streuen und dies und jenes zu stören. Und daran habe ich dann auch die anderen IM erkannt. Der Detlef, mein Führungsoffizier, hatte einen Chef, der sagte zu mir, ich solle mal streuen, daß der Templin bei der Stasi ist. [...]

Die haben mit mir nur das gemacht, was auch funktionierte. Berichte schreiben mußte ich nicht. Nur Frage, Gegenfrage. [...]

Irena Kukutz: Hast du eigentlich Angst gehabt, von uns als Spitzel erkannt zu werden?

„Karin Lenz": Ich habe nur in Angst gelebt. Das hat dieser Detlef nie verstanden, daß ich selbst in meinen besten Zeiten immer Angst hatte. Wenn ich bei Bärbel oder Poppes klingelte, ich hatte immer Angst. [...]

Irena Kukutz: Du hast uns für deine Feinde gehalten. War da Verachtung oder Überlegenheit? Ich kann mir nicht vorstellen, mit welchen Gefühlen du uns gesehen hast.

„Karin Lenz": Darüber muß ich nachdenken, das ist nicht so ein-

fach. Ihr ward Feinde, obwohl ich wußte, daß ihr nicht den Staat stürzen wolltet. [...]

Es ist schwer, Irena. Ich habe doch viele Dinge, die wir gemeinsam gemacht haben, wirklich ehrlich mitgetragen. Das war ja auch die fiese Praxis, wie ich es heute sehe: Genossen, die innerhalb der Partei kritisch, aufmüpfig waren, zur Stasi zu bringen. Dann konnten die in den „feindlichen" Gruppen voll agieren, unter der schützenden Hand der Stasi ihr kritisches Potential verwirklichen. Das ist ja der Wahnsinn, diese Schizophrenie. [...]

Ich bin damals aus dem Verlag rausgeflogen und in die Stasi-Arbeit voll reingetaucht. Natürlich war mein Rausschmiß aus dem Verlag fingiert. Das wußten aber nur die Stasi und ich. [...] Genauso war der Parteirausschmiß ganz konkret, ganz real. Nur für die Stasi war ich weiter in der Partei, hab auch meinen Parteibeitrag bezahlt. – Aber wie ich euch dann empfunden habe, zu Beginn, das weiß ich nicht mehr so genau. Ihr ward eben Feinde, und ich war relativ glücklich, daß ich so dicht an euch dran war. Das ich das geschafft hatte, das war ein Erfolgserlebnis für mich. Ich fand mich toll, einfach super.

Irena Kukutz: Du hattest in unserem letzten Gespräch gesagt, die Absicherung durch die Stasi war doppelt und dreifach. Das hast du so betont, warum warst du so sicher?

„Karin Lenz": Erstens haben sie mir das immer wieder gesagt, und zweitens bin ich ja auch nicht aufgeflogen. Ich wußte, daß ich durch die Stasi selbst geschützt war. Ich hatte Wolfgang, Detlefs Chef, mal gefragt, ob ich nicht auffliegen kann, wenn sie die Informationen, die sie von mir kriegen, auch anderen Genossen geben, wenn die sie brauchen. Und da sagte er mir, daß die Genossen nicht mal meinen Decknamen kennen. Wenn er eine Information von mir zur Benutzung weitergibt, dann bin ich eine „geschützte Quelle". Und dadurch, daß jeder Führungsoffizier seine Quellen schützte, konnten wesentliche, das konnten manchmal auch die Teilinformationen sein, zur weiteren Arbeit auch der IM, – etwas zum Zwietracht säen oder so – genutzt werden. [...]

Und über die zu schützende Quelle Karin Lenz, deren richtigen Namen nur einzelne kannten, existiert natürlich eine Akte. Allerdings gibt es ebenso eine Akte von der Oppositionellen Monika. Genau solch eine Akte wie sie auch über euch geführt wurde. Sie durfte sich ja in nichts von euch unterscheiden. [...]

Irena Kukutz: Hast du damals Freude empfunden? Die Sache mit den anonymen Briefen hatte doch Wirkung auf die damalige Frauengruppe.

„Karin Lenz": Ja, ich muß das ehrlich gestehen. Ich habe mich gefreut, daß die Gruppe dann zersplittert war, daß wir die Feinde gespalten hatten. Damals war die Devise, mit allen Mitteln die Gruppen zu zerschlagen. Es sollte auch Verdacht gegen Einzelne gestreut werden und durch endlose Diskussionen die Arbeit möglichst gelähmt werden. Das mit dem Spalten hat immer funktioniert. [...]

Und in jede Gruppe, die sich abgespalten hatte, konnte die Stasi ihre Leute einbauen. Immer mehr. Euch würde schlecht werden, wenn ich euch aufzähle, wie viele ich aus unseren Gruppen für IM halte. [...] Ich habe die Leute an den gleichen Verhaltensmustern erkannt. [...]

Irena Kukutz: Ich habe einen schönen Satz gehört, der zu dem paßt, worüber wir die ganze Zeit reden, und zwar: Geschichte kann man nicht bewältigen, weil, Geschichte ist Erfahrung, mit der man täglich leben muß. Was sagt dir dieser Satz?

„Karin Lenz": Das ist eine Aussage, die ich nicht teilen kann. Wenn ich aus der Geschichte, die ich erlebt habe, gewisse Erfahrungen ziehe, schlußfolgere, dann bewältige ich sie doch auch. Denn die Erfahrung, die ich mache, muß ich ja durcharbeiten, sonst sind es keine Erfahrungen, sonst sind es einfach Erlebnisse. Und daher kann ich nicht sagen, daß Geschichte nicht bewältigt werden kann. Die Erfahrungen sind die Summe der bewältigten Geschichte. [...]

Und was heißt eigentlich bewältigen?! Bewältigen würde für mich heißen, daß ich damit umgehen kann...

Daß ich jedem sagen kann, wer ich bin und was ich getan habe. Und auch welche Schlußfolgerungen ich aus meinen Erfahrungen gezogen habe, damit ich wieder ein normales Leben führen kann. Ich will offen sagen: Ich bin Monika H., ich habe für die Stasi gespitzelt, aus guten Gründen und bestem Gewissen heraus. Nun habe ich erkannt, daß es das Schlimmste war, was ich tun konnte. Eine ganz üble Geschichte. Mir hilft es, daß gerade du mit mir redest, der ich das angetan habe. Das ist der Versuch, dies gemeinsam zu bewältigen, denn es ist zugleich auch deine Erfahrung. – Jedoch wenn einer unter Bewältigung versteht, daß dann alles wieder gut ist, und er genauso ein feiner Kerl ist wie vorher, dann ist das falsch. Mich bestraft ja nun keiner, ich kann mich nur selber bestrafen. Das kann mitunter quälender sein, als wenn du bestraft wirst. Dieses Schuldgefühl, ich weiß nicht, wie man das loswerden kann. Ich denke schon, ich muß an die Öffentlichkeit gehen, ich denke das wirklich.

Aus: Irena Kukutz/Katja Havemann: Geschützte Quelle. Gespräche mit Monika H. alias Karin Lenz, 1. Aufl., Berlin 1990 (Auszüge, zusammengestellt aus den insgesamt 4 Gesprächen), S. 33 ff.

Die Kunstszene vom Prenzlauer Berg im Griff der Stasi

46 Die „andere", staatsferne Kunst, die in Ost-Berlins alternativstem Viertel entstanden ist, gerät durch die Duftmarke der Stasi in unangenehmen Geruch. War die Subkultur, die privaten Lesungen und Ausstellungen, die offenen Formen des Zusammenlebens, letztlich doch nur stasi-gesteuert? Die Dichter und Malerinnen, Fotografen und Filmemacherinnen, die sich dort in den 80er Jahren einen Freiraum nicht gegen, aber jenseits des SED-Staates erkämpft zu haben glaubten, wissen selbst nicht mehr, wie sie ihre eigene Vergangenheit bewerten sollen.

Das freieste Stück Leben, das damals in der DDR möglich schien, war gleichzeitig vom dichtesten Spitzelnetz der DDR durchzogen.

Sowohl der Tatort Prenzlauer Berg als auch die Personen Anderson und Schedlinski zeugen von einer unauflösbaren Schizophrenie. [...]

„Anderson mußte mit furchtbaren Spaltungen gelebt haben, mußte so schlimm erniedrigt worden sein, daß er den Verrat dann brauchte", glaubt der aus Prag stammende Ostberliner Lyriker Jan Faktor. [...]

„Ab '82 bzw. ab '85 war er dann aber so weit bekannt, daß er vor dieser Gewalt durch die Öffentlichkeit genügend geschützt gewesen wäre." [...]

Schon in Dresden fiel Anderson durch seine Hyperaktivität auf, die er ab 1982 auf den Prenzlauer Berg verlagerte. Auch hier klinkte er sich in schon bestehende Strukturen ein. Die Keramikerin Wilfriede Maaß und ihr Mann führten ein offenes Haus, waren Treffpunkt für unangepaßte Künstler aus der ganzen DDR. Anderson zog in Haus und Ehe ein. Er übernahm die Regie und konzentrierte die Szene auf sich.

Erste selbstverlegte Bücher, Zeitschriften und Graphikbücher erschienen in Miniauflagen von vier bis 20 Exemplaren, die aber überall kursierten und das Beispiel für weitere Untergrundprodukte abgaben. In den noch in Dresden entstandenen Reihen „UND" oder

„POE-sie-allbum" oder später in den „Schaden"-Heften tanzten Prenzlberger Künstler wie Bert Papenfuß-Gorek, Stefan Döring, Detlef Opitz, Elke Erb und dann auch Rainer Schedlinski aus den knöchernen Reihen des DDR-Kulturbetriebs, und Anderson immer mittendrin, zwischen den Künsten, zwischen den Welten. [...]

Kein gutes Haar an der Kultfigur Anderson läßt die Erfurter Schriftstellerin Gabriele Stötzer-Kachold. Sascha Anderson habe gedacht, er könne „alle verarschen und alle benutzen" – einschließlich der Stasi. Dennoch war die Bindung an die Staatsschnüffler offenbar so stark, daß Anderson auch nach seiner Ausreise nach West-Berlin im Jahre 1986 weiter für sie arbeitete. Auf dem Prenzlberg aber – so sagt zumindest der Schriftsteller Lutz Rathenow – habe ein anderer seine Rolle eingenommen: Rainer Schedlinski. Der aus Magdeburg stammende Schriftsteller hat im Freundeskreis inzwischen gestanden, der Stasi zugearbeitet zu haben. [...]

Schedlinski war der Mann, der die Fäden der 1986 gegründeten und nach einem Gedicht Andersons benannten „Ariadnefabrik" in der Hand hielt. Die bis 1990 existierende kleine Zeitschrift wurde zum neuen essayistischen Forum der Dichter vom Prenzlauer Berg. [...]

Gegen das pauschale Stasi-Stigma wehren sich auch die Leute, die durch die Spitzel Anderson und Schedlinski noch heute in ihrer Existenz bedroht sind. Beide Kunst-Kollaborateure sind Gesellschafter beim „Druckhaus Galrev", einem kleinen Ostberliner Verlag, der im Mai 1990 gegründet wurde. Nach den Enthüllungen springen Autoren reihenweise ab, die dünne Finanzdecke wird das nicht lange aushalten. Das wichtigste für Geschäftsführer Klaus Michael ist, zu beweisen, „daß es eine unabhängige und integre Literatur gab. Ich wehr' mich dagegen, daß alles von der Stasi gesteuert worden sein soll. Ich will auch meine eigene Biographie retten."

Barbara Mika/Ute Scheub: Untergrundhelden und Stasi-Spitzel am Prenzelberg, in: Die Tageszeitung vom 11. 1. 1992

Eine bittere Bilanz des Verrats

47 Angst war in der DDR offensichtlich auch dort präsent, wo sie kein Thema war und ausdrücklich auch kein Thema sein sollte. Die Angst arbeitete unterschwellig auch in denen, die von ihr nichts wissen wollten und die nicht auf politische Konfrontation mit der Macht aus waren. Der Versuch, sich von dieser Angst zu befreien, von den Verdächtigungen, von dem ständigen Sich-Definieren in Beziehung zur Macht, war in gewissen Grenzen legitim, war auch in einem gewissen Zeitraum und gerade für Künstler notwendig – denn die Ära der plakativ politischen Kunst war einfach vorbei. Aber diese „Befreiung" verlief leider unsauber und an zwei Fronten: auch an einer heimlichen, an der man sich doch der Macht anvertraute. Unser Leben in der Nicht-Legalität war verdächtig einfach; und viele Außenstehende sahen es bereits damals mit Skepsis. Schon das Wort „Untergrund" wurde übrigens in unseren Kreisen möglichst gemieden. Sascha Anderson mißfiel das Wort besonders. Er wußte, warum. [...]

Die Angst [...] war in allen da. Sie erklärt wenigstens teilweise den Fakt, warum einige von denen, die in der inoffiziellen Kunstszene besonders aktiv waren und sich in der DDR damals strafbare Freiheiten nahmen, IMs waren. Als Mitarbeiter hatten sie die Rückendeckung des Staates, einen direkten Draht zu ihm. Statt einer diffusen Bedrohung war ein realer und eventuell intelligenter und freundlicher Gesprächspartner da – als Vertreter dieser Bedrohung zum Anfassen. Und als lebendiger Beweis, daß die Stasi im Prinzip auch „sauber" arbeiten und menschlich sein konnte.

Ich lasse mich in diesem Zusammenhang gerne auch auf psychologische Deutungen ein (Psychologie war in der Szene doch so schön verpönt und verhaßt): Unsere IMs haben zu der von innen langsam wachsenden Angstfreiheit viel – und zwar positiv – beigetragen. Sie haben durch ihre sogenannten „Kontakte" nicht nur ihre eigene Angst neutralisieren können, sie haben auch die Angst von ihren Freunden abgeleitet, die Angst „geerdet". So etwas funktioniert – wie die Tiefenpsychologie lehrt – auf unbewußten Ebenen wunderbar. Und vollkommen wortlos. Der Preis aber, den sie selbst zahlen mußten, war hoch: Ihre eigene Angst, die zu ihrer verdeckten Beschäftigung untrennbar gehörte und mit der sie von den gut geschulten Offizieren nicht grob, aber geschickt an der Leine gehalten wurden, mußten sie schlucken. Sie abzugeben war nicht erlaubt. Ihre Angst hat sich andere Kanäle suchen müssen.

[...] Das Doppelleben muß auch viel Ekel in ihnen erzeugt haben. Die daraus entspringende Aggressivität konnten sie natürlich hintenherum wieder wunderbar ausleben. „Konfliktfrei". Es war ein verrücktes Spiel, aus dem nicht nur Anderson lange Jahre großen inneren Gewinn schöpfen konnte. Erpressungsgeschichten aus der Jugend reichen als Erklärungsgrundlage nicht aus. [...]
Wenn man im übrigen auch damals nicht wußte, was ein IM ist, gab es doch ein paar allgemein bekannte Regeln: Man redet mit „denen" nur zum „Sachverhalt" und grundsätzlich nicht über andere: also nur über sich selbst. Und man erzählt sofort anderen von diesen Gesprächen – schon zum eigenen Schutz. Und ich hatte damals noch eine Regel: Man spricht über die „relative Vernünftigkeit" oder „Harmlosigkeit" der Stasi nur leise unter Freunden, denen auch nie viel passiert ist, weil hinreichend bekannt war, wie mit anderen, die nicht geschützt waren, umgegangen wurde; weil bekannt war, wie die freundlichen Genossen sonst noch funktionieren konnten, wenn eine andere Taktik angesagt war. Man wußte, wie viele Menschen anderes als wir erlebt hatten und körperlich und psychisch zerstört wurden.
Wir aber wurden von der Stasi geschont. Und diese Schonung haben wir nicht nur dank der aufmerksamen Westpresse, dank einer höheren Orts abgesegneten Strategie und dank gründlicher Observation durch irgendwelche Randfiguren verordnet bekommen (wie wir damals dachten), sondern zum großen Teil dank der Top-Spitzel über und neben uns. Die Schonung hat zuverlässig verhindert – und darüber habe ich keine Lust, mit jemandem zu streiten –, daß wir in wirkliche Konfrontation mit der Macht kamen und mit der Zeit radikaler wurden. [...]
Wir (oder ich) hätten auch später, in den achtziger Jahren, sicher nicht viel politischer geschrieben, wir hätten uns aber, weil es ohne die verordnete Schonung wesentlich mehr Repressionen gegeben hätte, auf jeden Fall für infatierte oder in die Provinz verbannte oder anders drangsalierte Freunde einsetzen müssen. Und wären dann doch notgedrungen politischer geworden.
[...] Nach 1984 war für mich aber die produktive, innovative, kollektiv erlebbare Zeit im Prenzlauer Berg zu Ende. Was folgte, war größtenteils leerer Aktivismus und Weitermachen einfach in größeren Dimensionen als früher. Außerdem wurde fleißig an geschwätzigen und hochkomplizierten Theorien gebastelt, die mit dem eigentlichen Schreiben und Malen wenig zu tun hatten. Viele hatten offenbar eine

panische Angst davor, Texte zu schreiben, in denen etwas eindeutig festgenagelt werden könnte. Dazu lieferten die Theorien die passende Erklärung: Die Wirklichkeit ist so rätselhaft und komplex, daß man als Künstler über sie nicht wie ein primitiver Feuilletonist schreiben kann. [...]

Daß zu Künstlerkreisen auch Pose, Eitelkeit und Überheblichkeit gehören, daß die Beziehungen in solchen Kreisen durch Rivalität und Empfindlichkeiten nicht ganz so offen sind, gilt als normal. In dem speziellen Fall „unserer" Szene war aber der Kern des Selbstverständnisses [...] lange Jahre ganz schön faul – und das ist alles andere als üblich. Die staatlich verordnete Verlogenheit, die so verhaßt war und die man nicht mitreproduzieren wollte, wurde einfach heimlich und in Mengen reingeschleppt und gestreut – ohne eine Spur von Bewußtsein, was für katastrophale Folgen das künstlerisch mit sich brachte. Ohne eine Spur von Bewußtsein, was für eine Verantwortung man auf sich nimmt, wenn man die Entscheidung trifft (oder anders: die Frechheit besitzt), sich nach vorne zu stellen und trotz einer Grundlüge einen Teil der Kultur eines sonst kulturell ziemlich ausgebrannten Landes zu repräsentieren. Das Bewußtsein dieser Verantwortung fehlt den beiden Haupthelden bis heute. Um so mehr beschäftigen sie sich offensichtlich mit ihrer neuen Rolle als Opfer und Märtyrer.

Ihre „Mitarbeit" war aber ein Verrat. Diesen Punkt werde ich nicht in Mitarbeit mit den Mitarbeitern zerreden. Wenn sie sich jetzt plötzlich in Beziehung zu Bürgerrechtlern setzen, auf die sie sonst nur von oben herabgesehen haben, und erzählen, diese wären – prozentual gesehen – mehr mit Spitzeln durchsetzt als wir, sprechen sie nicht zur Sache. Der Verrat ging an die Substanz dessen, woran Jahre gearbeitet wurde und was jetzt (wenigstens zum Teil und fürs erste) zu einem Scherz zusammengeschrumpft ist. Ohne Anführungsstriche kommt man beim Schreiben über diese „urbane Subkultur" nicht mehr aus.

Wenn unsere IMs weiter behaupten wollen, ihre geheime Mission hätte keinen Schaden angerichtet und sie hätten niemand verraten können, weil sowieso „alles" bekannt war, dann sollten sie sich genau überlegen, was für ein Urteil sie damit indirekt über die künstlerische Sensibilität der Szene aussprechen. Falls Künstler den Kritikern oder Theoretikern überhaupt etwas voraushaben, dann ist es doch gerade ihre Fähigkeit, nicht rational faßbare, unter der Oberfläche lauernde Dinge als erste wahrzunehmen. Angenommen, die „Es-spielt(e)-keine-Rolle"-Clique hätte recht (was ich natürlich nicht hoffe), dann müßten die Künstler der Szene eine angenehm dicke Haut gehabt und nicht gespürt haben, daß um sie herum grundlegende Dinge, die ihre Existenz mehr als tangierten, nicht stimmten. Dann müßte weiter – das wäre die Konsequenz – bald offenbar werden, daß im Prenzelberg zwar alles mögliche gemacht wurde und möglich war, aber Kunst von Format und „Zeitgeist" nur die wenigsten produzieren konnten. [...]

Wer sich auf das todsichere, auf immer und ewig angelegte Spiel mit dem Ministerium eingelassen hatte, war in seinen Entscheidungen nie mehr ganz frei. Lassen wir die eindeutigen Schweinereien beiseite, die andere in den Knast hätten bringen können. Auch wenn es um ganz einfache Entscheidungen ging (etwa: wen werde ich veröffentlichen, wen im Westen empfehlen, wen einladen, wen mitverdienen lassen?) konnte der IM kaum mehr mit ruhigem Gewissen handeln. Die Meinung des „künstlerisch ehrlichen Spitzels" konnte sich jederzeit mit der Meinung, den Intentionen der freundlichen Herren decken, und dann hätte der „Verstrickte" auch im Sinne der Behörde gehandelt, nicht nur in eigener Regie. Er hätte zwar theoretisch noch die Möglichkeit gehabt, immer möglichst nur das Gegenteil dessen, was „denen" hätte nutzen können, zu tun. Aber das ging augenscheinlich auch nicht. Man war ängstlich und loyal und stand unter ihrer Kontrolle. Im Grunde hätte die Situation unerträglich sein müssen.

Aber so unerträglich war sie offensichtlich nicht. Für die Arbeit gab es diverse Gegenleistungen und Unterstützung im Alltag und natürlich auch Geld, obwohl das von fast allen IMs bestritten wird. Den Fakt, daß Leute wie Anderson und Schedlinski (geschützt waren sie ausreichend) nicht von sich aus ausgestiegen sind, kann man nicht nur durch solche Dinge wie „innerer Gewinn" oder „Macht durch Geheimwissen" erklären. Sie haben geliefert und geliefert und dafür auch etwas verlangt und bekommen. Ohne diesen Aspekt wäre das Bild nicht komplett und das Grübeln über die Mechanik der Sache nie ganz schlüssig. In meinem Fall hat Schedlinski über alle wichtigen Zusammenkünfte und Aktivitäten berichtet, bei denen er (auch) anwesend war oder von denen er Bescheid wußte. Einiges davon war alles andere als harmlos (zum Beispiel der Verrat eines illegalen Postweges via Schließfach am Bahnhof Zoo). [...]

Im Herbst 1986 habe ich Anderson in einem Brief nach West-Berlin geschrieben: „Du versteckst Dich auf so eine Art und Weise, daß man wirklich im Grunde nicht sicher sein kann, woran man bei Dir ist. Man kann Dich manchmal so sehen, kurz danach wieder ganz anders." Das bezog sich natürlich nicht auf Stasi-Dienste, von denen ich nichts wissen konnte. Meine Verunsicherung und mein Mißtrauen damals zeigen aber, daß es ein Witz ist, wenn Anderson heute im Rückblick als Integrationsfigur bezeichnet wird. Er ist eher das Gegenteil dessen gewesen. Die Fäden führten zu ihm, und bei ihm sind sie dann irgendwo im Keller, den keiner kannte, verschwunden. Auch die noch echten Impulse und Regungen mußten in dem Loch verschwinden. Viele haben sich an ihm orientiert; wie sein Geschäft aber mit einem Führungsoffizier als Schutzengel von innen aussah, erzählt der brave Rebell bis heute nicht. Nach den Stasi-Berichten zu urteilen, die ich gesehen habe, hat er brav und angepaßt funktioniert, die gestrengen Väter fleißig bedient. [...]

Für mich hat Anderson die Glaubwürdigkeit eines vom Staat dotierten Anarchisten.

Daß er jetzt noch immer lügt oder schweigt oder tut, als ob nichts passiert wäre, und mit denen, mit denen er versprochen hatte zu reden, nicht redet, hat womöglich einen ganz simplen Grund: Er müßte sich nicht nur an Unangenehmes erinnern, er müßte vor allem auch die Banalität seiner Geschichte offenlegen und das große Mysterium um seine Person endgültig (und auch vor sich selbst) platzen lassen [...].

Vielleicht müßten unsere fleißigen IMs außerdem zugeben, daß ihre Arbeit auch Spaß gemacht hat. Eine Lesung samt Diskussion ganz offen mit einem (von der Stasi wahrscheinlich gespendeten) Walkman aufzunehmen, noch einen kurzen Bericht reinzusprechen und dann wahrscheinlich in einen toten Briefkasten zu werfen – das ist schon fast Krimi live [...].

Der Lyriker Jan Faktor, der 1978 von Prag nach Ost-Berlin gekommen war und die Künstlerszene vom Prenzlauer Berg mit prägte, versuchte in einem in der Frankfurter Allgemeinen Zeitung vom 5. 1. 1993 erschienen Artikel: „Das Polster um uns war künstlich. Was die Inoffiziellen Mitarbeiter zur Entstehung des Freiraums im Prenzlauer Berg beigetragen haben und was dabei zerstört wurde", die Verstocktheit der ehemaligen IM zu erklären.

Eine Enthüllung, die sprachlos macht

48 Vera Wollenberger stammt wie ihr späterer Mann aus einer Familie des kommunistischen Mittelstandes. Beide kamen 1952 zur Welt. Daß die Kinder aus dieser Schicht ihre Eltern nur sonntags sahen, sei „normal" gewesen in der DDR, erzählt Frau Wollenberger. [...] Der Vater kannte es wohl nicht anders, er war ein Waisenkind. Auch die Mutter wird nichts dabei gefunden haben; das Ehepaar baute an der Zukunft, sie als Neulehrerin, er bei der Stasi. Als sie nach Berlin gingen, mußten die Kinder mit. Veras Schwester war damals drei Jahre alt, sie selbst sechs. Sie litt lange unter der Trennung von den Menschen [den Großeltern], die sie erzogen hatten.

Die Großeltern hatten mit dem Kommunismus nichts im Sinn, obwohl es der Großvater, ein belesener Mann, in der DDR vom Steiger zum Bergwerksdirektor gebracht hatte. Vera aber übernahm in der Schulzeit nach und nach die Ideale, denen auch ihre Eltern frönten. Die Wochen verbrachte sie nun in fremder Obhut, die Eltern sah sie weiterhin am Sonntag. [...]

Frau Wollenberger gehört zu den Menschen, die ihre Irrtümer ablegen, aber nicht ihren Glauben. Das Ablegen begann, als sie kurz vor dem Abitur durch eine Klassenkameradin mitbekam, daß die sozialistische Wirklichkeit anders aussah als im „Neuen Deutschland". Zwei in dieser Zeitung vielgelobte Männer pflegten private Abende mit Hilfe der Volkspolizei zu würzen. Die brachte junge Frauen, die straf- oder auffällig geworden waren, zu diesen Herren statt zum Richter.

Frau Wollenbergers Vater war empört – nicht über die fortgesetzte Schandtat, sondern über die Tochter, die ihm entsetzt davon erzählte. Bald nannte er sie eine „Trotzkistin". Nicht zu Unrecht, denn die junge Studentin der Philosophie maßte sich an, den Kommunismus verbessern zu wollen. So wurde sie, wie sie inzwischen weiß, schon mit zwanzig Jahren für die Stasi „operativ relevant". Sie kam in Kontakt mit literarischen Oppositionsgruppen, schloß sich später der Friedensbewegung und dann der „Kirche von unten" an. Knud Wollenberger dachte in vielen Dingen ähnlich wie seine spätere Frau. Nur, daß er sich mit zwanzig Jahren bei der Stasi verpflichtete. Am Ende war er soweit zu glauben, er sei der Mann der Friedensbewegung in der Stasi.

An einem Morgen im Dezember 1987 ließ Vera Wollenberger ihre beiden kleinen Söhne in der Obhut ihres Mannes und ging allein in das Bezirksgericht Berlin-Mitte, um eine Anzeige zu erstatten. Sie fühlte sich durch Hans Dieter Schütt, den Chefredakteur der FDJ-Zeitung „Junge Welt", öffentlich verleumdet. Der hatte Mahnwachen, die sie mitorganisiert hatte, mit faschistischem Rowdytum in einen Zusammenhang gebracht und „Zivilcourage" gefordert, worunter die harte

Bestrafung der Opposition „mit Macht, mit Staatsmacht" zu verstehen sein sollte. Schütt hatte geschrieben, in der DDR stimmten Recht und Gerechtigkeit prinzipiell überein. Frau Wollenberger hielt das jedenfalls nicht für eine glatte Lüge. Deshalb wandte sie sich an die Justiz, als ihr Unrecht geschah. Heute sagt sie: „Ich muß verrückt gewesen sein." Man weigerte sich, ihre Anzeige aufzunehmen. Sie weigerte sich zu gehen. Man wird an eine mit dem Westen abgekartete Aktion geglaubt haben. Daß die Frau ganz auf sich gestellt war, nur eine Handvoll Freunde informiert hatte, dürfte niemand für möglich gehalten haben. Für jeden komme einmal der Moment, wo er Farbe bekennen müsse, glaubt Frau Wollenberger. Es gab immer Wohlmeinende, die davon abrieten, sich zu „verschleißen". Frau Wollenberger dachte an ihre Söhne: sie wollte aufrecht vor ihnen stehen. Und so blieb sie erst einmal sitzen, stundenlang auf dem Flur des Gerichtes, bis man ihr nachgab und die Anzeige zu Protokoll nahm.

„Bei unseren Kindern" hatte Knud nach der Wende beeidet, daß er nicht Donald sei. Frau Wollenberger sagt, der furchtbare Schwur übertreffe für sie alles. Sie hat in Abgründe geschaut, an deren Finsterkeit die Vorstellungskraft versagt." [...]

Einen Spliß in der Ehe gab es schon 1989, als Frau Wollenberger im Gefängnis saß. Ihr war die Ausreise nach England angeboten worden; als letzte der Gefangenen aus der Opposition hatte sie schließlich eingewilligt, weil sie ihre Kinder nicht allein lassen wollte. Ihr Mann, berichtet sie, setzte sie damals zusätzlich unter Druck: Er werde nicht mitgehen und außerdem die Kinder zurückbehalten. Erst am letzten Tag gab er die Jungen frei.

Manche in der Friedensbewegung nahmen Vera Wollenberger übel, daß sie ausreiste, vor allem, daß sie es für ihre Kinder tat. [...]

Frau Wollenberger sagt heute, daß sie lange nicht begriffen habe, womit und mit wem sie sich anlegte – nicht einmal, daß sie es tat. Was sie erlitt, begann harmlos: mit Zureden und Einschüchterungsversuchen. Es folgte ein Berufsverbot und die Exkommunikation durch die SED, öffentliches Anprangern, Wohnungsdurchsuchungen, das Gefängnis. Bei der entwürdigenden Prozedur, die dort zur Aufnahme gehörte, mußte sie das Feixen männlicher Zuschauer ertragen. Kontakt zu anderen Gefangenen gab es nicht. Nachts lag sie auf einer Pritsche mit erhöhtem Kopfteil, das Gesicht zur Neonleuchte gezwungen, die in regelmäßigen Abständen grell aufflammte. Sie durfte die Augen nicht schützen. Als die Pein mit dem Untergang des Regimes endlich zu Ende schien, trat Donald, alles bisherige übertreffend, in Erscheinung. [...]

Knud Wollenberger galt unter den Freunden als aufopferungsvoller Vater und Ehemann. Sie sei von anderen Frauen beneidet worden, berichtet Frau Wollenberger. Nachdem sie die Wahrheit erfahren hatte, schrieb sie noch über ihn: „Knud war ein hinreißender Vater, der seine Kinder über alles liebte." Auch dieser Satz gehört inzwischen zu den abgelegten Irrtümern. Donald, so sagt sie jetzt, habe vor allem an ihrer Karriere gearbeitet, mehr als sie selbst. Er war es, der sie 1990 drängte, für einen Sitz im Bundestag zu kandidieren.

„Ich mache mir keine Illusionen", hatte sie ihm auf einem Spaziergang gesagt und ihn damit gar nicht gemeint. Nie das Gerücht, sondern erst der Blick, den er ihr daraufhin zuwarf, erschien ihr wie Rauch, der auf das Feuer weist. Als sie später die Bestätigung erhielt und nach Sondershausen reiste, um ihn zur Rede zu stellen, empfing er sie, wie sie sagt, mit ungeheuerlicher Ruhe. „Da wurde mir klar: ich habe ihn nie gekannt."

Kennt sie ihn jetzt? Nein, sagt sie, das alles sei unfaßbar – obwohl kein Einzelfall. Donalds Führungsoffizier hat sie aufgesucht, ihr auseinandergesetzt, welch „hochmoralischer Mensch" Knud sei. Es habe eine gesonderte Absprache gegeben [...] nicht Privates sei berichtet worden. Frau Wollenberger hat ihre Akten gelesen. Sie waren „voll von den ordinärsten Spitzelberichten": ihre Gesundheit, jede Mark, die durch ihre Hände ging, die Gespräche mit Philipp – alles aufgezeichnet. Donald hatte Dinge übermittelt, die seine Frau nach DDR-Recht auf Jahre hinter Gitter hätten bringen können.

Inzwischen sind sie geschieden. Frau Wollenberger lebt in dem Haus, dem Garten ihrer Kindheit. Besonders stolz ist sie auf den Trompetenbaum und die hohe Eibe. [...] Knud Wollenberger ist in Berlin geblieben. Er sagt, er habe mehr Gutes als Schlechtes getan. Seiner Frau hat er mitgeteilt, er sei nun „strukturell arbeitsunfähig". Das macht wohl nichts, denn er soll geerbt haben, eine Summe, von der sich leben läßt. Gerade bereitet er einen Prozeß gegen Vera Wollenberger vor. Er verlangt seinen Teil an Haus und Garten in Sondershausen: Zugewinngemeinschaft.

Reportage des Journalisten Volker Zastrow: „Aprikosen in Sondershausen. Der Garten der Vera Wollenberger. Wie eine Frau den Verrat ihres Mannes übersteht", erschienen in der Frankfurter Allgemeinen Zeitung vom 7. 8. 1992

4 Vom Sturm auf die Normannenstraße zur Gauck-Behörde

Die Auseinandersetzung um die Stasi hatte schon während der DDR-Umwälzung selbst eine zentrale Rolle gespielt. Hier entfaltete die Bürgerbewegung ihre größte Durchschlagskraft, hier konnte sie der Auseinandersetzung am ehesten ihren Stempel aufdrücken. Dies wird in der „Sicherheitspartnerschaft" zwischen den alten Herrschenden und der neuen, unerwarteten Massenbewegung deutlich, die eine friedliche Abschaffung des einst allmächtigen Geheimdiensts ermöglichte (49). Daß dabei – auch angesichts der in einer Umwälzungsperiode kaum zu bewältigenden Aufgaben – nicht alle Anliegen der *Bürgerkomitees zur Stasi-Auflösung* durchgesetzt werden konnten, macht *Stephan Wolf* in seinem Beitrag deutlich (50). Wie der „deutsche Sonderweg zur Rettung des Aktenbergs" schließlich in die Gauck-Behörde und das Stasi-Unterlagen-Gesetz mündete, macht der Bürgerrechtler *Jens Reich* in einem Rückblick auf den Streit zwischen „Aktenöffnern und Aktenverbunkerern" nachvollziehbar (51).

Das Stasi-Unterlagen-Gesetz, das am 1. 1. 1992 in Kraft trat, wird in einer stichwortartigen Kurzfassung dokumentiert (52).

Die friedliche Auflösung eines einst allmächtigen Geheimdienstes

49 In den ersten Dezembertagen des Jahres 1989, wenige Wochen nach dem Umsturz in der DDR, begannen engagierte Bürger mit der Auflösung des Staatssicherheitsdienstes, der sie jahrzehntelang überwacht und eingeschüchtert hatte. Alarmiert von schwarzen Rauchwolken, die in den letzten November- und ersten Dezembertagen aus den Innenhöfen der gewaltigen Stasi-Komplexe zum Himmel gestiegen waren, zogen in verschiedenen Bezirksstädten jeweils einige Dutzend Demonstranten zum Stasi-Hauptquartier. Die Bürger befürchteten, daß die Stasi in einer für sie unsicheren Zeit, in der sie sich ihr baldiges Ende zwar nicht einmal vorstellen konnte, aber doch mit gewissen Veränderungen rechnen mußte, damit begonnen haben könnte, Dokumente über die schlimmsten Auswüchse ihrer Sammelwut zu vernichten. Wie sich bald herausstellte, hatten die Bürger recht mit ihrem Verdacht. [...]

Gemeinsames Merkmal war der disziplinierte, ja friedliche Charakter der Besetzungen. Niemand schlug Fenster oder Türen ein, niemand zerstörte Mobiliar, keiner durchstöberte oder entwendete Akten, und erst recht kam niemand auf die Idee, einen Mitarbeiter des MfS tätlich anzugreifen. Das allerdings hätte auch der Verwegenste nicht gewagt, denn die hauptamtlichen Stasi-Mitarbeiter waren bewaffnet – unabhängig davon, ob sie sich in Dienstuniform im Gebäude aufhielten oder sich in ziviler Kleidung unter die Besetzer gemischt hatten. [...]

Schon in den ersten Stunden der Auflösung des MfS wurde ein Begriff für diese Art von Vorgehen geprägt, der den ersten Stunden sicher angemessen war, in den nächsten Monaten aber eine problematische Wirkung entfalten sollte – der Begriff der „Sicherheitspartnerschaft". Dahinter verbarg sich die Überzeugung, daß die Kontrolle und Zerschlagung der Staatssicherheit nur in Kooperation mit Polizei und Staatsanwaltschaft möglich sein würden, damit die Stasi-Mitarbeiter nicht zur Selbstverteidigung, womöglich mit Waffengewalt, übergingen und es nicht zu Formen der Selbstjustiz kommen könnte. Das Leitmotiv der „Sicherheitspartnerschaft" war aber mitverantwortlich dafür, daß große Teile des alten Apparates den geordneten Rückzug antreten und bis zum Sommer 1990 viele Spuren ihres unheilvollen Wirkens löschen konnten. So wurden, um nur ein Beispiel zu nennen, die Taschen ehemaliger Stasi-Mitarbeiter, die im staatlichen Komitee zur Auflösung der Stasi tätig waren, beim Verlassen ihrer alten Dienstgebäude niemals kontrolliert. Die Auflöser waren dem professionellen Sachverstand und der kriminellen Energie ihrer Gegenüber in keiner Weise gewachsen. [...]

Die fürsorgliche Haltung gegenüber den Mitarbeitern bei der Auflösung des MfS war charakteristisch für die gesamte Ära der Regierung Modrow. [...] Offenkundig empfand Modrow den Druck der Bevölkerung, ihre Wut und ihren Zorn auf das MfS als weniger bedrohlich als den zu erwartenden Widerstand des Machtapparats, wenn er dessen Zerschlagung entschlossen angegangen wäre. Deshalb dachte Hans Modrow zunächst auch gar nicht an eine Auflösung der Stasi, sondern nur an die Umwandlung des MfS in ein Amt für Nationale Sicherheit (AfNS).

Auch diese Umwandlung begann er zögerlich. Leitmotiv seines Handelns war die Sorge um die eigene Klientel. [...]

Ziel der Regierung Modrow war es, Personal und Know-how der Staatssicherheit durch die Überführung in ein „Amt für Nationale Sicherheit" wenigstens teilweise zu bewahren und nur den Terror gegen das Volk und die illegalen Machenschaften zu beseitigen. [...]

Erst am 12. Januar 1990 ließ die Regierung Modrow von dem Plan ab, einen neuen Verfassungsschutz zu installieren.

Ein makabrer Höhepunkt bei der Auflösung des MfS war die Zerstörung aller Magnetbänder mit den Namen sämtlicher inoffizieller Mitarbeiter der Staatssicherheit vor laufenden Fernsehkameras Mitte Januar. Bis heute ist nicht geklärt, wer bei dieser Aktion, die vom zentralen „Runden Tisch" gebilligt worden war, tatsächlich die Fäden in der Hand hielt. [...]

Die erste frei gewählte Regierung der DDR unter Lothar de Maizière fühlte sich dem Auflösungsbeschluß der Regierung Modrow selbstverständlich verpflichtet. Sie fand sogar einen Innenminister, Peter-Michael Diestel, der mit besonders starken Worten die Zerschlagung der Staatssicherheit zu seinem Programm erhob. Der anfänglichen Begeisterung der Bürger über diese Worte folgte freilich die Ernüchterung auf dem Fuße. Fassungslos mußten sie erleben, daß der Personalbestand der Stasi-Auflöser, die sich unter der neuen Regierung als staatliches Komitee zur Auflösung des MfS/AfNS konstituiert hatten, vollkommen durchsetzt war von Mitarbeitern des alten Staatsapparates und, schlimmer noch, von einer großen Anzahl ehemaliger hauptamtlicher Stasi-Mitarbeiter, darunter einer ganzen Reihe von Elite-Offizieren, den sogenannten „Offizieren im besonderen Einsatz". Allein in der Berliner MfS-Zentrale arbeiteten achtzig ehemalige Stasisten im staatlichen Komitee an der Auflösung ihrer alten Dienstbehörde mit und hielten sämtliche Leitungspositionen innerhalb des Komitees besetzt.

Dieser Umstand verbitterte vor allem die Mitglieder der Bürgerkomitees zur Auflösung der Stasi, da sie immer wieder die Erfahrung machen mußten, daß sie in ihrer Arbeit von den Eingeweihten getäuscht und behindert wurden. Sowohl die Stasi-Mitarbeiter als auch die Abgesandten aus den Ministerien versperrten ihnen zu den entscheidenden Informationen den Zugang.

Joachim Gauck: Die Stasi-Akten. Das unheimliche Erbe der DDR, 1. Aufl., Reinbek 1991, S. 76 ff.

Die Bürgerkomitees und die Aktenberge: Erfolge und Versäumnisse

50 Zeitgleich mit dem Bergen der Akten brach die Diskussion auf: Wie soll mit ihnen umgegangen werden, sollen die Archive geöffnet und muß alles aufgehoben werden? Zunächst bestand weitgehend Einigkeit, die elektronischen Datenträger zu vernichten: Angst vor d(ies)er Technik, Zureden der ehemaligen MfSler, die ihre Quellen schützen wollten, und die Furcht vor dem Mißbrauch haben diese Entscheidung entscheidend beeinflußt. Daß sie irreversibel sein würde, hat sie nicht hinausgezögert.

Die ehemalige Hauptverwaltung Aufklärung (HVA) – Auslandsspionage – forderte ihr Schriftgut ein, da zunächst unklar war, wie das Schicksal des Auslandsnachrichtendienstes aussehen würde. Als kein neuer Dienst installiert wurde, hat die HVA bis zum Juni 1990 alles Material vernichtet.

Die Verwaltung Aufklärung des Ministeriums für Nationale Verteidigung – Militäraufklärung – erhielt ihr Schriftgut, das im MfS-Archiv gelagert war, auf Bitten des damaligen Ministers Eppelmann (CDU) ausgehändigt. Auch dieses Material wurde vernichtet und steht darum dem Bundesbeauftragten nicht zur Verfügung.

In den einzelnen Diensteinheiten wurden die Auswüchse der Datensammelwut offenbar: z. B. hatte die für den grenzüberschreitenden Reiseverkehr zuständige HA VI alle Anträge auf Einreise in die DDR, die jemals gestellt wurden, gesammelt: 850 t Karteikarten in zwei Turnhallen (zum Vergleich: Ein Sattelschlepper kann davon elf Tonnen transportieren). Zugleich waren diese Karten alle auf Microfiches verfilmt, deren Verbrennung 1,1 Tonnen reines Silber erbrachte. Die HA III, zuständig für die Funkaufklärung, besaß Berge an Mitschriften von Telefonaten, die in der Bundesrepublik und nach Westberlin geführt wurden, und viele kompromittiert hätten. Diese wurden ebenfalls – aber mit Zustimmung und Kontrolle des Bürgerkomitees – vernichtet.

Die Bürgerkomitees, die sich spontan bildeten, konnten einen so großen und verzweigten Apparat, wie das MfS es war, unmöglich zerlegen und auflösen. (In seiner Angst beschloß z. B. das Bürgerkomitee in Cottbus, das die dortige BV [Bezirksverwaltung des MfS] auflöste, alte Akten in einen Bunker zu bringen und dessen Eingang dann zuzuschütten.) Deshalb beschloß der Zentrale Runde Tisch, *die* Institution des Übergangs von der SED-Diktatur bis zum freigewählten

Parlament, bereits auf seiner ersten Sitzung am 7. Dezember 1989, alle Dienststellen des Amtes für Nationale Sicherheit (AfNS – so hieß das MfS seit den 17. 11. 1989) unter Polizeikontrolle zu stellen. Es wurde ein Regierungsbeauftragter zum Auflösen bestellt und Ende Januar ein Staatliches Komitee zur Auflösung des MfS/AfNS gebildet. Ministerratsbeschlüsse begleiteten die Arbeit. Am 30. 6. 1990 war die letzte Diensteinheit des AfNS aufgelöst. Eine Woche zuvor, am 21. 6. 1990, hatte sich der Sonderausschuß der Volkskammer zur Kontrolle der Auflösung des MfS/AfNS konstituiert, und zu dessen Vorsitzenden den Bündnis-90-Abgeordneten, Joachim Gauck, Pfarrer aus Rostock, gewählt. In einer Vereinbarung zum Einigungsvertrag, vom 13. 9. 1990, wurde nach vielen Protesten die Einsetzung eines Sonderbeauftragten für die Stasi-Akten beschlossen. Zu diesem Sonderbeauftragten wurde durch die Volkskammer fast einstimmig der Vorsitzende des Sonderausschusses bestimmt und von der Bundesregierung berufen. Am 3. Oktober 1990 trat er sein Amt an.

Man kann sehr betroffen und wütend zugleich sein über das, was bei der Auflösung alles mißlungen ist:

– Die elektronischen Datenträger wurden vernichtet. Die HVA und Armee-Aufklärung konnten ihre Akten selbständig und mit ministerlichem Segen vernichten.

– Bis zuletzt konnten Hauptamtliche, Offiziere im besonderen Einsatz (OibE) und IM den unerfahrenen Bürgerrechtlern ihren Willen unterschieben.

– Viele haben sich an den Hinterlassenschaften des MfS bereichert (an Grundstücken, Video- und Rechentechnik sowie Kraftfahrzeugen).

Stephan Wolf (Originalbeitrag)

Der deutsche Sonderweg zur Rettung des Aktenbergs

51 Das Stasi-Entlarvungsdrama ist zum deutschen Sonderweg aus dem Sozialismus geworden. Es ist offenbar, daß die DDR-Nachfolgegesellschaft einen prinzipiell anderen Weg eingeschlagen hat als die anderen realsozialistischen Länder. [...]

In der DDR geschahen merkwürdige Dinge, trotz aller Analogie der Herbstumwälzungen 1989 zu den Ereignissen in den östlichen Ländern. Der Vergleich im nachhinein zeigt die Skurrilität unseres

Verhaltens sehr deutlich. Da schützen im November 1989 Menschenketten von Aktivisten des „Neuen Forums" in Leipzig und anderswo die Stasi-Zentralen vor den aufgebrachten Demonstranten, eine Tat, die zu der Zeit erhebliche Courage erfordert. Sie fürchten Blutvergießen bei Auseinandersetzungen mit den in den Gebäuden eingeschlossenen Bewaffneten und wollen außerdem verhindern, daß „die Akten" (ein Zauberwort!) geplündert werden. Als die Bürgerrechtler gewahr werden, daß hinter ihren Schutzringen ebendiese Heiligtümer „verkollert" werden, erzwingen sie die Schließung der Dienststellen und versehen Büroräume und Aktenschränke in einer bizarren Partnerschaft mit Volkspolizei und sozialistischer Staatsanwaltschaft mit Lacksiegeln.

So geht es in allen Bezirkshauptstellen außer in der Zentrale Berlin. Dieses monströse Festungsgebirge, die Zwingburg mitten im Stadtbezirk Lichtenberg, kann man nicht einfach einnehmen, indem man am Burgtor Einlaß begehrt und überall den Kuckuck verklebt. Außerdem residiert hier die Spionagezentrale der Hauptverwaltung Aufklärung, und es gibt warnende Orakelsprüche, daß hier der KGB nicht mitmache und die Waffe gezogen würde. Ein Nachfolger der Stasi, das Amt für Nationale Sicherheit (AfNS), wird gebildet und bleibt unter dem Schutz und angeblichen Oberbefehl der Regierung Modrow als Vorstufe einer Art Verfassungsschutz bis Mitte Januar 1990 aktiv.

Erst die Massendemonstration vom 15. Januar nach dem Eklat am Runden Tisch beendet diesen Zustand. Die erregte Menge „stürmt die Zentrale" (hier benötige ich Gänsefüßchen: Entgegen den Absprachen mit den Demonstranten vom Neuen Forum waren die Tore nicht verschlossen und nicht verriegelt und standen keine Lastwagen als Sperre davor), verwüstet einen Aufgang (vor allem die Kühlschränke im Versorgungstrakt), findet, ebenfalls entgegen den Absprachen, zahlreiche Mitarbeiter in verschlossenen Räumen (die von Glück reden können, daß ihnen nichts passiert ist); ein Bürgerkomitee besetzt einige Büros, versiegelt die Zentrale mehr symbolisch als tatsächlich und veröffentlicht vor den Fernsehkameras aufgeregte Statements. Von protestantisch-ernst bewegten Bürgerrechtlern bis zu hysterischen Schreihälsen ist in diesem Bürgerkomitee ein ganzes Spektrum vertreten, und der Grad an Unterwanderung durch die agonale Stasi wird sich wohl nicht mehr eindeutig klären lassen. [...]

Die Periode de Maizière ist durch einen zähen Kampf zwischen

Aktenöffnern und Aktenverbunkerern gekennzeichnet. Die Einbunkerer, zum nicht geringen Teil selbst ehemalige Mitarbeiter der Stasi, argumentierten mit den Rechten des personenbezogenen Datenschutzes und dem rechtsstaatlich nicht vertretbaren Entstehungsmechanismus der lügenhaften Stasi-Dokumente. Das Versiegeln sollte den befürchteten Bürgerkrieg und Lynchjustiz verhindern.

Die Aktenöffner befürchteten einen jahrelangen, wenn nicht jahrzehntelangen moralischen Schwelbrand von Anklagen und Verdächtigungen, der die Neugestaltung der Gesellschaft und den Prozeß der deutschen Vereinigung vergiften würde, wenn die Akten eingekellert würden.

Sie hatten auch praktische Argumente: etwa daß die Rehabilitation der Opfer des Regimes ohne Beweise und Belege nicht gelingen könne; oder daß ohnehin wichtige Materialien bereits in obskuren Kreisen verschwunden waren und diesen Kreisen bei Enthüllungen ein Monopol verschaffen würden. Außerdem war zumindest damals der Mehrheitswille der Bevölkerung, daß die Stasi-Spitzel in öffentlichen Vertrauensstellungen (Parlamente, Regierungen, Verwaltungen, Gerichte, öffentlicher Dienst) nichts zu suchen hätten und deshalb enttarnt werden müßten.

Den analogen Kampf gewann in allen ehemaligen Ostblockländern die Fraktion der Aktenschließer. [...]

Deutschland ist also wieder einmal auf dem Sonderweg. Daß bei uns nach zähem Gerangel die Öffnung der Geheimakten beschlossen werden konnte, hat mehrere Gründe. Der wichtigste ist zweifellos, daß die Bürgerrechtsgruppen die Stasi-Aufarbeitung energisch verteidigten, nachdem ihnen im Jahr 1990 die Blütenträume zerstoben und die anderen politischen Aufgaben abgenommen worden waren. Mit dramatischen Aktionen wie der Besetzung der Normannenstraße, mit Hungerstreik und Eindringen und Blockade der Volkskammer erreichten sie, daß die Akten nicht in Koblenz verbunkert wurden und der Einigungsvertrag die neue Bundesrepublik zur Bildung des Stasi-Unterlagengesetzes verpflichtete.

Dieses Gesetz kam – gegen den fortgesetzten Widerstand von teils rechtsstaatlich, teils aus Angst vor späterer Enttarnung motivierten Gegnern – zustande, da die bis in konservative Kreise reichende Interessengruppe von geschädigten ehemaligen DDR-Bürgern in Ost und West nach Hunderttausenden zählt; außerdem gibt es im Westen viele Demokraten, die nach der unaufrichtigen Abrechnung mit dem Nazi-

Erbe nicht eine weitere vergrabene Altlast im neuen Staat dulden wollen.

Jens Reich, Molekularbiologe und Bürgerrechtler, in einem Artikel in der Frankfurter Allgemeinen Zeitung vom 11. 7. 1992: „Waren wir alle gelähmt?"

Das Stasi-Unterlagen-Gesetz: Die wichtigsten Bestimmungen

52 Die wichtigsten Bestimmungen des Gesetzes in Stichworten:
– Jeder kann Auskunft verlangen, ob zu seiner Person in den Stasi-Unterlagen Informationen enthalten sind.
– Jeder hat das Recht auf Einblick und auf Herausgabe von Kopien ihn betreffender Akten.
– Jeder hat das Recht, die Informationen und Unterlagen, die er erhalten hat, zu verwenden, allerdings „im Rahmen der allgemeinen Gesetze" und unter Beachtung „schützenswürdiger Interessen anderer Personen".
– Das Gesetz unterscheidet vier Personengruppen.
  – Betroffene: Menschen, über die das MfS Informationen gesammelt und gespeichert hat.
  – Mitarbeiter: hauptamtlich und inoffiziell Beschäftigte des MfS.
  – Begünstigte: Personen, die von der Stasi geschützt oder gefördert worden sind, zum Beispiel durch Vorteile.
  – Dritte: Personen, deren Daten im Rahmen einer Ausspähung nebenbei angefallen sind.
– Die Stasi-Akten werden von einem Bundesbeauftragten erschlossen, geordnet verwahrt und zentral verwaltet. Seine Behörde untersteht dem Bundesinnenminister.
– Sonderstellen werden in den fünf ostdeutschen Ländern eingerichtet.
– Ein Beirat aus sechs Abgeordneten des Bundestages, sechs Vertretern der Länder und vier weiteren Mitgliedern beraten und unterstützen den Bundesbeauftragten.
– Eine Benutzer- und Gebührenordnung wird erlassen.
– Alle Personen und nichtöffentlichen Stellen müssen Stasi-Unterlagen, die sie aus anderen Quellen haben, an die Aufbewahrungsbehörde abgeben.
– Die Unterlagen können von Strafverfolgungsbehörden „zur Abwehr einer drohenden erheblichen Gefahr für die öffentliche

Sicherheit, insbesondere zur Verhütung von drohenden Straftaten" verwendet werden.
- In begrenzten Fällen dürfen Unterlagen auch von Geheimdiensten angefordert und ausgewertet, einige Akten dürfen sogar ausgesondert werden.
- Unterlagen dürfen für politische und historische Forschung verwandt werden, wenn Betroffene zustimmen. Presse, Funk und Film dürfen aus Opfer-Akten veröffentlichen, wenn die Betroffenen einverstanden sind. Täter-Akten sind nicht geschützt.
- Strafe droht dem, der ohne Zustimmung aus Opfer-Akten zitiert.

Frankfurter Rundschau (hll) vom 13. 11. 91 unter der Überschrift: „Einsicht für alle"

5 Was verbirgt sich im Aktenberg?

Welche Dimensionen der vom MfS hinterlassene Aktenberg hat, macht der *Sonderbeauftragte des Bundesinnenministers für das personenbezogene Schriftgut des MfS, Joachim Gauck,* anschaulich (53). Daß damit noch keineswegs die gesamte Hinterlassenschaft dieses Ministeriums erfaßt ist, wird schon im, umständlichen Titel der Behörde deutlich: die Sachakten des MfS – wichtig für eine Durchleuchtung der inneren Funktionsweise und der Ideologie der Stasi – müssen noch hinzugerechnet werden.

Was in diesen Archiven lagert, und wie der einzelne Bürger zu einem Aktenvorgang wurde, erklärt *Stephan Wolf* in den folgenden Texten (54 und 55).

„Suchzettel" und „Karteikarten" sollen helfen, diese bürokratische Welt greifbarer und vorstellbarer zu machen (56 und 57). Von zentraler Bedeutung für die Stasi-Opfer sind die „Täter"-Akten. Dabei wird deutlich, wie sich die Verfolgung der „feindlichen Kräfte" in den Berichten und Maßnahmeplänen der Stasi-Offiziere darstellte (58). Gerade die Akteneinsicht durch die „Objekte" dieser Maßnahmen vermag den Mythos einer allgegenwärtigen Unfehlbarkeit des Stasi-Apparats zu durchbrechen. Oft steht jedoch die Betroffenheit durch die Enttarnung persönlich nahestehender IM im Zentrum (→ Kapitel 6 *Akteneinsicht*). Daß auch für diese ehemaligen IM die Lektüre der eigenen IM-Akte ein schockierendes Erlebnis sein könnte, machen die folgenden Texte vorstellbar (59 und 60). Das Abhaken der Einzelposten der Biographie und Leistungen für das MfS auf der Soll- und Habenseite durch durch den Führungsoffizier, der objektivierend „tschekistische" Tonfall, in dem die „Beurteilung" des IM verfaßt ist, machen die Instrumentalisierung von Menschen durch das MfS deutlich.

Die IM-Berichte stellen eine massenhaft überlieferte Quellengattung dar (61). Dabei mußte es sich – wie bei den sogenannten Treff-Berichten – keineswegs um von den IM selbst verfaßte Schriftstücke handeln. In die Aufzeichnung aus der Feder des Führungsoffiziers geht die vorbedachte Gesprächsstrategie des „Hauptamtlichen" mit ein (62).

Der Stasi-Aktenberg

53 Sechs Millionen Personendossiers hat das Ministerium für Staatssicherheit (MfS) schätzungsweise dem vereinigten Deutschland hinterlassen, vier Millionen davon betreffen ehemalige DDR-Bürger, zwei Millionen beziehen sich auf Bürger der alten Bundesrepublik. [...]

Etwas einfacher ist es, eine Schätzung der laufenden Meter Akten abzugeben. Dazu muß man wissen, daß sich in einem Meter Akten bis zu 70 Vorgänge oder 10 000 Blatt Papier mit einem Gewicht von zusammen rund 30 Kilogramm befinden. In den Außenstellen unseres Archives in den ehemaligen Bezirksstädten, in denen inzwischen auch das Material aus den Kreisverwaltungen der Staatssicherheit gelagert wird, beträgt die Länge des Aktenmaterials etwa 80 Kilometer. Im Zentralarchiv in der Normannenstraße, wo sich früher die Zentrale des Staatssicherheitsministeriums befand, lagern noch einmal rund 100 Kilometer in einem fensterlosen Neubau, den die Stasi eigens für diese Zwecke im zweiten Hinterhof des Gebäudekomplexes errichten ließ. [...]

Unter den 100 Kilometern Akten im Berliner Zentralarchiv befinden sich mindestens 18 Kilometer Personendossiers, 7 Kilometer davon sind Gerichtsakten, 11 Kilometer betreffen sogenannte „Operative Vorgänge", bestehen also aus Akten, die unmittelbar die Überwachung einer Person dokumentieren. Allein die F 16-Kartei, die die Klarnamen aller erfaßten Bürger enthält, ist anderthalb Kilometer lang. Spezielle Karteien der Stasi umfassen noch einmal 700 laufende Meter Aktenbestand. Im einzelnen teilt sich der Bestand auf in 122 000 Aktenbündel, 1600 Bündel Karteikarten, 755 Bündel Vordrucke, 13 Tonnen unbeschriebene Formblätter und 158 Karteischränke. In 936 Säcken liegt darüber hinaus noch vorvernichtetes Material, das einmal oder mehrfach durchgerissen ist; 1000 Pakete und 122 Kartons sind noch ungeöffnet, 195 Taschen, einige Beutel, 51 Kisten, 500 Röntgentüten, 195 Papiertüten und 7 Koffer komplettieren den Bestand. Die Stasi in ihrer Sammelwut hat ein wahrhaft gigantisches Aktenmeer hinterlassen. [...]

Ein Teil der Akten, besonders die älteren Vorgänge, sind solide, nachgerade penibel geordnet und mit einem verschlüsselten, aber deutlich führenden Eingangssystem ins Material ausgestattet. Wesentlich größer ist jedoch derjenige Teil des Aktenbestandes, mit dem die Stasi zum Zeitpunkt ihrer Auflösung noch arbeitete und der in den Diensteinheiten und Diensträumen des MfS lagerte. Archiviert wurden nämlich ausschließlich abgeschlossene Personendossiers. Das heißt, nur wenn ein inoffizieller Mitarbeiter – in der Sprache der Stasi: ein „IM" – definitiv nicht mehr für das Ministerium arbeitete oder wenn ein operativer Vorgang endgültig abgeschlossen war, kam die Akte ins Archiv; lediglich von besonders umfangreichen und langwierigen Vorgängen gab es auch Teilarchivierungen. Dieses nichtarchivierte Material wurde von den Mitgliedern der Bürgerkomitees, die in den ersten Monaten des Jahres 1990 die Diensteinheiten des MfS auflösten, ebenfalls in das Zentralarchiv gebracht, wo es, nur grob geordnet, auf seine Aufarbeitung wartet.

Joachim Gauck: Die Stasi-Akten. Das unheimliche Erbe der DDR, 1. Aufl., Reinbek 1991, S. 11 ff.

Was enthalten die Akten, die das MfS hinterließ?

54 Die genannten Aufgaben [→ 5] führten im MfS zur Produktion von Unmengen beschriebenen Papiers: Dienstanweisungen, Befehle, Protokolle, Vorgänge, Hand-, Sach- und Strafakten, Arbeitspläne, Konzeptionen, Berichte, Aktennotizen, Telefonmitschriften, Beschlüsse, Suchzettel, Karteikarten, Materialablagen, Richtlinien, Dossiers, Anträge, Formulare, Rechnungen, Quittungen, Zeitungsausschnitte, Lagefilme u. v. m.

Als die Bürgerkomitees nach dem Sturm auf die MfS-Objekte zu arbeiten begannen, standen sie folgenden großen Gruppen des Schriftgutes gegenüber:
1. in den MfS-Diensteinheiten noch vorhandene – sog. aktive – Vorgänge,
2. im MfS-Archiv bereits abgelegte Vorgänge,
3. Sach- und Handakten,
4. nichtpersonenbezogenes Schriftgut wie Befehle, Jahresarbeitspläne usw., und
5. große Mengen von zentralen und dezentral geführten Karteien.

Insgesamt handelte es sich um über 200 km laufendes Schriftgut (1 m entspricht ca. 10 000 Blatt Papier *übereinander*). Vieles war darüber hinaus nochmals als Sicherheitsfilm vorhanden bzw. elektronisch erfaßt. Dieses Material wurde unter Beachtung des Datenschutzes zusammengetragen, gebündelt und – außer 2 – in einem Zwischenarchiv deponiert.

Zunächst soll hier die Verfahrensweise der Aktenhandhabung, wie sie *im MfS* üblich war, vorgestellt werden:

Die Abteilung XII des Ministeriums und die ihr nachgeordneten Abteilungen XII in den Bezirksverwaltungen und in der HA I (Sicherung von Nationaler Volksarmee und Grenztruppen) beinhalteten die Archive des MfS sowie die zentralen Karteien. Ihnen kam damit eine Schlüsselstellung zu bei der Aufgabe, einerseits die Koordination aller Maßnahmen zum Aufklären, Bearbeiten und Sichern von Personen und Objekten sowie der inoffiziellen Zusammenarbeit zu ermöglichen, andererseits aber dabei die notwendige Konspiration und Geheimhaltung innerhalb des MfS zu gewährleisten. Sie unterstützten den Informationsfluß und sicherten das kurzfristige Zusammenführen von Informationen verschiedener operativer Diensteinheiten zu Personen und Objekten und waren mitverantwortlich für den Schutz der Quellen und das Verhindern von Dekonspirationen.

Die Abteilungen XII hatten folgende Aufgabenkomplexe:
– das Erfassen und Überprüfen von Personen und Objekten,
– das Registrieren von Vorgängen und Akten sowie das Gewährleisten einer einheitlichen Aktenführung,
– das Archivieren von Akten und weiterem ausgewählten Schriftgut,
– die Auskunftserteilung zu Personen und Objekten, und
– das Bereitstellen bzw. Beauskunften archivierter Akten.

Stephan Wolf (Originalbeitrag)

Wie gelangte man in die Akten, und wie verfuhr die Stasi-Bürokratie mit den Daten?

55 *Aktiv erfaßt* wurden Personen,
– mit denen als Inoffizieller Mitarbeiter (IM; „Informelle" Mitarbeiter, von denen besonders Medien und Politiker gern sprechen, gab es im MfS nicht!), als IM-Kandidat oder als Gesellschaftlicher Mitarbeiter Sicherheit (GMS – dessen Loyalität zum Staat war in seinem Umgangskreis bekannt) zusammengearbeitet werden sollte bzw. zusammengearbeitet wurde,

- die in Operativen Vorgängen (OV) oder Untersuchungsvorgängen bearbeitet wurden,
- die unter Operativer Personenkontrolle (OPK) standen.

„Aktive Erfassung" bedeutet, daß aktuell, zur Zeit, diese Person gesichert, aufgeklärt und bearbeitet bzw. mit ihnen zusammengearbeitet wurde. Das schloß ein, daß die erfassende Diensteinheit zugleich die „politisch-operative Verantwortlichkeit" für die erfaßte Person übernahm, d. h. sie allein war zuständig. Wichtig ist, daß es für jede Person zum jeweiligen Zeitpunkt nur eine aktive Erfassung geben durfte. (Ein Untersuchungsvorgang konnte allerdings zusätzlich eingeleitet werden.)

„Passiv erfaßt" waren Personen, zu denen lediglich archiviertes Material in der Abt. II vorhanden war.

Die Erfassungsarten „aktiv" und „passiv" sagen also nichts über die Stellung einer Person zum MfS oder den Inhalt der Akten aus, aktiv erfaßt konnte ein Opfer, passiv erfaßt ein ehemaliger Spion sein. Es wurde lediglich festgehalten, daß sich das MfS mit der Person befaßte oder nur Archivmaterialien vorhanden waren.

Zusätzlich konnten in den Diensteinheiten sog. Handakten über Personen angelegt werden. Für diese bedurfte es keines zentralen Nachweises, sie waren in der Regel von geringerem Umfang und lieferten nur ein grobes Bild, waren aber die erste Grundlage für weitergehende Aktivitäten, sofern noch keine aktive Erfassung vorhanden war.

Hatte eine Diensteinheit an einer Person Interesse, fragte der damit beauftragte operative Mitarbeiter (operative Mitarbeiterinnen gab es fast keine) per Suchauftrag F 10 in der Abt. XII an, ob diese Person bereits erfaßt war. Die Abt. XII prüfte in der F 16 (Personendatei) und gegebenenfalls in der F 22 (Vorgangskartei). Lag zum Angefragten in der F 16 keine Karte ein, kam die Auskunft „nicht erfaßt". Der Mitarbeiter konnte die Person dann für seine Diensteinheit aktiv erfassen lassen oder aber die zuständige Kreisdienststelle, als territorial zuständige Einrichtung, informieren.

Gleichzeitig zur Erfassung der Person, die stets vom Vorgesetzten genehmigt werden mußte, wurde der entsprechende Vorgang in der Abt. XII registriert: Er erhielt eine Registriernummer und einen Decknamen, wurde in ein Registrierbuch für Vorgänge sowie in das Vorgangsheft des operativen Mitarbeiters eingetragen. Die Registriernummer wurde auf der F 16 vermerkt. Der Mitarbeiter erhielt die zum Führen des Vorganges benötigten Hefter und Formulare ausgehändigt.

Lautete die Antwort der Abt. XII jedoch „erfaßt für (Diensteinheit, Mitarbeiter)", informierte die Abt. XII die erfassende Diensteinheit, die sich ihrerseits mit der überprüfenden Diensteinheit in Verbindung zu setzen und mit ihr die weitere Verfahrensweise abhängig von den Gründen des Erfassens und Überprüfens sowie unter Wahren der Konspiration abzustimmen hatte. Die Entscheidung, welche Diensteinheit die weitere Bearbeitung übernahm, oblag letztlich dem Leiter der erfassenden Diensteinheit.

Stephan Wolf (Originalbeitrag)

F 10 – der Suchzettel

56 Auftrag an die Archivabteilung – Abt. XII – nachzuprüfen, ob eine Person bereits vom MfS in den Karteien „erfaßt" war:

Operative Auskunft der Abteilung XII

MfS/Abt. XII
nicht erfaßt

Erfaßt für

1. ....
MfS/BV

....
HA/Abt./KD

....
Archivsignatur   nicht gesperrt

2. ....
MfS/BV

....
HA/Abt./KD

....
Archivsignatur   nicht gesperrt

Rückseite

	Streng geheim
MfS/BV	Datum ....
HA/Abt./KD	
Mitarbeiter	
Verbindungs- aufnahme mit	
Name	Tel.-Nr.

....
Sondervermerke   bestätigt

Suchauftrag

Name	
Geburts- und weitere Namen	
Vorname	
PKZ/ Geburtsdatum	: : : : : : : : : :
Geburtsort	Staats- angeh.

Anschrift
....

Beruf /
Tätigkeit
....
Arbeitsstelle
....
Vermerke zur
Überprüfung
....

Mit Schreibmaschine ausschreiben   ....
10 a   Unterschriftsberechtigter

Vorderseite

Die Karteikarten

57 *Kartei F 16* Personenkarteikarte über jede vom MfS „erfaßte" Person – die Registriernummer stellt die Verknüpfung mit der Kartei F 22 dar.

DE: Diensteinheit
BV: Bezirksverwaltung des MfS

Kartei F 22: Vorgangskartei – auf diesen Karten wurde vermerkt, ob zu einer Person IM-Akten oder OV-Akten angelegt wurden. Die Namen erschienen nur als Decknamen, der Klarname war über die Kartei F 16 mittels der Registriernummer zu erschließen.

Kartei F 77: Die Decknamenkartei – die unter Decknamen geführten IM-Akten und die Opferakten wurden in 2 Karteien nach den Decknamen sortiert.

Was findet sich in den Akten über die MfS-Aktivitäten gegen die „feindlichen Kräfte"?

58 *1. Operative Personenkontrollen (OPK)*
OPK-Akten enthalten neben den Leitungsdokumenten die operativ erarbeiteten Materialien zu den kontrollierten Personen. Ein Übersichtsbogen enthält den Decknamen der OPK, die Personalien der zu kontrollierenden Person(en), die Decknamen der eingesetzten IM sowie in Kurzform die Gründe für das Einleiten und die Zielstellung der OPK. Auch die Gründe für den Abschluß bzw. das Einstellen einer OPK können dem Übersichtsbogen entnommen werden, des weiteren Maßnahmen, die im Ergebnis der OPK eingeleitet wurden bzw. werden sollten. Ausführlich äußert sich dazu ebenfalls der obligatorische Abschlußbericht.

2. Operative Vorgänge (OV)
Für den Beschluß zum Anlegen eines OV mußte ein Eröffnungsbericht vorgelegt werden, der neben der politisch-operativen und strafrechtlichen Einschätzung des Ausgangsmaterials und der Begründung der politisch-operativen und strafrechtlichen Voraussetzung für das Anlegen des OV die zu erreichenden Ziele benannte. Der gleichzeitig vorzulegende Operativplan enthielt die Etappenziele des OV, die operativen Maßnahmen, die einzusetzenden Kräfte und Mittel (IM, Technik). Der formgebundene Beschluß enthielt die Gründe für das Anlegen in verknappter Form. Der Deckname sowie der strafrechtliche Tatbestand wurden darin gesondert ausgewiesen. OV konnten sowohl über zunächst Unbekannte (z. B. anonyme Anrufer) wie über Menschen angelegt werden, die nie das Gebiet der DDR betreten hatten (z. B. westliche Publizisten).

Zwischenzeitlich entstanden Sachstandberichte – häufig von der Untersuchungsabteilung des MfS unterstützt –, die die strafrechtliche Relevanz der bisherigen Bearbeitungsergebnisse einschätzten und weitere Schwerpunkte herausarbeiteten. Auf der Grundlage dieser Sachstandsberichte wurden die Maßnahmepläne konkretisiert und aktualisiert.

Der Abschluß bzw. das Einstellen eines OV erfolgte auf der Grundlage eines detaillierten Abschlußberichts, in der Regel wieder mit der Abt. IX (Untersuchung) abgestimmt, in dem das Material nach politisch-operativen, strafrechtlichen und strafprozessualen Aspekten eingeschätzt wurde. Wenn im OV die Verdachtsgründe eindeutig widerlegt oder die Voraussetzungen für eine Strafverfolgung nicht gegeben waren (weil es politisches Aufsehen erregt hätte oder die Person die DDR nicht besuchte, und das MfS deshalb ihrer nicht habhaft werden konnte), wurde der Vorgang eingestellt – dies war die häufigste Abschlußart. Andere Arten des Abschlusses waren z. B. zersetzende Maßnahmen, Anwerbung oder Überwerbung.

Eine Sonderform des OV war der Zentrale Operative Vorgang (ZOV), der den Gesamtprozeß der komplexen und koordinierten operativen Bearbeitung umfaßte. ZOV gab es bsw. beim Bekämpfen von Schleusungen, bei der Abwehr von Militärspionage, in der Abwehrarbeit auf dem Gebiet der Volkswirtschaft sowie bei der Bearbeitung oppositioneller Kräfte. Für den ZOV existierte eine einheitliche Konzeption, auf deren Grundlage die beteiligten Diensteinheiten eigenverantwortlich einzelne, in enger Wechselbeziehung zueinander stehende Teilvorgänge (TV) bearbeiteten, und zwar unter Leitung der sog. ZOV-führenden Diensteinheit.

3. Untersuchungsvorgänge

Untersuchungsvorgänge (UV) waren die in die Kompetenz des MfS fallenden und von den Untersuchungsabteilungen des MfS, der Linie IX, durchgeführten Ermittlungsverfahren, insbesondere zu Staatsverbrechen, Kriegsverbrechen, Verbrechen gegen die Menschlichkeit und gesellschaftsgefährdende Straftaten der allgemeinen Kriminalität (darunter auch politische Straftaten). Die Führung eines UV richtete sich wie bei Ermittlungsverfahren durch andere staatliche Untersuchungsorgane nach den Bestimmungen der Strafprozeßordnung der DDR. Sie unterlag formal der Aufsicht des Staatsanwaltes.

Ausgangsmaterialien für einen UV konnten Ergebnisse von OPK und OV oder andere Arbeitsergebnisse des MfS sein, aber auch Materialien anderer Sicherheits- und Justizorgane (z. B. von der Zollverwaltung). Beim Verdacht einer Straftat der o. g. Art (dies reichte von der sog. staatsfeindlichen Hetze bis zum terroristischen Anschlag) leitete die Linie IX durch entsprechende Verfügung ein Ermittlungsverfahren ein und informierte den Staatsanwalt. Untersuchungsvorgänge waren wie andere Ermittlungsverfahren binnen drei Monaten abzuschließen und dem Staatsanwalt mit einem Schlußbericht zu übergeben. Er entschied über den weiteren Verfahrensweg, z. B. über das Erheben der Anklage oder das Einstellen des Ermittlungsverfahrens.

UV-Akten enthalten neben staatsanwaltlichen, richterlichen und rechtsanwaltlichen Dokumenten die gesamten Ermittlungsergebnisse der MfS-Untersuchungsabteilung, insbesondere die strafrechtliche Einschätzung des Materials, die Untersuchungsplanung, Protokolle der Beschuldigtenvernehmungen sowie die Ergebnisse anderer Ermittlungshandlungen, Dokumente über politisch-operative Absprachen, Maßnahmen und Überprüfungen, ferner den Abschlußbericht der Abt. IX und die Anklageschrift, sofern es zur Anklageerhebung kam.

Stephan Wolf (Originalbeitrag)

Was steht in einer IM-Akte?

59 IM-Akten bestehen in der Regel aus zwei Teilen, der Personalakte (Teil I) und der Arbeitsakte (Teil II). Dazu konnte noch ein Teil III kommen, der über die finanziellen Zuwendungen an den IM Auskunft gibt. Oft sind die Finanzbelege aber auch im Teil I enthalten. Allein daran wird deutlich, daß nur sehr wenige IM regelmäßige Zuwendungen vom MfS bekamen. Äußerst selten wurde ein Teil IV angelegt. Er enthält Unterlagen über Auszeichnungen (meist sind auch diese im Teil I enthalten) sowie bestimmte seltene Dokumente.

Der Teil I dokumentiert zunächst den Prozeß des Aufklärens und Gewinnens des jeweiligen IM-Kandidaten, den sog. IM-Vorlauf. Vom Zeitpunkt der Werbung an wurde der Teil I als Personalakte geführt. In der Regel suchte sich der IM nach der Werbung einen Decknamen, mit dem er sich bei der Verbindungsaufnahme vorstellte und seine Berichte unterzeichnete.

Der Teil II enthält die Arbeitsergebnisse, und zwar sowohl die vom Führungsoffizier angefertigten formgebundenen Berichte über die Treffs als auch Berichte des IM, die von ihm selbst schriftlich verfaßt und mit seinem Decknamen unterzeichnet sein können, oft aber auch in Form von Tonbandmitschriften vorliegen, dann maschineschriftlich und unterzeichnet mit „gez. (Decknamen)". Ferner kann darin anderes Material enthalten sein, das der IM zu den Treffs übergeben hatte, z. B. illegale Zeitungen und Fotos. Teilweise schrieb der Führungsoffizier selbst zusammenfassende Berichte über den jeweiligen Treff.

Stellte sich während der Vorlaufphase heraus, daß der Kandidat als IM ungeeignet war (etwa, weil er kontaktarm war) oder die Zusammenarbeit ablehnte, oder kam die Werbung aus anderen Gründen nicht zustande, wurde der IM-Vorlauf eingestellt und archiviert. Teil II wurde dann nicht angelegt. Fiel der IM-Kandidat nicht durch andere – z. B. staatsfeindliche – Aktivitäten auf, schenkte das MfS dem Abgelehnten keine weitere Aufmerksamkeit, sondern suchte nach einem anderen, der im vorgesehenen Bereich tätig werden konnte.

Stephan Wolf (Originalbeitrag)

Auszüge aus einer IM-Akte: Der IMB „Wilhelm"

60 *A-6/183*
BV Leipzig, Abteilung XX (Diensteinheit); *06. 08. 84* (Datum des Ausfüllens)
Auskunftsbericht: Streng geheim!
(In Blockschrift oder mit Schreibmaschine ausfüllen – keine Abkürzungen verwenden)
A07731; Aufnahmejahr *1972* [Abbildung eines Paßfotos]; Reg.-Nr.: *XIII 227 / 68*
IM-Art: *IMB*
– Deckname: *„Wilhelm"*
– Datum der Werbung: *30. 09. 68*
– Pseudopersonalien (auch ehemalige): [kein Eintrag]
– Geworben durch DE / Mitarbeiter: *KD Leipzig-Land / Gerhardt*
Personalien:
– Name: *Petersohn;* Vornamen (Rufname unterstreichen): *Thomas*
– Geburtsname: [kein Eintrag]; weitere Namen: [kein Eintrag]
– Geburtsdatum: *23. 02. 50;* Geburtsort / Kreis / Staat: *Taucha, Krs. Leipzig*
– Künstlernamen, Spitznamen usw.: [kein Eintrag]
– Geschlecht: *männlich*
– Religiöse Bindung: *keine*
– Personenkennzahl: *230250425034;* Nr. des PA: *XIII 1482466*
Weitere Angaben zur Person lt. Personalausweis:
– Größe: *mittelgroß;* Augenfarbe: *blaugrau;* besondere Kennzeichen: *keine*

- Staatsangehörigkeit: *DDR;* Nationalität: *deutsch*
- Familienstand: *ledig*
- Soziale Herkunft / jetzige soziale Stellung: *Arbeiter / Arbeiter*
- Wohnanschriften (Ort, Straße, Haus-Nr., Zeitraum, auch bei Nebenwohnung: [...]
- Erlernte Berufe: *ohne*
- Berufliche Tätigkeit, auch nebenberufliche Tätigkeit (chronologisch):

Art der Tätigkeit	Arbeitsstelle	von / bis
Hilfsarbeiter	*Milchhof Leipzig*	*1965 1966*
Bahnunterhaltungsmeisterei	*DR, Bahnmeisterei Connewitz*	*1968 1971*
Zugfertigsteller	*DR, Bf. Dresdner Bf.*	*1972[...]*
Kraftfahrer	*Karl-Marx-Universität Fahrbereitschaft*	*1976 1984*
Angestellter	*Ev.-luth. Landeskirche Sa.*	*1984*

[großes Paßfoto]
- *Schulbildung: Grundschule;* Abschluß: *8. Klasse;* Abschlußjahr: *1965;* [...]

Mitgliedschaft:
- Mitglied von Parteien, Organisationen und Verbänden vor und nach 1945:

Bezeichnung	Land	von / bis	Grund für Austritt / Ausschl.
FDJ	*DDR*	*1965 1972*	*(Altersgründe)*
FDGB	*DDR*	*1965 1984*	*(Aufnahme kirchl. Tätigkeit)*
CDU	*DDR*	*1975*	

Besuch von Schulen der Parteien und Massenorg. (Bezeichnung der Schule, wann, Dauer): *keine*
Politisch verfolgt (wann, wo, warum): *nein*
Wahlfunktionen (welche Funktionen, von / bis): *keine*
Vorstrafen: *ja*
[...]
Wehrdienst:
- Militärisches Organ (Staat, Waffengattung, Einheit, wo eingesetzt, Dienstzeit, höchster Dienstgr.): *keines*
- Gefangenschaft (welche, wo, von / bis): *nein*

- Reservist (Waffengattung, wo erfaßt, letzter Lehrgang (Jahr), Dienstgr.): *nein; IM ist ausgemustert, steht im Verteidigungsfall zur Verfügung*
- Militärische Spezialausbildung; spezifische militärische Kenntnisse und Fertigkeiten u. ä.: *keine*
- Gesundheitszustand (Gesamtzustand): *befriedigend*
- Wehrtauglichkeit (Stufe): *wehruntauglich*

Spezialkenntnisse:
- Sprachkenntnisse (welche Sprache, Grad der Beherrschung): *keine*
- Erlaubnis zum Führen von Fahrzeugen / Kl.: *IV; Flugerlaubnis / Kl.: [kein Eintrag]; Seefahrtspatente: [kein Eintrag]*
- Sonstige Erlaubnisse / Genehmigungen: *keine*
- Weitere Kenntnisse, Fähigkeiten und Qualifikationen: *keine*

Reg.-Nr. XIII 227 / 68; A-6 / 183; AQ 7731

Beurteilung über IM-Art: *IMV* [IM mit Beziehungen zu „Feinden", nach 1979: IMB]; Deckname: *„Wilhelm"*

Der IM wurde am 30. 9. 68 auf der Basis der Überzeugung zur inoffiziellen Zusammenarbeit mit dem MfS durch die KD Leipzig-Land verpflichtet. Die Perspektive seiner Zusammenarbeit mit dem MfS bestand in der Aufklärung und inoffiziellen Absicherung negativer und gefährdeter Jugendlicher im Stadt- und Landkreis Leipzig. Der IM wurde im Mai 1973 an die Abteilung XIX zur weiteren Zusammenarbeit übergeben.

Während seiner Tätigkeit für die KD Leipzig-Stadt erarbeitete der IM zahlreiche operativ auswertbare Informationen, die zum Teil als Grundlage für Inhaftierungen negativer Jugendlicher durch die VP [Volkspolizei] dienten. Durch die Berichte des IM konnten mehrere geplante Grenzdurchbrüche bereits im Stadtgebiet von Leipzig verhindert werden. Des weiteren wurde der IM eingesetzt, um den Jugendklub Miltitz sowie Kirchenveranstaltungen in Borsdorf unter Kontrolle zu halten.

Der IM zeigte bisher bei der Realisierung seiner Aufträge eine hohe Einsatzbereitschaft. Er führt seine Aufträge zum größten Teil in seiner Freizeit durch. Bei der Erfüllung eines Auftrages für unsere DE stellte der IM 3 Tage seines Urlaubes zur Verfügung. Der IM ist in der Lage, mit Legenden zu arbeiten. Er besitzt eine sehr gute Auffassungsgabe und ist in der Lage, schnell Kontakte zu uns interessierenden Personen herzustellen.

Zur Herbstmesse 1969 gab der IM dem MfS eine Falschmeldung. In der dazu geführten Auseinandersetzung gab der IM an, daß er unser Organ unbedingt unterstützen will und deshalb eine Information aufgebauscht hat. Der IM zeigte in der Vergangenheit mehrmals Tendenzen zu einem bestimmten übersteigerten Geltungsbedürfnis. Es kann jedoch eingeschätzt werden, daß der IM in der letzten Zeit reifer geworden ist. [...]

Außer der einmaligen Falschinformation des MfS berichtete der IM ehrlich, was durch mehrere Überprüfungen bestätigt wurde. Auf Grund seiner umfangreichen Verbindungen zu negativen Personenkreisen und den zahlreich erarbeiteten operativ auswertbaren Informationen wurde der IM am 11. 2. 71 zum IMV umregistriert. Während seiner Haftzeit (10 Monate, StVA Leipzig) arbeitete der IM weiter inoffiziell mit dem MfS zusammen. Dabei erfüllte er die ihm übertragenen Aufträge gewissenhaft und trug durch sein gesamtes Verhalten zur Umerziehung der Strafgefangenen bei.

Die Konspiration wurde bisher vom IM eingehalten. Es gibt keinerlei Hinweise auf eine Verletzung der Konspiration, auch in der Haft nicht. Der IM ist jederzeit einsatzbereit und übernimmt auch kurzfristig Aufträge, wenn es seine Arbeitszeit gestattet. Er kann bei Notwendigkeit überörtlich eingesetzt werden.

Gegenwärtig wohnt der IM mit seiner Mutter und seiner Schwester zusammen. Er beabsichtigt, in Zukunft ein eigenes Zimmer zu nehmen. Der IM wird zur Zeit in der VAO [Vorlaufakte für geplanten OV] *„Seminar" unserer DE eingesetzt. Es ist geplant, daß der IMV in der Perspektive in negativen kirchlichen Kreisen eingesetzt wird bzw. seine bereits bestehenden Kontakte in dieser Richtung weiter ausbaut.*

Über Spezialkenntnisse verfügt der IM nicht. Es bestehen keine Verbindungen nach WD / WB.

Für seine gute Auftragserfüllung wurde der IM schon mehrfach prämiert. Seit Übernahme von der Abteilung XIX entwickelte der IM eine hohe Einsatzbereitschaft, er konnte wertvolle Informationen im Verantwortungsbereich und im überbezirklichen Einsatz erteilen. Durchgeführte Überprüfungen zeigten, daß der IM nach wie vor ehrlich und zuverlässig mit dem MfS zusammenarbeitet. [...]
23. 08. 78

Politische Einstellung:
Der IM besitzt eine positive Einstellung zur Politik unserer Partei- und

Staatsführung. Ihm fehlen jedoch theoretische Kenntnisse des Marxismus-Leninismus.

Operativ interessante Merkmale des IM:
Vorbestraft; Verbindung zu negativen Gruppierungen, Personen; Verbindungen zu kirchlichen Kreisen und Einzelpersonen.
Operativ nutzbare Verbindungen des IM:
- Zu operativ interessanten Personen (Name, Vorname, wohnhaft, op. Merkmal, Art der Verbindung): [durchgestrichene, nicht zu entziffernde Eintragungen]
- Zu operativ interessanten Objekten:

Bezeichnung des Objektes	Ort / Kreis	Art der Verbindung
Nikolaikirche	*7010 Leipzig*	*Arbeitsstelle*
Ev.-luth. Akademie	*8250 Meißen*	*Besuch von Tagungen*

Möglichkeiten des Einsatzes des IM:
- Territorial – DDR: [...] *überbezirklich*
- Territorial – Operationsgebiet (Westdeutschland, Westberlin, kap. Ausland, Nationalstaaten): [kein Eintrag]
- Zeitliche Einsatzmöglichkeiten: [...] *während d. Arbeitszeit; während d. Freizeit; bei Tag; bei Nacht*
- Mögliche Einsatzrichtungen des IM: *Bearbeitung kirchlicher Gruppierungen / Personen*
- Einsatzmöglichkeiten bei besonderen Situationen: [kein Eintrag]
- Fähigkeiten in der operativen Arbeit (welche): *gute Anpassungsfähigkeit / Kontaktfreudigkeit*
- Welche Familienangehörige haben von der inoffiziellen Tätigkeit Kenntnis: *keine*
- Sind Familienangehörige für inoffizielle Tätigkeit nutzbar (wer, in welcher Richtung): *nein*
- Wesentliche Umstände, die die Einsatzmöglichkeiten des IM beeinflussen (welche): *nein*
- In Fahndung des Gegners erfaßt: *unbekannt*

Verhältnis MfS – IM:
- Gründe des IM für Zusammenarbeit mit dem MfS: *Überzeugung*
- Zuverlässigkeit / Ehrlichkeit: *überprüft*
- Verletzung der Konspiration (wann, wo, wie): *keine*

Zutreffendes unterstreichen
Aufrechterhaltung der Verbindung:
- Verbindung wird gewährleistet durch: *ständige Treffvereinbarungen*
- Möglichkeiten der außerplanmäßigen Verbindungsaufnahme zum IM (wo, wie): *Wohnung des IMB (Nachricht im Briefkasten)*
- Losung / Erkennungszeichen: *"Gruß von Ossi"*

Aus der umfangreichen Dokumentation, die Gerhard Besier und Stephan Wolf über die Aktivitäten des MfS gegenüber den Kirchen herausgegeben haben: "Pfarrer, Christen und Katholiken" – Das MfS der ehemaligen DDR und die Kirchen, 2. Aufl., Neukirchen 1992, S. 705 ff.

Wie die Spitzel berichteten

61 Die Berichte konnten auf unterschiedliche Weise abgegeben werden. Das entschieden Persönlichkeitsstruktur und Situation. Handschriftliche Berichte wurden mit dem Decknamen unterschrieben und in der IM-Akte abgeheftet, Abschriften gingen an verschiedene Stellen, je nach Bedarf. Der „Verteiler" am Ende eines solchen Berichtes weist dies aus. Der IM konnte aber auch auf ein Tonband sprechen, welches der Führungsoffizier dann für die Abschrift oder einen zusammenfassenden Bericht nutzte. Über solchen Berichten steht der Vermerk „Tonbandabschrift" und die *Quelle* wird mit dem Decknamen genannt. Wenn der IM über Telefon Informationen geliefert hatte, wurde auch das als „telefonische Mitschrift" festgehalten. Berichte, die über abgehörte Telefone und Wohnungen zustande kamen, sind erkennbar an den Vermerken. [...] Solche Berichte sind also von Spitzelberichten unterscheidbar.

Wenn der Offizier Informationen für seine Vorgesetzten oder für andere Diensteinheiten aus mehreren Berichten zusammenstellte, dann sind in der Regel alle beteiligten Spitzel mit ihrem Decknamen angegeben. Oder es wurde mit Sätzen wie: „Inoffiziell wurde bekannt", auf die Art der Informationsgewinnung hingewiesen. Oft (bei Informationen an Staat und Partei generell) war auch dies nicht der Fall. Solche „Informationen" hat nie der Spitzel geschrieben, sie wurden immer von Hauptamtlichen zusammengestellt.

Tina Krone / Irena Kukutz / Henry Leide (Hg.): Wenn wir unsere Akten lesen. Handbuch zum Umgang mit den Stasi-Akten, 1. Aufl., Berlin 1992, S. 20

62 Treff-Bericht: Major Hoffmann notiert die Aussagen des IMS „Helmut"

KD Altenburg Altenburg, den 17.9.82

IM-Vorgang „Helmut"

Beim Treff am 8.9. sprach Unterz. den IM an, ob er bereit wäre, auch mit einer HA aus Gera inoffiziell zusammen zu arbeiten. Unterz. sprach dabei von der territorial besseren Einschätzungsmöglichkeit, dem geringeren Kräfteaufwand und der schnelleren Möglichkeit auf bestimmte Probleme sachkundig zu reagieren.

Dieses Anliegen machte den IM sehr nachdenklich. Er sprach offen an, daß er das jahrelange Verhältnis zu Unterz. nicht mehr missen möchte, weil es auf einer Vertrauensbasis gereift ist und er Unterz. öfter in der Anfangsphase des Kontaktes getestet hätte. Dabei kam er zu der Überzeugung der Tragfähigkeit der Verbindung zum MfS in der Person von Unterz., weil es im Endergebnis beiden Seiten diene. Dabei wäre sich der IM seiner Verantwortung als Pfr. der Ev. Kirche bewußt und habe sich damals dem OKR ▓▓▓ anvertraut. Ein Wechsel des HA des MfS stelle ihn erneut vor die Frage, seinem OKR davon in Kenntnis zu setzen, weil damit eine neue Lage eingetreten wäre. In der jetzigen ZA hatte er keine Veranlassung dazu, da er sein Gewissen mit damaliger Aussprache mit OKR ▮▮▮▮ entlastet hatte.

Der IM sprach auch offen an, daß ihm das Vertrauensverhältnis zu Unterz. selbst sehr viel gegeben hat und noch gibt, bestimmte Probleme leichter zu erkennen. Da ist aber nur möglich, weil der jahrelange Kontakt zu diesem Verhältnis beigetragen hat.

In dieser Phase des Gespräches blockte Unterz. weitere Gedanken ab und verwies nur auf bestimmte erschwerte Umstände durch die Entfernung Altenburg-Gera.

(...)

Ohne weiter auf dieses Problem einzugehen, wurde für den 30.9. bzw. 7.10. der nächste Treff vereinbart.

Quelle übermittelt von Stephan Wolf

6 Akteneinsicht

Neue Nahrung erhielt die Stasi-Debatte durch die seit Januar 1992 mögliche Akteneinsicht durch die Betroffenen. Eine regelrechte Antragflut überschwemmt seitdem die Gauck-Behörde (63). In den ersten Reportagen über die Aktenfunde, die die Bespitzelten und „Zersetzten" der DDR-Opposition machten, wird die persönliche Erschütterung durch die Dokumente des Verrats spürbar (64). Für die Mitarbeiter der Gauck-Behörde ist die Vorbereitung und Betreuung der Akteneinsicht zu einer ihrer Alltagsaufgaben geworden (65 und 66), wobei von Routine kaum die Rede sein kann. Welche Gedanken und Empfindungen die Akten-Lektüre auslösen kann, hat *Wolf Biermann* nach seiner Akteneinsicht eindrucksvoll geschildert (67).

Die Öffnung der Akten für die Betroffenen

63 Das am vergangenen 2. Januar in Kraft getretene Stasi-Unterlagen-Gesetz (StUG) gibt den Blick frei auf ein erschütterndes Kapitel DDR-Vergangenheit: Die Stasi-Krake beschnüffelte die Ostdeutschen bis in die intimsten Lebensbereiche: Werktätige bespitzelten ihre Kollegen, Bekannte und Nachbarn horchten ihre Freunde aus; selbst innerhalb einer Familie waren Kinder auf die eigenen Eltern, Ehemänner auf die eigene Ehefrau angesetzt.

Wer in der früheren DDR von der Staatssicherheit observiert und zum „Objekt eines Vorganges" gemacht wurde, kann seit Jahresbeginn Einblick in die Akten beantragen. [...] Die ersten Stasi-Opfer, die in den vergangenen zwei Wochen von ihrem Einsichtsrecht Gebrauch machen konnten, sind ausnahmslos schockiert über die Perfidie und Raffinesse, mit der sie während Jahren ausspioniert und bekämpft worden waren. [...]

Die Bundestagsabgeordnete vom Bündnis 90 / Die Grünen, Vera Wollenberger, erfuhr kurz vor Weihnachten, daß ihr eigener Mann Knud als Stasi-Spitzel auf sie angesetzt war. In den Akten fand die Umweltschützerin die Beweise dafür. Die Mitbegründerin des Neuen

Forum, Bärbel Bohley, weiß aufgrund der Akten, daß die Stasi versucht hat, ihren Sohn gegen sie einzusetzen. Frau Bohley wurde rund um die Uhr von insgesamt fünfzig Stasi-Agenten observiert, die sie selbst beim Gang zur Mülltonne fotografierten. [...]

Freundschaften gehen kaputt, Familienbande werden zerrissen. Der Bundesbeauftragte des Stasi-Aktenarchivs, Joachim Gauck, hat die Deutschen dazu aufgerufen, sich reiflich zu überlegen, ob und wann sie Einblick in ihre Akte nehmen wollen. Es werde zu menschlichen Katastrophen führen, wenn bekannt werde, daß Angehörige ihre Familien ausspähten, warnte Gauck. Der Grad der Betroffenheit könne so große seelische Wunden aufreißen, daß man das Gesuch um Einsicht nicht stellen sollte, ohne sich selbst vorher genaustens geprüft zu haben. Rainer Eppelmann, langjähriges Objekt der Stasi und heute CDU-Bundestagsabgeordneter, hat in den Akten insgesamt zwanzig Bekannte gefunden, die Berichte über ihn ablieferten. Kein einziger von ihnen hat sich von sich aus beim Bürgerrechtler gemeldet. Die meisten hoffen, ihre Handlangerdienste würden nie entdeckt. Eppelmann ist zutiefst enttäuscht über diese Unaufrichtigkeit, über die mangelnde Bereitschaft, sich dem Opfer im Gespräch zu stellen. Das Inkrafttreten des StUG hat zu einem riesigen Ansturm auf das Stasi-Aktenarchiv geführt. [...] Gauck erwartet pro Monat zwischen 30 000 und 70 000 Gesuche. Aufgrund der personellen Unterbesetzung seiner Behörde müsse mit langen Wartefristen gerechnet werden, befürchtet der Bundesbeauftragte. Vorrang bei der Akteneinsicht haben Alte, Gebrechliche sowie Bürgerinnen und Bürger, die in der DDR im Gefängnis saßen.

Peter Schibli, Korrespondent der „Basler Zeitung", berichtet über die „schmerzvolle Spurensuche im Stasi-Akten-Archiv" (11. 1. 1992)

Betroffenheit über den Verrat

64 Am dritten Tag in der Gauck-Behörde wurde für Ulrike Poppe das wahr, wovor sie sich vor ihrer Akteneinsicht besonders gefürchtet hatte: Unter den Tausenden von Schriftstücken, welche die Stasi über sie und ihren Ehemann gesammelt hatte, fand sie die Spitzelberichte eines Freundes. [...]

Dieser Freund war bis zuletzt ein Vertrauter der Familie geblieben, in der er ein inniges Verhältnis zu den Kindern gefunden hatte [...].

An jenem Freitag also rief Frau Poppe, noch unter dem Schock ihres Fundes stehend, den vermeintlichen Freund unter seiner Privatnummer an. Vorwürfe machte sie ihm nicht. Sie fragte nur, warum er ihr um Gottes Willen nichts von seiner eigenen Verstrickung erzählt habe. Der Mann war so durcheinander, daß er zu keiner Antwort mehr fähig schien. Vier Tage nach der Enttarnung fand man ihn in der unbeheizten Wohnung. Er hatte 100 Tabletten eines Schlafmittels geschluckt. Wie durch ein Wunder überlebte er den Selbstmordversuch.

[...] Ulrike Poppe sagt, als sie die Nachricht über jene Verzweiflungstat erreichte, habe sie ein bohrender Zweifel überkommen: „Lohnt das? Ist der Preis nicht zu hoch für diese Wahrheit?"

Um so dringender habe sie sich dann bemüht, hinter die Motive dieses Verrats zu kommen, und jenem Mann wie auch anderen Spitzeln in ihrem Freundes- und Bekanntenkreis eine Aussprache angeboten. Für sie geht es um eine Frage, die glaubwürdig wohl nur von den ehemals Verfolgten selbst zu beantworten ist: Wird es eines Tages möglich sein, die Täter wenn nicht gerade zu entschuldigen, so doch wenigstens zu verstehen?

Aus den Akten geht hervor, daß die Poppes in den Berichten von sage und schreibe 80 Spitzeln erwähnt werden – auch dies kann Gerd Poppe noch mit etwas Sarkasmus herunterspielen: Er habe geglaubt, in seiner „Initiative Frieden und Menschenrechte" (IFM) hätten sich zwei, vielleicht drei Spitzel aufgehalten; nun weiß er, es waren dreimal so viele – bei einem Kern von nur 20 Anhängern.

Wehgetan, sagt Gerd Poppe, hat etwas anderes: Auch er habe nur allzu gerne glauben wollen, die Informellen [hier fälschlich für: Inoffizielle] Mitarbeiter der Stasi hätten ihren Dienst nur unter Druck ausgeführt, widerwillig und deshalb niemandem bewußt geschadet. „Das Gegenteil", hat er inzwischen erfahren, „war der Fall. Fast alle Spitzelberichte waren denunziatorisch und böse. 90 Prozent sind so abgefaßt worden, daß sie schaden."

Der Journalist Giovanni di Lorenzo in seiner Reportage über „Die quälende Suche nach den Motiven des Verrats", in: Süddeutsche Zeitung vom 10. 2. 1992

Aufgaben und Alltag der Gauck-Behörde: Die Akteneinsicht

65 Ein großer Komplex der Arbeit in der Gauck-Behörde ist das Durchführen der Akteneinsicht. Viele Menschen der DDR täuschen sich freilich über das Ausmaß der Spitzeleien, die sie über sich durchgeführt wähnen. Kaum die Hälfte der Antragsteller ist im MfS-Archiv erfaßt und auch von denen hat wiederum nur ein geringer Teil einen eigenen Vorgang.

Wenn dies aber zutrifft, kann es sein, daß dieser 100 Bände (jeder Band hat ca. 300 Seiten) umfaßt. Diese Bände werden von den Mitarbeitern durchgesehen, um die Rechte anderer (sog. Dritter) zu bewahren, d. h. Berichte aus dem Intimleben, über Krankheiten, Erbschaften, Vorstrafen usw. abzudecken. Denn nicht selten werden auch Freunde, Ehepartner und Kollegen genau eingeschätzt oder der Vorgang ist von vornherein über mehrere angelegt. Bei dieser Durchsicht werden darüber hinaus konfiszierte Briefe erfaßt, die der Einsichtnehmende auf Wunsch ausgehändigt bekommt.

Wenn der Einsichtnehmende dann in der Gauck-Behörde seine Akte sieht, kann der Mitarbeiter in einem einführenden Gespräch auf mögliche Überraschungen vorbereiten (wenn z. B. der Ehepartner IM war) oder besondere Praktiken des MfS (z. B. Anbahnen eines Ehebruchs) hinweisen.

Nach Abschluß der Akteneinsicht bekommt der Besucher die von ihm gewünschten Kopien aus seinen Akten, in denen die Namen Dritter geschwärzt wurden, und – sofern der Besucher dies beantragt und falls dies möglich ist – werden die Decknamen der in den Akten enthaltenen IM entschlüsselt.

Stephan Wolf (Originalbeitrag)

66 Antragsformular zur Akteneinsicht bei der Gauck-Behörde

| 1.1 Name und Vorname des Antragstellers | 1.2 Geburtsdatum oder PKZ |
|---|---|//
| Ggf. auch Geburts- und sonstige Namen sowie alle Vornamen (Rufname unterstreichen) | |
| 1.3 Postleitzahl, Wohnort, Straße und Hausnummer | Reg.-Nr. |

Antrag

☐ 2.1 eines Betroffenen ☐ 2.2 eines nahen Angehörigen Vermißter oder Verstorbener ☐ 2.3 eines Dritten

☐ 2.4 eines Begünstigten ☐ 2.5 eines Mitarbeiters des ehemaligen MfS/AfNS

☐ auf Einsichtnahme ☐ auf Auskunft ☐ 2.6 auf Herausgabe von Kopien

2.7 Wurde bereits ein Antrag gestellt?   ☐ Ja   Falls bekannt: Tgb.-/Reg.-Nr.
☐ Nein

3 Nur von Betroffenen oder Mitarbeitern des ehemaligen MfS/AfNS auszufüllen:
Wohnanschrift(en) seit dem 18. Lebensjahr (Postleitzahl, Wohnort, Straße und Hausnummer)

4 Nur von nahen Angehörigen Vermißter oder Verstorbener auszufüllen:
Verwandtschaftsverhältnis des Antragstellers zum Vermißten oder Verstorbenen

| Ehegatte | Sohn/Tochter | Sonstiges Verwandtschaftsverhältnis |

| Name und Vorname des Vermißten/Verstorbenen | Geburtsdatum oder PKZ |

Letzte Wohnanschrift (Postleitzahl, Wohnort, Straße und Hausnummer)

Zweck der Auskunft

| Zur Rehabilitierung Vermißter/Verstorbener | Zum Schutze des Persönlichkeitsrechtes Vermißter/Verstorbener | Zur Aufklärung des Schicksals Vermißter/Verstorbener |

5.1 Ergänzende Hinweise zum Antrag und zum Auffinden der Unterlagen

5.2 Akteneinsicht wird gewünscht
☐ in Berlin ☐ in der Außenstelle

5.3 Gründe für besondere Eilbedürftigkeit der Bearbeitung

☐ Alter des Antragstellers ☐ Politische Verurteilung des Antragstellers

☐ Rehabilitierung/Wiedergutmachung ☐ Abwehr einer Gefährdung des Persönlichkeitsrechts

☐ Entlastung vom Vorwurf einer Zusammenarbeit mit dem Staatssicherheitsdienst

Ort, Datum

☐ Sonstige Gründe (Erläuterung auf gesondertem Blatt)

(Unterschrift des Antragstellers)

○ Bundesdruckerei 2, 92

„Die Stasi ist mein Eckermann"

67 Vier Tage lang saß ich im ersten Stock der Gauck-Behörde im tristen Ost-Berlin, nur ein paar Schritte neben der verödeten sowjetischen Botschaft.

Was für ein Wiedersehn! Unter den Aktendeckeln fanden sich alle, alle wieder: die halben Helden und die ganzen Schweinehunde, die fast Guten, die fast Schlechten, die stillstarken Charaktere und die großmäuligen Schwächlinge, kleine Zuträger und Großkopferte aus dem Politbüro der SED. Es wimmelte von Freunden und Feinden, Tätern und Opfern. Alte Lieben, verblaßte Kumpel. Grüß Euch, Genossen: Alle meine 70 leibeigenen Spitzel. [...]

Im ersten Stock der Gauck-Behörde wurden für uns zwei kahle Leseräume eingerichtet. Abgestaubte Stasi-Tischchen und Bürostühle und ein Kleiderständer. Auf dem Boden türmen sich meine Akten. Vieles ist vernichtet, aber über 100 Ordner haben sich noch angefunden. Das macht bei 300 bis 350 Seiten pro Akte ungefähr 40 000 Blatt.

So saßen wir dort: Am Nebentisch schaufelt Jürgen Fuchs seelenruhig in seinem Aktenberg, er hat schon mehr Übung als wir. Nebenan Katja Havemann mit spitzen Fingern. Eva-Maria Hagen irrt durch ihr früheres Leben. Roland Jahn stochert in seiner Vergangenheit. Ab und zu ein kleiner Wutausbruch, ab und zu ein Gelächter, das so übertrieben klingt, weil der Schrecken immer mitlacht. Namen werden gerufen: Kennste den noch? [...]

Soviel Papier. Ich fand parallele Aufzeichnungen über ein und denselben Abend bei mir zu Hause in der Chausseestraße 131. Drei „Quellen": Spitzel 1, Spitzel 2 und außerdem noch das Protokoll von der Abhörwanze. Da IM 1 nicht weiß, daß IM 2 auch zur Firma gehört, kriegt der Führungsoffizier aufschlußreiches Material: Er bespitzelt nebenbei immer auch seine Spitzel. Anhand des Wanzenprotokolls kann er seine beiden Zuträger auf Glaubwürdigkeit und Genauigkeit überprüfen. Wir lebten alle wie Ratten in wechselnden Versuchsanordnungen.

Die Betreuung durch Mielkes Dienstleistungskonzern war umfassender, als wir wußten. Sie ging noch tiefer ins Intime und zugleich breiter ins allgemeine Menschenleben, als wir damals wahrhaben wollten. Wir schützten uns in dieser bleiernen Zeit vor übertriebenen Ängsten durch eine chronische Untertreibung aller Gefahren. Jetzt sehe ich, wir haben unsere Todfeinde unterschätzt, aber auch manchmal überschätzt. Sie waren dümmer und klüger, sie wußten mehr und viel weniger, als man so dachte. [...]

Verblüffend und manchmal niederschmetternd ist der freiwillige Übereifer, mit dem fast alle IMs berichteten. [...]

Schillernd exotisch und schrecklich amüsant war für mich die unfreiwillige Umdichterei. Ich fand meine poetischen Machwerke im Aktenberg in gelegentlich komischen Variationen. Da sie immer auf dem neuesten Stand sein wollten, schrieben meine Fans in der Normannenstraße die neuesten Lieder und Gedichte vom Tonband ab, sobald die installierten Abhör-Wanzen frische Ware lieferten. So fand ich ausgerechnet meine Stasi-Ballade aus den sechziger Jahren in der Stasi-Akte:

„Menschlich fühl ich mich verbunden
Mit den armen Stasi-Hunden
Die bei Schnee und Regengüssen
Mühsam auf mich achten müssen
Die ein Mikrophon einbauten
Um zu hören all die lauten
Lieder, Witze, leisen Flüche
Auf dem Klo und in der Küche
Brüder von der Sicherheit
Ihr allein kennt all mein Leid
Ihr allein könnt Zeugnis geben
Wie mein ganzes Menschenstreben
Leidenschaftlich, zart und wild
unsrer großen Sache gilt
Worte, die sonst wärn verscholln
Bannt ihr fest auf Tonbandrolln
Und ich weiß ja: Hin und wieder
Singt im Bett ihr meine Lieder
Dankbar rechne ich euchs an:
Die Stasi ist mein Ecker-
Die Stasi ist mein Ecker-
Die Stasi ist mein Eckermann ..."

[...] Die Akten liefern bittere Enttäuschungen, gewiß, aber auch hinreißende Ent-Täuschungen. Ich traf beim Lesen auf Leute, die sich in aller Stille viel mutiger verhielten, als es uns vorkam. Ich entdeckte tapfere Menschen, die jahrelang widerstanden, obwohl sie nicht geschützt waren durch eine aufmerksame Weltöffentlichkeit wie Robert Havemann und ich.

Ich fand sogar zwei Freunde, die ursprünglich als Spitzel auf unseren Kreis angesetzt worden waren und durch den dienstlichen Kontakt mit uns dienstuntauglich wurden. Sie desertierten in diesem stillen Krieg auf unsere Seite. Sie hatten nicht den kleinen Mut, uns dann die Wahrheit über ihren Sinneswandel zu sagen, aber sie hatten den unglaublichen Mut, sich aus den Fangarmen der Stasi-Krake zu befreien. Aktennotiz des Führungsoffiziers: „F. war IM der HVA. Nach Rücksprache mit der HVA wurde bekannt, daß F. im Ergebnis der feindlichen Beeinflussung durch Biermann die weitere Zusammenarbeit mit dem MfS ablehnte." [...]

Es war also sehr wohl möglich, sich zu verweigern. Dies ins Stammbuch all der Jammerlappen, die so tun, als habe das Kaninchen vor der Schlange nicht davonhoppeln können. Und da ich diesen F. kenne, kann ich sogar sagen: Seine Aufrichtigkeit hat ihn nicht einmal beruflich ruiniert. [...]

Ich muß gestehn, daß das Lesen in diesen Akten in mir auch bedenkliche Allmachtsgefühle provoziert hat. Plötzlich steigt einem wie Schamröte das Blut ins Gesicht, denn man sitzt ja wie ein geheimer Führungsoffizier über dem Material und spielt ein bißchen Jüngstes Gericht. Man kann nun selbstherrlich entscheiden, ob man irgendeinen Spitzel hochgehn läßt. Ich denke, es gibt da eine brauchbare Faustregel, eine nach menschlichem Maß: Öffentlich bloßstellen dürfen wir nur solche Täter, die selbst das Licht der Öffentlichkeit suchen und dabei lächelnd weiterlügen. Sie spreizen sich in der Regel als Opfer und verkappte Widerstandskämpfer. Ich denke an Spitzel, die nach öffentlichen Ämtern jagen und sich schamlos nach vorn an die Rampe der jungen Demokratie drängen. Keine Namen. [...]

Nach diesen lehrreichen Tagen in der Gauck-Behörde klemmte ich mir meine Mappe mit den kopierten Dokumenten untern Arm. Alle Namen beteiligter Dritter werden von den Mitarbeitern des zweckentfremdeten Seelenhirten aus christlicher Nächstenliebe vorsorglich geschwärzt. Aber das ist Augenauswischerei, denn im Original liest man ja alles. Man kann sich die Namen notieren und danach wieder einfügen. So haben wir es gemacht. [...]

Der Wahrheitsgehalt der Akten wird nun von allerhand dahergelaufenen und davongelaufenen Tätern in Zweifel gezogen. Für die

Opfer aber sind diese Akten die einzige Chance, sich Recht zu verschaffen und einen Hauch Gerechtigkeit noch auf Erden zu erleben. Es ist gut, daß wir den Dreck endlich lesen können.

Der Liedermacher Wolf Biermann berichtet in einem Artikel (Der Spiegel 5/1992, S. 180 ff.: „Tiefer als unter die Haut") von seinen Entdeckungen und Empfindungen bei der Akten-Lektüre.

7 Recherche: Gab es den „unwissentlichen" IM?

Die zweite zentrale Aufgabe der Gauck-Behörde ist die Recherche über die mögliche Verbindung einer Person mit dem MfS. Mittels der dabei gewonnenen Gutachten werden Auskünfte erteilt. Über die Grundsätze, die bei dieser Tätigkeit Beachtung finden, hat sich *Joachim Gauck* in einem Interview geäußert (68).

Welche Probleme sich im Alltag der Behörde bei dieser Recherche-Arbeit ergeben und mit welchem Selbstverständnis die Rechercheure zu Werke gehen, beschreibt *Stephan Wolf* aus seiner eigenen Erfahrung (69).

Die in der Debatte um die Glaubwürdigkeit von Stasi-Akten mitunter zu hörende grundsätzliche Relativierung des Wahrheitsgehalts wird von den Sachverständigen nicht geteilt. Entgegen allen Rechtfertigungen oder Selbsttäuschungen von Belasteten wird die Existenz eines „unwissentlichen" IM bestritten (70), die behauptete Harmlosigkeit von konspirativen Kontakten mit der Stasi zurechtgerückt (71).

Der Recherche-Auftrag: Auskunft über die Wahrheit aus den Akten?

68 Mein Auftrag lautet, die in den Archiven auffindbaren Erkenntnisse über die Zusammenarbeit zu dokumentieren. [...] Wir beschreiben zum Beispiel die Zeitdauer der Zusammenarbeit. Wir sagen, ob es eine Verpflichtungserklärung gibt und in welcher Weise sie formuliert ist. Wir teilen auch mit, was sich aus den Akten ergibt als Motivation für die Zusammenarbeit. Wir benennen die Zahlung von Geld oder Herausgabe von Geschenken. Wir benennen auch Schwierigkeiten, die das MfS mit der Person hatte. Wir beschreiben, wenn der Betroffene durch eigene Kraft ausgestiegen ist oder wenn er sich so widerspenstig gezeigt hat, daß das MfS ihn für unehrlich oder unbrauchbar hielt und daß er aus diesem Grunde archiviert ist. Auch Entlastendes teilen wir mit. So geben wir in einem doch relativ umfangreichen Schriftstück die Informationen, die für den Arbeitgeber oder das Parlament ausreichend sind, um eine Entscheidung zu treffen. Darüber hinaus kann dann noch Einsicht in die Akten erfolgen. [...]

Wir bewerten nicht, wir beschreiben. Nach allem, was wir wissen, ist es grob fahrlässig, die Akten deshalb nicht für aussagefähig zu halten, weil sie von politisch minderwertigen Leuten zusammengetragen worden waren oder von Leuten, deren Motivation zweifelhaft ist. Richtig ist, daß wir in den Akten ein Menschenbild vorfinden und auch mitunter Persönlichkeitsprofile in Planungspapieren finden, über die wir entweder entsetzt sind oder schmunzeln können. Die Einsatzmöglichkeiten der Staatssicherheit waren natürlich begrenzt, wie ihr Menschenbild begrenzt war und ihre Analysefähigkeit begrenzt war.

Aber gleichzeitig waren die Akten das wirklich wichtigste Arbeitsmittel eines Apparates, der einem Zweck diente, der im sozialistischen Staat der allerwichtigste war: Der Machterhaltung. Und hier ein Handwerkszeug anzuwenden, das stumpf war oder nicht funktionierte, konnte sich der Apparat nicht leisten. Das heißt, Arbeitsergebnisse von Personen, mit denen man zusammengearbeitet hat oder die man observiert hat, hatten schon zu stimmen. Denn nicht einer alleine arbeitete mit einem Betroffenen, sondern unter Umständen gab es vorgesetzte Offiziere oder andere Diensteinheiten, die mit dem zusammengetragenen Wissen ja weiter umgehen mußten. Es wäre unfehlbar aufgefallen und unterlag übrigens auch Kontrollen, wenn hier nun die blanke Phantasie gewaltet hätte oder, wie es heute manchmal unterstellt wird, man im Grunde ein Aktenkonstrukt geschaffen habe, um bei eventuellem späteren Öffnen der Akten ein bestimmtes Bild eines Betroffenen darzustellen. Es gibt keine seriöse Begründung dafür, daß diese Akten mangelhaft aussagefähig seien. Wir sollten die Akten zur Kenntnis nehmen. Und dann haben ja die Betroffenen auch die Möglichkeit, das ihre dazu zu sagen.

Joachim Gauck in einem Interview mit den Journalisten Helmut Lölhöffel und Axel Vornbäumen, erschienen in der Frankfurter Rundschau vom 1. 2. 1992

Aktenauskunft: Von der schwierigen Arbeit der Rechercheure auf der Suche nach der Wahrheit

69 Ein großer Teil der Recherchearbeit in der Behörde bezieht sich auf Überprüfungen zur Zusammenarbeit mit dem MfS, die auf Antrag von öffentlichen und nichtöffentlichen Stellen (z. B. Kirchen und Personalräten) beantragt werden. Für viele der Angefragten sind unsere Auskünfte von existentieller Bedeutung. Deshalb werden solche Faktoren wie Alter des IM, Grundlage der Werbung, IM-Kategorie, ausgeführte Aufträge, Intensität der Zusammenarbeit stets im Zusammenhang gesehen. Dazu ist auch die Kenntnis der IM-Kategorien und der dahinter stehenden Usancen im MfS sehr wichtig. Der Rechercheur muß gleichermaßen vor dem Hintergrund belastender und entlastender Momente die aktenkundigen Fakten feststellen und zueinander ins Verhältnis setzen. Seine Auskunft muß die Proportionen der vorliegenden Akte widerspiegeln, was mitunter schwierig wird, weil
– es umfangreiches Zitationen nach sich ziehen würde,
– die Akten widersprüchlich bzw. nur teilweise erhalten sind,
– die Zusammenarbeit zwischen dem MfS und dem IM keineswegs harmonisch verlaufen war, oder
– die Trennung zwischen Täter und Opfer nur schwer zu vollziehen ist. Denn zusammenfassende Aussagen müssen in ihrer Verallgemeinerung tatsächlich gedeckt sein.

Bei allen personenbezogenen Recherchen in der Gauck-Behörde wird eines unbedingt beachtet: Es sind keine Auskünfte über Menschen, sondern Auskünfte über Akteninhalte. Jedoch sind diese Aussagen in den Akten keine unverrückbaren und immerwährenden Wahrheiten. Sie widerspiegeln zunächst die Sichtweise der jeweiligen MfS-Mitarbeiter, sind also subjektiv gebrochen. Der operative Mitarbeiter begegnete ja demjenigen, zu dem er eine Akte anlegte, nicht vorurteils- und wertfrei, er traf ihn zweckgebunden, hatte seine Pläne mit ihm – und hatte somit seinen ganz spezifischen Blickwinkel.

Häufig handelte es sich dabei bereits um die zweite subjektive Brechung, denn weder der Beurteilte selbst noch die zu ihm befragten Dritten (z. B. Wohngebietsermittlungen) waren bei ihren Mitteilungen frei von subjektiven Einflüssen.

Nun also wird, was in den Akten steht, ein drittes Mal gebrochen...

Zu beachten ist andererseits, daß jede Akte einen Prozeß des Erkenntnisgewinnens dokumentiert. Anfängliche Aussagen wurden durch spätere Arbeitsergebnisse bestätigt, ergänzt, konkretisiert, relativiert, eingeschränkt, widerlegt. Der operative Mitarbeiter war interessiert und durch analytische Tätigkeit selbstverständlich auch fähig, ein hohes Maß an Objektivität der gewonnenen Erkenntnisse zu erreichen. Ihre Bewertung erfolgte aus der Sichtweise des MfS, auf der Grundlage des in der DDR herrschenden Wertesystems. Zudem stellte der IM in den Augen des MfS ein „Werkzeug" dar.

Dem Rechercheur in der Gauck-Behörde obliegt es, unter Berücksichtigung beider Aspekte die in der Akte enthaltenen Aussagen über Menschen und Sachverhalte stets in Beziehung zu setzen zum Grund des Anlegens dieser Akte, zur Zielstellung des Vorgangs sowie zum jeweiligen Bearbeitungsstand. Er soll darüber eine sachliche Auskunft erteilen, die sich sowohl in ihren Teilaussagen wie auch im Ganzen jederzeit aus der Akte belegen läßt. Ein Werturteil über die Person, zu der die Akte angelegt wurde, und über ihre Tätigkeit wird nicht gegeben. Es werden keine „Persilscheine" erstellt und keine „Verrisse", sondern die antragstellende Einrichtung wird zu einer eigenen Wertung veranlaßt.

Erst wenn derjenige, zu dessen Akte eine Auskunft gegeben wurde, sich ebenfalls zum angefragten Sachverhalt äußert, kann ein ausgewogenes Bild entstehen. Einfacher wird die Suche nach der Wahrheit dadurch allerdings selten – eine komplizierte Aufgabe für die Gremien, denen diese Auskünfte lediglich eine, jedenfalls nicht die einzige, Entscheidungsgrundlage liefern dürfen.

Probleme des allgemeinen Datenschutzes, wie sie auch in das Stasi-Unterlagengesetz eingegangen sind, verdienen dabei unbedingte Beachtung. Nicht zulässig ist es, Auskunft über in den Akten vorkommende Dritte zu geben. Damit sind nicht die jeweiligen hauptamtlichen Mitarbeiter gemeint, wohl aber Familienangehörige oder Kollegen. Auch Informationen zu dem Betreffenden, die über den angefragten Sachverhalt hinausgehen, gehören nicht in die Auskunft. Bezieht sich etwa eine Anfrage auf einen anderen Sachverhalt, ist es nicht die Aufgabe der Gauck-Behörde, mitzuteilen, daß der Betreffende wegen Wehrdienstverweigerung vom MfS „aufgeklärt" wurde. Ob und wem er dies heute mitteilt, sollte ihm überlassen bleiben. Noch deutlicher wird die Problematik bei Vorstrafen.

Aus Verantwortungsbewußtsein muß sich jeder Rechercheur in der

Gauck-Behörde um der Objektivität willen die doppelte Frage vorlegen:
1. Könnte ich mit dem, was ich verfaßt habe, dem betreffenden Bürger offen gegenübertreten?
2. Wird der beantragenden Stelle die Aktenlage und der Inhalt der Akten so deutlich, daß sie *eine* Entscheidungsgrundlage abgibt?

Stephan Wolf (Originalbeitrag)

Gab es den „unwissentlichen" IM, der von seiner Mitarbeit beim MfS erst durch die Akten erfährt?

70 Die Frage, ob Menschen ohne ihr Wissen als IM geführt worden sind, ist nicht mit einem einfachen „Ja" oder „Nein" zu beantworten.

Der Begriff „Inoffizieller Mitarbeiter", möglichst noch in den verschiedenen Kategorien, wird den meisten nicht bekannt gewesen sein, das war aus Sicht des MfS auch unnötig. Die Definition eines IM kann kaum über die Aussage hinaus gehen, daß ein IM im Sinne des MfS aktiv wurde und dies seiner Umwelt gegenüber konspirierte.

Nicht wenige IM sind erschüttert, daß das, was sie als besonderen Vertrauensbeweis des MfS ansahen, zu dessen üblichen Verfahren gehörte:
– Der MfS-Mitarbeiter stellte sich mit Vornamen vor, der jedoch in den seltensten Fällen sein Klarname (wirklicher Name) war.
– Es wurden familiäre Probleme und Schwierigkeiten auf der Arbeitsstelle beraten.
– Der IM erhielt zum Geburtstag kleine Aufmerksamkeiten.
– Es erfolgte ein relativ offener Austausch über politische Fragen.

Die Form, in der ein MfS-Mitarbeiter auf den IM einging, hatte nicht selten eine „quasiseelsorgerische" Seite, die eine emotionale Bindung aufbaute.

Ein vom MfS-Mitarbeiter frei erfundener IM blieb jedoch nicht lange unentdeckt: Zu besonderen Treffen erschien der Vorgesetzte des Mitarbeiters, der ohnehin an jedem Treffen teilnehmen konnte. Auf verschiedenen Stufen gab es eine Innenrevision, der Widersprüche bald aufgefallen wären. Erfundene IM konnten keine wichtigen Informationen liefern, waren also auf längere Sicht Karteileichen. Wollte sich der Führungsoffizier an den scheinbaren Operativgeldern

(z. B. für Geschenke, Spesen), die er angeblich für den IM aufwenden mußte, bereichern, wäre die Diskrepanz zwischen hohen Zahlungen und wertlosen Informationen kaum unentdeckt geblieben.

Jemanden als IM zu erfassen, sicherte zunächst die Arbeitsfähigkeit der „Behörde MfS", es bedeutete, daß der- oder diejenige positiv zum MfS stand. Ob ein IM wußte, daß er als IM geführt wurde, war zweitrangig, insbesondere dann, wenn er die Aktivitäten unternahm, die das MfS erwartete. Dabei war es dem MfS gleichgültig, wurde gleichwohl erkundet, welchen inneren Grundsätzen der IM folgte. Heute stehen Aktenniederschriften, nach denen der IM eine sprudelnde Quelle war, dessen eigenen Aussagen gegenüber, er habe nur das Beste gewollt. Was stimmen mag, rechnet man nur ein, daß das MfS mit dem IM „spielte". Der IM kannte immer nur die *eine* Beziehung zum Mitarbeiter, während der es vermochte, mit Hilfe *weiterer* IM, die von einander nichts wußten, größere Aktionen durchzuführen. Es war ein Theater mit halbverspiegelter Wand. Ebenso zweitrangig war die schriftliche IM-Verpflichtung.

Stephan Wolf (Originalbeitrag)

Selbsttäuschung oder Rechtfertigung?

71 [Die] Pflicht zur Sorgfalt betrifft auch den Umgang mit den MfS- und SED-Dokumenten. Sie sind wichtig und als Originalzeugnisse für die geschichtliche Aufarbeitung unersetzlich. Sie sind in manchen Fällen nur unvollständig erhalten. Auf jeden Fall sind sie kritisch zu lesen. Ihre Entstehungsgeschichte muß berücksichtigt werden. Außerdem ist zu klären, wer sie zu welchem Zweck angefertigt hat. Die Dokumente sind nicht gefälscht, erfassen aber möglicherweise nur Teilbereiche der Wirklichkeit, weil das Menschenbild des MfS eingeengt ist und nur von der Unterscheidung zwischen feindlich-negativen und loyalen Bürgern ausgeht.

Daher muß unbedingt auch der angehört werden, über den die Akten angelegt worden sind – wie es auch sinnvoll wäre, den oder die Verfasser der Berichte zu befragen. [...] Andererseits ist der Wert der MfS-Akten keineswegs zu unterschätzen. Die Berichte wurden in aller Regel überprüft und gegenrecherchiert. Sie waren ja die Arbeitsgrundlage für verschiedene Abteilungen innerhalb des MfS. Schon deshalb mußte man sich dort auf sie verlassen können.

Die betroffenen Personen haben ein Recht darauf, daß ihre eigenen Motive zur Kenntnis genommen werden. [...] Sie können ferner mit Recht darauf hinweisen, daß das MfS keineswegs nur ein Spitzelsystem gewesen ist. Auch haben sie einen Anspruch darauf, betonen zu dürfen, daß die heutigen Erkenntnisse erst durch die Auflösung des Ministeriums für Staatssicherheit gewonnen wurden und keinesfalls schon zur Zeit der DDR allgemein bekannt waren. Nur in diesem Zusammenhang ist dann auch die häufige Äußerung berechtigt:

„Ich habe nichts davon gewußt, daß ich als IM geführt wurde."

Das alles ändert jedoch nichts an dem Verfahren des MfS, auch diese Gesprächspartner als IM zu klassifizieren und den Gesprächspartner des MfS als Führungsoffizier zu bezeichnen, womit noch einmal der Anspruch des MfS unterstrichen wird, den Inhalt der Gespräche selbst anzugeben oder zumindest mitzubestimmen.

Entscheidend [...] sind der Informationsgehalt und die Vertraulichkeit der Gespräche. [...]

Von [...] dem Selbstverständnis des MfS her sind einige gängige Aussagen zu relativieren, die einem im Gespräch mit geworbenen und nicht ausdrücklich geworbenen Inoffiziellen Mitarbeitern begegnen:

„Ich habe keine neuen Informationen weitergeleitet."

Hiergegen ist zu betonen, daß jedes Gespräch Informationen enthält. Wird Bekanntes bestätigt, so erhält das MfS die Information, daß die bisherigen Erkenntnisse zutreffend waren. Damit läßt sich zugleich ein anderer IM überprüfen: offensichtlich berichtet er „zuverlässig". Aber in der Regel wird mindestens ein bisher nicht bekannter Mosaikstein zusätzlich übermittelt. Oft ist es jedoch mehr. Gespräche leben von einem Geben und Nehmen.

„Ich habe niemandem geschadet."

Das MfS selbst wertete die Gespräche aus. Es ließ sich dabei nicht von den Intentionen des Gesprächspartners bestimmen. Es hatte ja in der Regel die „Gesprächskonzeption" entworfen! Wie sehr die Auswertung von der Intention des Gesprächspartners abweichen kann, zeigt folgendes Beispiel: Jemand setzt sich für einen anderen ein: „Bitte lassen Sie N. N. in Ruhe, er ist durch Ihre Gespräche völlig verstört." Er will also erreichen, daß das MfS den N. N. nicht mehr belästigt. Zugleich aber übermittelt er, daß die Bemühungen des MfS, den N. N. zu verunsichern, Erfolg gehabt haben. [...]

„Ich habe keine Vorteile gehabt."

Hier wird oft übersehen, daß schon das Beibehalten des Status quo ein wesentlicher Gewinn war. Das MfS konnte ja berufliche Mißerfolge herbeiführen – für einen selbst, für Familienangehörige. Ebenso wird übersehen, daß ein Gesprächspartner des MfS im personalpolitischen Bereich durchaus Vorteile besaß. Bei zwei gleich gut qualifizierten Bewerbern versuchte das MfS, den ihm verbundenen zu fördern.

Ulrich Schröter, ehemals Mitglied der Kommission zur Auflösung der Stasi, in einem Artikel der Zeit vom 6. 3. 1992: „Wie wurde man ein IM?"

8 Wie weiter mit den Akten?

Ein halbes Jahr nach der Öffnung der Akten zieht der Leiter der *Behörde des Sonderbeauftragten der Bundesregierung für die personenbezogenen Unterlagen des ehemaligen Staatssicherheitsdienstes* eine Zwischenbilanz: *Joachim Gauck* nimmt die gegen einen leichtfertigen Umgang mit den Akten erhobenen Einwände ernst, verteidigt ansonsten die positiven Auswirkungen der Akteneinsicht für die Bearbeitung der DDR-Geschichte (72). Eine der warnenden Stimmen soll mit dem Auszug aus *Richard Schröders* Artikel „Soll die Zersetzungsarbeit endlos weitergehen?" zu Wort kommen (73). Hier wie auch im Artikel der Staatsrechtlerin *Ilse Staff* wird vor allem eingewandt, daß die für den Rechtsstaat konstitutive Unschuldsvermutung gegenüber einem mit strafrechtlich relevanten Vorwürfen überzogenen Bürger nicht deutlich genug eingehalten werde. Auch gemessen am Standard der Strafprozeßordnung weise das Stasi-Unterlagen-Gesetz – so Frau Staff – gravierende Mängel auf (74).

Stephan Wolf macht in seinem Beitrag (75) deutlich, warum das Erbe des MfS so schwer zu bewältigen ist, und stellt die Schwierigkeiten heraus, die einer angemessenen „Abrechnung" mit Schuldigen und Verantwortlichen im Wege stehen. Schließlich plädiert er für eine Fortsetzung der Akten-Aufarbeitung (76).

Warum die Akteneinsicht und die Arbeit der Gauck-Behörde gerade für die ehemalige DDR-Opposition von großer Bedeutung ist, hebt *Bärbel Bohley* hervor: „Die Macht wird entzaubert" (77).

Zwischenbilanz: Warum die Arbeit mit den Akten nützlich und notwendig ist

72 Ich will selbst fragen, was andere mich fragen: ob das noch angeht, was wir tun. Ob, wenn mich schon Unlust wegen meiner Arbeit ankommt, ich wenigstens sagen kann, daß noch zusammen ist, was einmal zusammenkam, als ich die Aufgabe übernahm, das Erbe der Stasi-Akten zu verwalten. [...]

Meine Beschäftigung mit den Stasiakten hat mich mancherlei gelehrt. Erstens erfahren wir heute voller Staunen, daß weit weniger Menschen Akten haben, als sie es vermuten. Grob geschätzt erfahren gegenwärtig fünfzig Prozent der Antragsteller auf Akteneinsicht bei uns, daß keine Akte über sie vorliegt. Oftmals erzeugt das Protest und Verdächtigungen: Dann ist die Akte wohl weggebracht, heißt es, oder gar: Ihr habt sie weggebracht.

Meine Mitarbeiter in den Außenstellen werden gelegentlich beschimpft. Wir konstatieren also, daß die Staatssicherheit, die ziemlich effektiv war, dennoch in ihrer Effektivität drastisch überschätzt wurde. Dies lehrt ein Doppeltes: wie schnell Unterdrückte dazu neigen, daß Maß ihrer Unterdrückung zu überschätzen, und wie tüchtig dieser Teil der Staatsmacht gewirkt hat, wenn er durch das Vorzeigen der Instrumente so viele Menschen in die Angst versetzt hat, täglich und konkret überwacht zu werden. Das ist ein Effekt, mit dem die Machthaber trefflich arbeiten konnten.

Aus der konkreten Arbeit mit Stasiunterlagen haben wir weiter lernen können, daß teuflische Akten gleichwohl aussagefähige Akten sein könnten. Das heißt, daß zum Beispiel die Kooperation von Personen mit dem MfS durch Ergebnis- und auch Observierungsberichte mit einem zureichenden Maß an Genauigkeit dokumentiert worden sind.

Es gibt auch andere Stasi-Akten, in denen nicht eine derartige Genauigkeit walten mußte, vielleicht auch nicht walten konnte. Das sind zum Beispiel Planungsdokumente, Einschätzungen in Plänen oder Berichte über eigene Erfolge, Einschätzungen von Personen, in denen das neurotisch oder ideologisch bedingte Wahrnehmungsdefizit der Staatssicherheit Unschärfe und Verzeichnungen verursachte. Wenn man zum Beispiel schrieb, man wolle einen Menschen steuern, dann geschah dies ohne jeden Vorbehalt, daß dieser Mensch möglicherweise ein ganz eigenes Konzept der Kontakte mit der Staatssicherheit hatte. Kurz, die Beschreibung der Möglichkeiten, die die Stasi bei Menschen zu haben glaubte, die Pläne der Staatssicherheit generell, die Menschenbilder, die sie entwickelt hat, bedürfen einer nachhaltigen Kritik; insofern ist ein Unterschied zwischen den Arten von Stasi-Akten zu machen.

Die Akten enthalten aber neben den genannten Plänen auch Ansammlungen von Fakten, die schlicht ernstgenommen werden wollen, weil in diesen Teilen Arbeitsergebnisse dargestellt wurden, auf denen weiteres Handeln der Stasi aufgebaut wurde. Deshalb durfte die Phantasie der Stasimitarbeiter sich hier schwerlich entfalten.

Derartige Unterlagen bewahren im übrigen auch ein Wissen um Widerstand und Zivilcourage – manchmal bis zum Heldentum. Es ist ja nicht nur so, daß die Akten ein Zeugnis des Versagens und der Schuld sind; sie sind Zeugnisse der Manipulierung von Menschen durch eine Macht, die sich absolut setzte und die sich mit Menschen alles erlaubte.

Sie sind zudem natürlich Zeugnisse des Scheiterns, Zeugnisse des Kampfes gegen das Scheitern und des schließlichen Unterliegens. Auch im Unterliegen gibt es noch unterschiedliche Arten der Kooperation – eine hinhaltende, eine taktierende, eine bereitwillige und eine übererfüllende Kooperation. Daneben gibt es die Zeugnisse des Widerstandes. Zeugnisse dafür, daß es eine Widerstandsbereitschaft gegeben hat: daß auch Sozialisten, die mit der SED gingen, sich geweigert haben, mit der Staatssicherheit zusammenzuarbeiten, daß gegen einzelne Menschen, weil sie anders nicht gefügig zu machen waren, regelrechte Strategien entwickelt wurden, um sie beruflich und menschlich zu isolieren, zu zersetzen und zu ruinieren.

Hier hat sich im Ganzen ein überaus wichtiges Quellengut erhalten. Und wir wären gut beraten, es zu würdigen.

Joachim Gauck über die Arbeit „seiner" Behörde: „Über die Würde der Unterdrückten", in: Frankfurter Allgemeine Zeitung vom 27. 6. 1992

Warnung vor pauschaler Schuldzuschreibung und Forderung nach klaren Kriterien

73 Wir brauchen die Stasi-Akten, um Vorwürfe überprüfen zu können, um Rehabilitierungsverfahren durchzuführen, für Ermittlungen in Strafverfahren gegen Stasi-Leute, für die üblichen Sicherheitsüberprüfungen und für die allgemeine historische Aufarbeitung. Stasi-Verflechtungen sind gefährlich, wenn sie als Mafia-Seilschaften fortexistieren oder erpreßbar machen oder zur Erpressung befähigen, sonst nicht. Unmöglich dürfen wir die Stasi-Akten als das „Buch des Lebens" behandeln, in dem aufgezeichnet ist, was ein jeder getan und gelassen hat. Menschen haben nicht das Recht, solch ein Buch zu führen, sie können es auch gar nicht korrekt führen. Menschen dürfen sich auch gar nicht restlos durchschauen wollen. Sie dür-

fen sich nicht im Allmachtswahn wie Gott aufspielen. Sie dürfen sich nicht das Risiko des Vertrauens sparen. Dies eben wollte die Stasi: alle durchschauen, alle manipulieren, alles im Griff haben. Sie hat den so oft zitierten Satz: „Der Mensch macht die Geschichte" auf ihre Weise ausgelegt und massenhaft schmutzige Geschichten gemacht. Sie ging von der Maxime aus: „Jeder hat Dreck am Stecken, man muß nur lange genug suchen", so habe ich selbst es einmal sagen gehört. Und wenn sie keinen Dreck am Stecken fand, hat sie eben selbst Dreck an den Stecken geklebt. [...]

Wenn Stasi-Leute sich strafbar gemacht haben, müssen sie ordnungsgemäß bestraft werden. Mir ist nicht bekannt, daß in einem zivilisierten Land die Aberkennung von legalen Rentenansprüchen zu den zulässigen Strafen gehört. Rechtsstaatlich soll es zugehen, auch wenn es uns ärgert, daß gerade dieser und jener davon profitiert. Wir wollen mit der Rechtsstaatlichkeit etwas Neues und nicht die Neuauflage von etwas Altem. Wenn wir uns wirklich vereinigen, dann müssen auch die ehemaligen Stasi-Mitarbeiter und die ehemaligen SED-Mitglieder, gegen die nichts Strafrechtliches vorliegt, ihren normalen Platz unter uns finden. Privilegien oder gar einen Naturschutzpark können sie freilich nicht beanspruchen oder behalten. Sie müssen sich, wie jeder andere, eine Überprüfung ihrer Eignung für ein bestimmtes Amt ebenso gefallen lassen wie Anfragen an ihre politischen Auffassungen. [...]

Wir haben in der Volkskammer gesagt: Wer sich durch Unterschriftsleistung zur Stasi-Mitarbeit verpflichtet, dafür Geld genommen und andere durch seine Mitarbeit geschädigt hat, kann nicht Abgeordneter der Volkskammer sein. Wir haben damit rechtsstaatliche Kriterien benannt. Ob sie ideal formuliert sind, kann noch einmal diskutiert werden. Aber so muß es sein: es müssen exakte Kriterien formuliert und die Beschuldigung, nicht die Unschuld muß bewiesen werden. Wenn eine bewiesene Beschuldigung nicht vorliegt, gilt die Unschuldsvermutung, anders geht's nicht. Schluß muß sein mit der Vermarktung der Vermutungen.

Richard Schröder, ehemals Vorsitzender der SPD-Fraktion der Volkskammer, in einem Artikel der Frankfurter Allgemeinen Zeitung vom 2. 1. 1992: „Soll die Zersetzungsarbeit endlos weitergehen?"

Weist das Stasi-Unterlagen-Gesetz Mängel auf?

74 Der Staat des Grundgesetzes kann nicht Gerechtigkeit, aber er hat Rechtsstaatlichkeit zu gewährleisten. An den Rechtsstaatsprinzipien ist das Stasi-Unterlagen-Gesetz zu messen.

Um Mißverständnissen vorzubeugen: der politische Anspruch, den der Gesetzgeber sich mit der Verabschiedung des Stasi-Unterlagen-Gesetzes gestellt hat, ist per se positiv zu werten. Die Akten des Staatssicherheitsdienstes sollen – so § 1 des Gesetzes – die Betroffenen darüber aufklären, ob und in welcher Weise der Staatssicherheitsdienst auf ihr persönliches Schicksal eingewirkt hat, die historische, politische und juristische Aufarbeitung der Tätigkeit der Stasi soll gewährleistet werden, öffentliche und private Stellen sollen über den Inhalt der Stasi-Unterlagen informiert werden, insbesondere soll der einzelne davor geschützt werden, daß er durch die vom Staatssicherheitsdienst zu seiner Person gespeicherten Daten in seinem Persönlichkeitsrecht beeinträchtigt wird.

Vergessen hat der Gesetzgeber bei Abfassung des Stasi-Unterlagen-Gesetzes allerdings, daß zwingende Grundsätze verfassungsmäßig verbürgter Rechtsstaatlichkeit es erforderlich machen, die Persönlichkeitsrechte aller Bürger in unserem Staat gleichermaßen zu schützen. Nicht nur den Opfern der Stasi, auch den der Stasi-Mitarbeit Verdächtigten stehen die Grundrechte zu; alle haben gleichermaßen das Recht auf einen verfahrensmäßig abgesicherten Wahrheitsfindungsprozeß. [...]

Nach ständiger und eindeutiger Rechtsprechung des Bundesverfassungsgerichts gehört es zum „Kern grundrechtlicher Verfahrensgarantien, daß die betroffenen Bürger ihren Standpunkt wirksam vertreten können". Dem entspricht es, daß nach den in der Bundesrepublik geltenden rechtlichen Regelungen kein polizeiliches Verbot, keine Versagung einer Baugenehmigung erfolgen kann, ohne daß prinzipiell die vorherige Anhörung des betroffenen Bürgers geboten ist. [...]

Diese grundrechtlichen Verfahrensgarantien, die zum elementaren Bestandteil verfassungsmäßiger Rechtsstaatlichkeit gehören, sind dem Stasi-Unterlagen-Gesetz unbekannt. Ob eine Person hinsichtlich der erhobenen Daten als hauptamtlicher oder inoffizieller Mitarbeiter des Staatssicherheitsdienstes, ob sie als Begünstigte oder Betroffene, nämlich als Stasi-Opfer einzuordnen ist, wird ohne jede persönliche Anhörung aufgrund der im jeweiligen Erfassungsstadium befindlichen schriftlichen Unterlagen des Staatssicherheitsdienstes und der sich aus ihnen ergebenden Zielrichtung der Informationsaufnahme bestimmt. [...]

Es ist im Stasi-Unterlagen-Gesetz aber keinerlei Verfahrensvorschrift vorgesehen, die eingehalten werden muß, um sich der Richtigkeit des Inhalts der Stasi-Unterlagen zu vergewissern: Persönliche Mitwirkungsrechte der Stasi-Opfer oder der der Stasi-Mitarbeit Verdächtigten bei der Aufklärung des Unterlageninhalts kennt das Gesetz nicht. [...]

Es ist demjenigen, dessen Daten in den Stasi-Unterlagen festgehalten sind und die ihn als hauptamtlichen oder inoffiziellen Mitarbeiter oder als Begünstigten des Staatssicherheitsdienstes kennzeichnen, selbst überlassen, die Unrichtigkeit oder die Verzerrtheit der in den Unterlagen vorhandenen Angaben darzutun. [...]

Der bundesdeutsche Gesetzgeber vertraut auf die Richtigkeit und Verläßlichkeit der Wahrnehmungen und Aufzeichnungen des Staatssicherheitsdienstes des SED-Regimes: das Stasi-Unterlagen-Gesetz geht von der Hypothese des Wahrheitsgehalts der Stasi-Unterlagen aus, ungeachtet der Tatsache, daß sich schwere Persönlichkeitsrechtsverletzungen für den Fall ergeben können, daß diese Hypothese sich nicht verifizieren läßt. [...]

Der Inhalt der Stasi-Unterlagen wird als richtig unterstellt; auch nicht ohne weiteres dechiffrierbare Decknamen von Stasi-Mitarbeitern dürfen vom Bundesbeauftragten – zusammen mit evtl. vorhandenen weiteren Identifizierungsangaben – an Betroffene weitergegeben werden. Im Gesetz heißt es dazu lapidar: „Interessen von Mitarbeitern und Denunzianten an der Geheimhaltung ihrer Namen stehen der Bekanntgabe der Namen nicht entgegen."

Damit sind die in den Unterlagen des Staatssicherheitsdienstes aufgezeichneten Daten auf den Markt der Öffentlichkeit geworfen. Die Verlautbarungen in Presse, Rundfunk und Fernsehen zeigen, wie dieser Markt zwischen Behauptung und Gegenbehauptung, zwischen Verdächtigung und ihrer Zurückweisung oszilliert. Dies entspricht den Gesetzen des Marktes, es entspricht nicht den Normen des Grundgesetzes.

Die Staatsrechtlerin Ilse Staff kritisiert in einem in der Frankfurter Rundschau vom 23. 4. 1992 erschienenen Artikel die Auswirkungen und Mängel des Stasi-Unterlagen-Gesetzes: „Von der Unschuldsvermutung zu einer Schuldvermutung".

Wie soll man das Erbe des MfS bewältigen?

75 Seine Macht und Gefährlichkeit erlangte das MfS aus verschiedenen Gründen:
- Es war unberechenbar: Kein Außenstehender konnte ermessen, wann und wie das MfS tätig wurde.
- Den anderen Geheimdiensten der östlichen Hemisphäre vergleichbar, verwendete das MfS einen Großteil der Arbeit, um die eigene Bevölkerung zu überwachen. Das MfS sammelte dafür Informationen und verfügte über sie in einer Weise, die von außen unkontrollierbar war, die Intimsphäre zerstörte und im Alltag das Gefühl vermittelte, „gläsern" zu sein.
- Da das MfS nicht parlamentarisch kontrolliert wurde, konnten Fehlentwicklungen von Struktureinheiten und das Fehlverhalten einzelner MfS-Angehöriger weder entdeckt noch öffentlich diskutiert werden.
- Im MfS waren geheimdienstliche Vorermittlung und offizieller staatsanwaltlicher kontrollierter Untersuchungsvorgang tatsächlich eng – teilweise bis in die Akten untrennbar – verknüpft.
- Dem MfS stand viel Zeit (teilweise mehrere Jahre), Personal (darunter Inoffizielle Mitarbeiter) und Mittel sowie ein breites Spektrum an Möglichkeiten (Einsatz von Wanzen, Postkontrolle, Ein- und Ausreiseverbote) zur Verfügung, um die Persönlichkeiten vieler einzelner aufzuklären, und ihnen, da sie wegen der geschlossenen Grenzen nicht entweichen konnten, Schaden zuzufügen und – falls gewünscht – im Alltag zu zerreiben.

Andererseits muß gesagt werden, daß nicht allein das MfS für die Fehlentwicklungen und Verwerfungen der DDR verantwortlich war. Dies waren die Parteien und Organisationen, voran die SED, und verschiedene weitere Bereiche wie Bildungswesen und Massenmedien. Damit korrespondierte eine starre, in Pläne gezwängte, zentralisierte und administrative Wirtschaftspolitik. Zugespitzt kann man sagen: Das MfS sperrte Körper ein, Schulen die Seelen und Medien den Geist. Das Verhalten des einzelnen, der im vorauseilenden Gehorsam so handelte, wie er meinte, daß Partei und Staat es von ihm erwarten, sicherte ebenfalls in nicht zu unterschätzender Weise das Machtgefüge und disziplinierte denjenigen, der beabsichtigte, sich nicht zu fügen. Z. B. entzog sich kaum einer der Befragung über Hausbewohner durch ihm unbekannte Zivilisten.

Während der Auflösung des MfS wurden Akten entsprechend der Reihenfolge ihrer Bedeutung vernichtet, so daß die Arbeit der „Kleinen" relativ gut zu dokumentieren ist, während sich von den „Großen" nur noch Bruchstücke finden. Da sie dies nach der Wende zumindest teilweise von den Führungsoffizieren mitgeteilt bekommen haben, können sie heute mit um so größeren Worten ihre Unschuld beteuern.

In Gerichtsverfahren zur IM-Tätigkeit (meistens vor Arbeitsgerichten) wird unterschieden zwischen dem Beweis, wozu die handgeschriebene Verpflichtung zur Mitarbeit bzw. handschriftliche Berichte zählen, und mehr oder minder gewichtigen Indizien, z. B. die Berichte des Führungsoffiziers.

Ehemalige Angehörige des MfS finden sich heute größtenteils in einer Isolation wieder, als seien sie die alleinigen bzw. eigentlichen Verantwortlichen für den Untergang der DDR und den desolaten Zustand in Ostdeutschland. Dabei handelt es sich gerade bei ihnen um hochqualifizierte Spezialisten (Elektronikexperten, Kriminaltechniker, Kriminalisten, Computerfachleute, Politikwissenschaftler, Techniker vieler anderer Professionen), die auf Kosten des DDR-Steuerzahlers ihr Wissen erwerben konnten, ihre Tätigkeit ausgeübt haben und nun als Arbeitslose alimentiert werden. (Im Herbst 1989 hatte die Parole noch geheißen: „Stasi in die Produktion!") Während gleichzeitig Lehrer, SED-Größen und Journalisten ihrer Arbeit nachgehen, als sei nichts gewesen, obwohl sie noch im Herbst 1989 das DDR-Regime bejubelten.

Es bleibt ein schaler Geschmack, wenn Schuld lediglich aus Gründen der Praktikabilität und der Staatsräson an verbleibenden Karteikarten festgemacht wird, die das MfS einst anlegte, um seine Arbeit zu organisieren.

Stephan Wolf (Originalbeitrag)

Wie weiter mit den Akten?

76 Dienstlichen Bestimmungen, Konzeptionen und personenbezogenen Akten ist gemeinsam, daß sie der Arbeitsorganisation im MfS dienten, also unter dessen Blickwinkel und mit dessen Duktus gefertigt wurden. Einerseits sollte ihnen ein hohes Maß an Objektivität eignen, andererseits folgen sie der SED-Doktrin und damit deren ideologisch-doktrinären Weltsicht.

Die Stasi-Akten geben nicht nur Auskunft über kleine Spitzel und große Spione. Sie dokumentieren ebenso Beispiele von Zivilcourage, denen sich das MfS gegenüber sah. Sie machen weiterhin deutlich, daß es Inoffizielle Mitarbeiter in Ost und West gab. Nur, daß sich letztere völlig frei zur Zusammenarbeit entschlossen, obwohl sie das Regime kannten und die Möglichkeit hatten, sich zu entziehen.

Das Vernichten der Akten – wie es im Sommer 1990 wiederholt vorgeschlagen wurde – hätte eine Aufklärung und Rehabilitation in vielen Fällen verhindert, Spekulationen und halbseidenen Experten Tür und Tor geöffnet. Letztendlich wäre der Schwarzmarktpreis für die Akten einfach höher geworden.

Und obwohl dies immer wieder suggeriert wird, insbesondere von denen, die Wahrheiten über ihre Rolle vor 1990 befürchten müssen, sind weder die Akten noch ihre Bearbeiter die Schuldigen, sondern diejenigen selber, die nach wie vor über ihr Verhalten hinwegtäuschen wollen. All jene, die, kleinmütig wie sie waren, heute nicht an die Zeit vor 1990 erinnert werden wollen.

Die Befürchtung, daß die Freigabe von IM-Namen eine Lynchjustiz nach sich ziehen würde, hat sich nicht bestätigt. Weder der ehemalige SPD-Vorsitzende Ibrahim Böhme („Maximilian"), noch der Star-Anwalt Wolfgang Schnur („Thorsten"), noch der letzte DDR-Ministerpräsident Lothar de Maizière („Czerny") mußten um Leib und Leben fürchten. Lediglich ihre Existenz als Politiker mußten sie beenden.

Stephan Wolf (Originalbeitrag)

Einsichten, die nur die Akten vermitteln können

77 Das Für und Wider der Akteneinsicht wird noch viele Jahre die Gemüter erregen, denn die Büchse der Pandora ist geöffnet worden. Sie läßt sich nicht mehr schließen, selbst wenn wir es wollten, ein Teil ihres Inhalts, wenn auch der winzigste, ist uns bekannt geworden. [...]

Die Abgründe, die sich in der Debatte nach Einsicht in die Stasi-Akten aufgetan haben, die zerbrochenen Beziehungen, die bitteren Wahrheiten der Bespitzelten und die rohen Lügen der Spitzel, dazwischen diejenigen, die glaubten, sich jetzt für jahrelanges Wegsehen durch besonders hartes Urteilen rechtfertigen zu müssen und damit die Diskussion nur gnadenloser werden ließen, bis hin zum sinnlosen Freitod einiger für das Unrecht mitverantwortlicher Menschen – wodurch ist das alles gerechtfertigt? Meine Zweifel wurden um so heftiger, je klarer ich all die anderen Probleme sah, die sich aus der überstürzten Wiedervereinigung zweier sich fremder Gesellschaften ergaben. Auf der Liste der lebenswichtigen Aufgaben steht die Bewältigung der Stasi-Problematik eigentlich ziemlich weit hinten. Wer heute keine Arbeit mehr hat, um das Dach über seinem Kopf zittert, sich in das neue unbekannte Leben hineinfinden muß, der hat oft kein Verständnis für den Kraftaufwand, mit dem wir immer wieder das Stasi-Thema in die Öffentlichkeit zerren. Nicht um zu verdammen, sondern um zu klären, dürfen wir nicht schweigen. Was wir heute nicht sehen wollen, wird morgen für uns eine neue, unüberwindliche Mauer sein.

Am meisten erschüttert die Zerstörung und der Verschleiß menschlicher Gefühle. Hier sind Verrat, Lüge, Untreue, Heimlichkeit, Hochmut, Überheblichkeit, die Lust auf Macht und die Kriecherei, die Angst und die Feigheit belohnt worden. Die Staatssicherheit zeigte sich für die gute Zusammenarbeit zwischen offiziellen und inoffiziellen Mitarbeitern erkenntlich. Buchpreise für die Intellektuellen, kurze Urlaubsreisen für die Reiselustigen, geringe Geldbeträge für die Habgierigen, einen Schlag auf die Schulter für die Zweifelnden, ein Glas Champagner für die Karrieresüchtigen und ein vertrauliches Gespräch mit Handschlag unter „Gleichen" für die Machtgierigen. Die Staatssicherheit war der große, volkseigene Zauberer und machte aus Unrecht Recht, aus Verrat Liebe, aus Untreue Treue, aus Kriecherei Mitarbeit, aus Angst Mut, aus Lüge Wahrheit, aus Betrug Verantwortung, aus Egoismus Nächstenliebe.

Wer gibt schon gern seine Schwächen zu? Ist es nicht besser, wir decken über alles den Mantel der Amnestie? Und weiter geht's, genauso, nur diesmal heißt das Spiel: Soziale Marktwirtschaft und Kapitalismus... Oder sollten wir nicht doch aus dem Ende der DDR lernen, daß nichts so sicher zum Untergang führt wie der Selbstbetrug? Wir hatten uns fast alle auf Lebenszeit im real existierenden Sozialismus eingerichtet. Wer hat schon geglaubt, daß seine Berichte jemals von denen gelesen werden, über die er schrieb? Ist es Feigheit, wenn wir den alten Irrtümern nicht ins Gesicht sehen wollen, oder haben wir keine Zeit dazu, weil wir schon wieder neuen Irrtümern hinterherrennen?

Als Entschuldigung dient die angebliche Hexenjagd auf die ehemaligen Täter und ihre Zuträger. Doch wer heute noch von Hexenjagd spricht, ist nicht an Aufklärung interessiert. Wer Gaucks Recherchen als voreingenommen und inquisitorisch ablehnt und lieber ehemalige Führungsoffiziere zu Kronzeugen macht, weil er sie für unvoreingenommen hält, der ist nicht an der Wahrheit interessiert.

Weder Gauck lügt, noch lügen die Akten. Sie waren die Arbeitsgrundlage von hunderttausend Mitarbeitern des MfS. Sicher sind die Berichte subjektiv gefärbt, sicher sind sie stellenweise vom vorauseilenden Gehorsam und den Wünschen des MfS-Mitarbeiters diktiert, denn auch er ist vom Lob seiner Vorgesetzten abhängig gewesen, wenn es um Gehaltserhöhung und Beförderung ging. Sicher gibt es punktuelle Unwahrheiten, doch nicht über einen längeren Zeitraum. In meiner Akte findet sich niemand, der gegen sein Wissen als IM geführt wurde. [...]

Im Herbst '89 glaubten wir, trotz jahrelanger Sprachlosigkeit untereinander, endlich eine gemeinsame Sprache gefunden zu haben. Wir dachten, daß genug gelogen worden ist. Wir wollten, wie Vaclav Havel, endlich in der Wahrheit leben. Aber die Wahrheit ist immer noch abwesend.

Lange habe ich geglaubt, daß die DDR zu reformieren gewesen wäre. Erst die Akteneinsicht hat mich endgültig von diesen Träumen befreit. Ein Staat, der in immer größerem Maße die schlechten Eigenschaften der Menschen als Grundlage seines Bestehens braucht, sie über Jahre züchtet und belohnt, kann sich nicht aus sich selbst heraus erneuern. Das trifft auf jeden Staat zu. Er ist zum Untergang verurteilt.

Jetzt werden unsere Verkrüppelungen sichtbar. Die uns regiert haben, waren vielleicht in ihrer Jugend Menschenfreunde, aber sie wurden zu Menschenverächtern. Auch unter den Masken der biederen DDR-Bürger kommen die wahren Gesichter zum Vorschein. Jetzt müssen wir endlich den Mut haben, mit uns selbst ins Gericht zu gehen. Was haben wir versäumt? Warum beginnt meine Akte erst 1982? Was habe ich bis dahin getan? Mich selbst belogen, mit Halbwahrheiten zufriedengegeben, meine Meinung nicht laut genug und öffentlich gesagt, geglaubt, daß die Herrschenden zur Einsicht fähig sind, gehofft auf Veränderungen von oben. Es hat lange gedauert, bis ich begriffen habe, daß es mit halbem Herzen keinen Ausweg aus der Sackgasse geben wird, in der wir uns befinden, bis ich begriffen habe, daß überall die oben sich nur bewegen, wenn wir sie von unten drängen. [...]

Die Akteneinsicht ist der Super-GAU in der Politik, sagte neulich ein Journalist zu mir. Und er hat recht, denn kein Geheimdienst dieser Welt hat es bis dahin für möglich gehalten, daß seine mühsam gesammelten Informationen in allen Zeitungen zu lesen sind. Kein Politiker des Ostens oder des Westens hat bei seinen diplomatischen Spielchen daran gedacht, daß sie eines Tages in aller Öffentlichkeit bloßgestellt werden könnten. Durch die Akteneinsicht konnte endlich der Filz der Mächtigen etwas gelüftet und durchschaut werden. Noch lange wird ihnen der Schrecken in den Gliedern sitzen, weil wir uns die Akten zurückerobert haben. Die dadurch erworbenen Erkenntnisse über Zusammenhänge und Zusammenarbeit von politischer und ökonomischer Macht jenseits aller Ideologien werden mehr Spuren in der Politik hinterlassen, als wir heute glauben. Auch aus diesen Befürchtungen heraus gibt es starke Bestrebungen, die Akten zu schließen. Aber die dicksten Betondeckel werden die Ausstrahlung des gesamten Materials auf unser Zusammenleben nicht verhindern. Deshalb müssen die Akten geöffnet bleiben und schnell gelesen werden.

Bärbel Bohley, Malerin, Mitbegründerin der Bürgerbewegung „Neues Forum"
in ihrem Beitrag „Die Macht wird entzaubert" in dem von Hans Joachim Schädlich
herausgegebenen Band „Aktenkundig", 1. Aufl., Berlin 1992, S. 38 ff.

9 Welches Erbe hinterläßt die DDR? Wege zu einer angemessenen Auseinandersetzung mit der Vergangenheit

Die zweite „Vergangenheitsbewältigung" in der deutschen Nachkriegsgeschichte geht unter formal günstigeren Bedingungen vonstatten als die erste: Die Deutschen könnten die Sache unter sich selbst abmachen, und die Ostdeutschen könnten selbstbewußt auf ihren eigenen Anteil an der neu errungenen Freiheit pochen.

Doch diese Chance, es diesmal besser zu machen, droht verspielt zu werden. Anstelle von selbstkritischem Eingedenken der gemeinsamen Verantwortung für die Nachkriegsgeschichte herrschen Verdrängung, Rechtfertigung und gegenseitige Schuldzuweisung vor. Da ist es nützlich nachzufragen, worin denn eigentlich eine „Bewältigung" der Vergangenheit im gelungenen Fall bestehen sollte (78).

Der Historiker *Christian Meier* versucht, Lehren und Bewertungsmaßstäbe aus einer Rückschau auf die Auseinandersetzung mit der nationalsozialistischen Vergangenheit zu gewinnen (79). Welches Knäuel von Problemen nach der Einigung entstanden ist und wie es möglicherweise entwirrt werden kann, macht der Fragenkatalog im Artikel „Kein Verbrechen ohne Schuld" (80) nachvollziehbar.

Ein wichtiger Schauplatz der Vergangenheitsbewältigung Ost sind die Gerichtsverfahren bzw. in deren Vorfeld die Ermittlungen hierzu. Ob Gerichte auf diesem Feld in der Lage sind, Gerechtigkeit zu schaffen und welche Probleme sich bei der strafrechtlich akzentuierten Abrechnung mit der Vergangenheit und der möglichen Wiedergutmachung stellen, untersucht der Bremer Jurist *Rolf Gössner* (81).

Anknüpfend an solch kritische Einwände gegenüber einer vorwiegend juristisch und über Staatsorgane vermittelten Aufarbeitung haben Sprecher der DDR-Bürgerbewegung den Vorschlag der Einrichtung eines Tribunals formuliert (82).

Die Tribunal-Idee traf auf taube Ohren und vielfältige Kritik. Einen konstruktiveren Weg der Debatte mit den Urhebern dieser Idee geht *Richard von Weizsäcker* (83). Er schlägt sich zwar auf die

Seite der Tribunal-Kritiker, will aber gleichzeitig das Anliegen der „Erinnerungsarbeit" unterstützen.

Indes wurden Gremien der Geschichtsbearbeitung Ost eingerichtet: die *Enquete-Kommission zur Aufarbeitung der Geschichte und die Folgen der SED-Diktatur* hat ihre Arbeit aufgenommen und aus dem Tribunal-Vorschlag sind die „Foren" über die DDR-Vergangenheit hervorgegangen (84).

Wie mit den dabei – und aus der Arbeit der Gauck-Behörde – gewonnenen Erkenntnissen über die Belastung einzelner verfahren werden soll, ist eine bislang kaum befriedigend gelöste Frage. Aus der eigenen Erfahrung der Nachkriegszeit in Frankreich heraus unternimmt der französische Historiker *Joseph Rovan* einen Versuch, Grundsätze und Kriterien zu formulieren (85).

Daß eine gelungene Aufarbeitung der Vergangenheit ohne den „therapeutischen Prozeß" der Trauerarbeit der einzelnen nicht auskommt, macht *Joachim Gauck* deutlich (86).

Was heißt eigentlich „Vergangenheitsbewältigung"?

78 Hier sei die *„Vergangenheitsbewältigung"* eines Gemeinwesens wie folgt definiert:

Sie umfaßt einen vollständigen Wandel der vorher geltenden und nun abgelehnten Wertvorstellungen. Sie bezieht sich vor allem auf die Bereiche Politik und Ideologie, Gesellschaft, Wirtschaft, Kultur, Recht, Militär und Polizei. Sie betrifft den Personenkreis, der zuvor in diesen Bereichen entscheidende Verantwortung trug und strafrechtlich oder politisch schuldig wurde. [...]

Zur Vergangenheitsbewältigung gehören
– Wissen,
– Werten,
– Weinen,
– Wollen,

also vier Ws. Wissen, was geschah. Das Werten der Taten als Untaten. Das zumindest symbolische Weinen über die Opfer. Das Wollen eines anderen, als besser und moralischer empfundenen Gemeinwesens. Dieses Wollen wäre die Voraussetzung zum Handeln.

Bei der Vergangenheitsbewältigung wird im allgemeinen mehr gewertet, geweint und gewollt als gewußt. Wissenslücken klaffen.

Diese provokative Feststellung (keine Behauptung) gilt sowohl in bezug auf das Reich Hitlers wie Ulbrichts/Honeckers. [...]

Viele meinen es gut. Doch gut gemeint ist nicht gut gemacht, wenn es nicht zugleich auch gut gewußt ist. Und noch schlechter ist das gut Gemeinte und gut Gedachte gemacht, wenn es letztlich der Verdrängung dient.

Vergangenheitsbewältigung besteht also aus analytischen Elementen ebenso wie aus normativen, sie schließt Herz und Verstand ein. Sie setzt Läuterung voraus, zielt auf moralische, aber nicht auf physische Säuberung, also eben nicht auf Rache; nicht unbedingt auf Versöhnung, aber auch nicht auf Vernichtung der ehemaligen Täter, Mittäter und Mitläufer.

Aus dem Beitrag des deutsch-israelischen Historikers Michael Wolffsohn „Umkehr statt Rache zur Verhinderung der Wiederkehr oder Brauchen wir eine neue Vergangenheitsbewältigung?" in: A. Schönherr (Hg.): Ein Volk am Pranger, 1. Aufl., Berlin 1992, S. 159 ff.

Von der Auseinandersetzung mit der NS-Vergangenheit lernen?

79 Die Vergangenheitsproblematik von heute hat mit der nach 1945 nur gemein, daß die Träger und Helfer eines diktatorischen Regimes ihre Anteile daran nachträglich leugnen, verniedlichen oder vernebeln.

Indes beeinflußt der erste Versuch einer „Vergangenheitsbewältigung" den zweiten insofern, als er bereits einen eigenen Titel im Haushalt deutscher Agenden begründet hat. Nachdem uns die NS-Vergangenheit mehr als 45 Jahre lang zu vielfältigsten Überlegungen, Erfahrungen und Leiden Anlaß gab, können wir auch die der DDR nicht auf sich beruhen lassen.

Der Vergleich der beiden Epochen ist lehrreich. Völlig unterschiedlich sind Art und Ausmaß des angerichteten Unheils. Kein Auschwitz, kein Weltkrieg, überhaupt vergleichsweise wenig Mordfälle diesmal. So heißt es inzwischen schon, daß Aktenberge die Deutschen mehr bewegten als Leichenberge. Doch wird damit die Lage verkannt. Seinerzeit waren die Opfer des Regimes größtenteils vernichtet worden, im übrigen bis auf wenige abwesend. Heute dagegen haben sie überlebt und sind im Lande. Sie melden sich hörbar, teilweise an prominenter Stelle, zu Wort.

Grundverschieden ist zudem die Beteiligung am Regime und seinen Untaten sowie die nachträgliche Verstrickung. In der NS-Zeit waren die Verbrechen zwar von relativ wenigen verübt worden (und die Zahl der Gestapo-Mitarbeiter war gering). An der Bereitung des Umfelds dagegen waren schon mehr beteiligt, und insgesamt waren die Deutschen als Nation in das Handeln ihres Landes verwickelt. Auch ohne Mitglied der Partei zu sein, identifizierte man sich mit dem eigenen Staat, der eigenen Gesellschaft. Speziell zwischen Stalingrad und der Währungsreform bildete sich eine relativ starke Solidarität heraus, die nur wenige ausklammerte; übrigens sowohl Täter wie Opfer (Emigranten zum Beispiel). Entsprechend sah man sich nach dem Krieg den ehemaligen Feinden gegenüber, und es war außerordentlich schwer, das ganze Ausmaß der Untaten und gar die Verantwortung der Deutschen für sie einzusehen.

In der DDR dagegen war die Identifikation mit Staat und Regime gering. Deswegen war ja auch die Überwachung und Unterdrückung so gründlich. Das Regime beging seine Untaten vornehmlich gegen die eigenen Bürger. Und so sehr weithin Täter- und Opferrollen verquickt waren, so gab es doch sowohl auf der einen wie auf der andern Seite nicht wenige, die eindeutig dies oder jenes waren; deutliche Parteiungen also, die heute nachwirken. [...]

Die „Vergangenheitsbewältigung" vollzieht sich auch in ganz andern Phasen als nach 1945. Damals kamen zunächst die Großen vor Gericht – und eine Reihe von Kriegsverbrechern –, die weiten Kreise der übrigen hingegen hatten zwar einige Unbill zu erleiden, wurden dann aber in aller Regel als Mitläufer eingestuft. Die Zahl der Kleinen, die später vor Gericht kamen, war sehr gering.

Erst etwa 15 Jahre nach Kriegsende begann das Bewußtsein des ganzen Ausmaßes der deutschen Verbrechen sowie der Beteiligung der gesamten Gesellschaft daran im allgemeinen Wissen Platz zu greifen. Erst damals begann sich die westdeutsche Gesellschaft freiwillig und in größerem Stil mit ihrer Vergangenheit auseinanderzusetzen.

Heute dagegen kommt alles auf einmal, das Tun der Großen steht so gut zur Diskussion wie das der Kleinen. Überall sind starke Leidenschaften am Werk. Alle Aussagen sind fast notwendig Vorwürfe oder Apologien; das Geschehen ist kaum unbefangen darzulegen und halbwegs gerecht zu beurteilen. [...]

Wahrscheinlich darf man prognostizieren, daß sich wiederholt, was im Westdeutschland der fünfziger Jahre schon einmal geschah: daß es nämlich überraschend gut gelingt, mit Millionen von Anhängern eines radikalen Regimes eine Demokratie aufzubauen. Anders gesagt: daß oberhalb von vielerlei Schweigen, Leugnen, Lügen, „Verdrängungen" eine durchaus tragfähige Basis für die Demokratie entstehen kann.

Die zunehmende Aufdeckung von DDR-Vergangenheit wird für das Zusammenleben der Deutschen freilich insofern erschwerend sein, als sie das Mißverhältnis zwischen Ost und West verschärft. Je mehr an tatsächlicher Belastung deutlich wird, je weiter vor allem auch Verdächtigungen um sich greifen, um so stärker breitet sich Mißtrauen aus, im Osten wie zwischen Ost und West. [...]

Dabei zeichnet sich unter den Westdeutschen eine sehr eigentümliche Konstellation ab. Einerseits wird selbstverständlich zwischen Belastungen und Unbelasteten nach strengem Maßstab unterschieden. Andererseits gibt man weithin in bemerkenswerter Ehrlichkeit zu, man wisse nicht, wie man sich selbst unter den Verhältnissen drüben verhalten hätte. Wir sind ja jeder Heroisierung abhold und wissen, was Angst ist. So schwanken wir angesichts der ungeheuren Diffizilität der Materie hin und her. Was uns freilich nicht daran hindert, uns bald so, bald so zu äußern. Nicht selten hat man den Eindruck, daß jeweils diejenige Haltung eingenommen wird, die opportun erscheint.

Insgesamt kann es nicht unsere Sache sein, die strengen Maßstäbe der Bürgerrechtler an das Gros der Menschen anzulegen. Auf ihrer Folie wird zwar deutlich, was man tun (und was man unterlassen) konnte. Und man kann von daher vielen etwas vorwerfen. Aber für unsere Beurteilung kann das nicht ausschlaggebend sein. Wenn wir diese Maßstäbe benutzen, urteilen wir vom hohen Roß herab.

Es ist am Westen des Landes, tapfer dem immer wieder aufkommenden Mißtrauen samt möglichen Pauschalverurteilungen gegenzuhalten. Gewiß, wer an wichtiger Stelle steht, darf nicht erpreßbar sein. Gewiß auch, daß die Seilschaften im Unterschied zu denen nach 1945 nicht nur sich und ihre Position retten wollen, sondern teilweise auch zur Sabotage, jedenfalls zum mutwilligen Gewährenlassen übler Praktiken neigen. Doch soll man ihre Möglichkeiten nicht überschätzen. Daß Stasi-Angehörige noch nicht einmal in der Berliner Stadtreinigung arbeiten dürfen, ist nicht einzusehen. Zu viel Strenge trägt nur zu gefährlichen – oder jedenfalls schädlichen – Solidarisierungen bei. Es kann nicht unser Ehrgeiz sein, uns nur mit den Charakterfesten unter den Ostdeutschen zusammenzutun und die anderen, also die Mehrheit, in die Ecke zu stellen. Wir müssen mit allen zusammenleben, wenn auch nicht mit allen in gleicher Weise.

Schließlich müssen wir anerkennen, daß die DDR-Geschichte insofern unsere Geschichte ist und wird, als sie die eines Fünftels unserer Mitbürger ist. Wenn wir sie ernst nehmen wollen, müssen wir es auch mit ihrer Geschichte tun: Indem wir daran verurteilen, was zu verurteilen, betrauern, was zu betrauern ist – aber zugleich uns mit denjenigen, die daraus hervorgegangen sind, Tätern wie Opfern gleichermaßen, wenn auch in sehr verschiedener Weise, auseinandersetzen. Dann wird man sehen, daß sie sind wie wir, nur zeitweilig unter anderen Umständen gelebt haben. Das ist ein Teil des Integrationsprozesses. Je schneller wir ihn zurücklegen, um so eher wird dieses Stück Vergangenheit wirklich Geschichte werden. Die andere Vergangenheit wird uns freilich bleiben.

Der Münchner Althistoriker Christian Meier in einem in der Frankfurter Allgemeinen Zeitung vom 19. 2. 1992 veröffentlichten Aufsatz: „Vergangenheit ohne Ende? Was die kommunistische von der nationalsozialistischen Geschichte unterscheidet"

Welche Probleme stellen sich bei der Bearbeitung der DDR-Vergangenheit?

80 Konfliktträchtig ist die Vergangenheitsbewältigung der Deutschen gewiß – sie schafft bedrängende Fragen massenhaft, etwa:
– Soll nur kriminelles Unrecht geahndet werden oder auch nichtkodifizierter „Staatsterror", das „Verbrechen gegen die Menschlichkeit", Delikt aus dem Anklagekatalog des Nürnberger Kriegsverbrecherprozesses von 1945/46? Doch schon die Nürnberger Normen waren zweifelhaft, weil sie gegen den Rechtsstaatsgrundsatz „Keine Strafe ohne Gesetz" verstießen.
– Kann ein informelles „Tribunal", wie Schorlemmer es fordert, die Arbeit leisten? Doch unweigerlich würde es im Medienzeitalter zum Schauprozeß werden, auch wenn es keinerlei Legitimation hat und kein Urteil fällt.
– Ist Gerechtigkeit soviel wichtiger als Gnade oder Vergessen? Waren viele Täter nicht gleichzeitig Opfer? Doch ohne zumindest

das Streben nach Gerechtigkeit kann der Rechtsstaat nicht leben. Und auch profane Straftäter sind oft gleichzeitig Opfer.
- Kann Schuld auch entstehen durch Anpassung und Mitläufertum? Sicherlich, doch strafrechtlich zu ahndende nur in jenen Fällen, in denen eine Rechtspflicht zum Handeln bestand (etwa: „unterlassene Hilfeleistung"). „Untertanenmentalität" des DDR-Volkes, die auch ursächlich dafür war, daß die Revolution von 1989/90 so unblutig verlief, ist nicht justitiabel.
- Dürfen die westdeutschen „Sieger" von 1989/90 sich anmaßen, wie die Sieger von 1945 die Maßstäbe zur Beurteilung von Situationen zu setzen, die sie nie erlebt haben, weil sie, so Kanzler Helmut Kohl auf dem Dresdner CDU-Parteitag, auf Deutschlands „Sonnenseite" lagen?

Aus dem Artikel „Kein Verbrechen ohne Schuld", in: Der Spiegel 52/1991, S. 31 f.

Können Gerichte Gerechtigkeit schaffen? Welche Probleme entstehen bei dem Versuch, die Vergangenheit mit juristischen Mitteln zu bewältigen?

81 Die DDR-Vergangenheit, so meine Auffassung [...], sollte von den betroffenen Bürgern und Bürgerinnen selbst, weitgehend eigenverantwortlich, differenziert und offen aufgearbeitet werden und darf keinesfalls – quasi stellvertretend – den gesamtdeutschen Gerichten und Disziplinarstellen (und schon gar nicht den Geheimdiensten) überlassen bleiben. Für diese Auffassung sprechen mehrere, möglicherweise nicht gänzlich widerspruchsfreie Gründe. [...]

1. Zu den Tatkomplexen der sogenannten DDR-Regierungskriminalität im Bereich der Staatssicherheit gehören unter anderen: Tötungsdelikte an der deutsch-deutschen Grenze (Mauerschützen-Prozesse); Agententätigkeit/Spionage der Stasi-„Hauptabteilung Aufklärung" gegen die BRD (HVA-Prozesse); „Auftragsmorde" des Ministeriums für Staatssicherheit (MfS); „Unterstützung von RAF-Mitgliedern" durch MfS; Verstöße gegen Brief- und Fernmeldegeheimnis sowie Übergriffe der Sicherheitsorgane bei Demonstrationen.

Mögen die Vorwürfe noch so ungeheuerlich sein, ihre Ahndung kann trotzdem nur nach rechtsstaatlichen Kriterien erfolgen. Rache ist kein Straf(verfolgungs)zweck, Volkszorn kein Haftgrund. Diese

„Banalität" ist leider nicht selbstverständlich, auch nicht in den alten Bundesländern. [...]

Bei nahezu allen in Frage kommenden Tatkomplexen gibt es enorme Beweisschwierigkeiten, nicht zuletzt bei der Schuldzurechnung, teilweise wegen der Unauffindbarkeit oder Manipulation der entsprechenden Stasi-Akten. Diese Tatsachen müssen sich, notgedrungen, zugunsten der Beschuldigten beziehungsweise Angeklagten auswirken, auch wenn dies mitunter zu Verdruß und Enttäuschungen in der Bevölkerung führt.

2. Viele Stasi-Opfer empfinden die gegenwärtige Situation als ungerecht. Der lang ersehnte Rechtsstaat ist von ihnen verklärt worden, was dazu führt, daß gerade im Osten das Rechtsstaatsprinzip nicht selten mit Gerechtigkeit verwechselt wird. Man muß sich demgegenüber, auch in einem Rechtsstaat, von der Illusion verabschieden, daß etwa Strafrecht und strafgerichtliche Verfahren per se etwas mit „Gerechtigkeit" zu tun hätten oder gar mit (politischer) Moral. [...]

3. Strafrechtlicher Ahndung von DDR-Unrecht in der Bundesrepublik haftet in weiten Teilen notgedrungen der Ruch von Siegerjustiz an. Es steht generell zu befürchten, daß staatliche Instanzen die „Aufarbeitung" in ihrem vorrangigen Staatssicherheitsinteresse und im Sinne einer Abrechnung mit dem „realsozialistischen" System betreiben; es steht zu befürchten, daß diese Instanzen dabei – gegenüber einem ehemals feindlichen System und seinen Protagonisten – eine Vehemenz an den Tag legen, die sie bei der Aufarbeitung der NS-Vergangenheit so sträflich vermissen ließen. [...]

4. Strafverfahren sind in aller Regel relativ ungeeignet, der „Bewältigung" von Geschichte zu dienen; denn bei solchen Verfahren geht es letztlich um aus dieser Geschichte herausisoliertes individuelles Fehlverhalten. [...]

Im übrigen sind viele der Scheußlichkeiten, die die Stasi und ihre informellen Mitarbeiter ihren Opfern angetan haben, nicht in Strafnormen zu erfassen. Insbesondere bei der Aburteilung der systematischen staatlich-bürokratischen Unterdrückung gibt es traditionell große Schwierigkeiten. Das bedeutet, daß der eigentlich bedeutendste Teil der Stasi-Geschichte überhaupt nicht gerichtlich aufgearbeitet werden kann und ausschließlich einer gesellschaftlichen Auseinandersetzung zugänglich gemacht werden muß, die deshalb um so dringlicher wird.

5. Die strafrechtliche Verfolgung verhindert die geschichtliche Aufarbeitung nicht zuletzt dadurch, daß sie Chancen authentischer Wahrheitsfindung durch Strafandrohung nahezu unmöglich macht. Viele, die über eine intime Kenntnis der Stasi-Vergangenheit verfügen, schweigen aus verständlichen Gründen oder werden nicht konkret, um sich nicht strafrechtlichen Ermittlungen auszusetzen. Mutmaßliche Täter oder Täterinnen, gegen die bereits ermittelt wird, nehmen ihre strafprozessualen Rechte in Anspruch und machen vom Schweigerecht Gebrauch, mögliche Zeugen von ihrem Zeugnisverweigerungsrecht, um sich nicht selbst zu belasten.

Als weiteres Hindernis auf dem Weg einer öffentlichen Aufarbeitung dürfte sich die Entscheidung des Berliner Kammergerichts vom 5. Dezember 1991 erweisen, wonach alle früheren hauptamtlichen und inoffiziellen Mitarbeiter des MfS weiterhin der in der früheren DDR auferlegten Schweigepflicht unterliegen. Diese weitergeltende Geheimhaltungsverpflichtung umfaßt alle damaligen „Staatsgeheimnisse, sofern sie die mit der Verfassung der DDR in Übereinstimmung stehende frühere geheimdienstliche oder nachrichtendienstliche Tätigkeit betreffen".

6. Es besteht im übrigen die Gefahr, daß die strafrechtliche Verfolgung praktisch zur (staatlichen) Ersatzhandlung für eine inhaltliche Auseinandersetzung der Betroffenen, der ehemaligen DDR-Bevölkerung, gerät. Die „Bewältigung" der DDR-Geschichte per Strafverfahren wird für viele entlastende Funktion haben beziehungsweise Sündenbockfunktion bekommen – Honecker, Mielke und die anderen „Haupt-Bösewichter" sollen stellvertretend büßen für all die Verstrickungssünden Hunderttausender von DDR-Bürgern. [...]

Kurzum: Das Strafrecht behindert die geschichtliche Aufarbeitung eher, als daß sie ihr nützen könnte. Der zu erwartende Umfang der Verurteilung von DDR-Regierungskriminalität wird, gemessen an der Masse der Täter und Taten, äußerst gering sein und ein grotesk verzerrtes, nämlich ein rein „kriminalistisches" Spiegelbild der DDR-Realität abgeben. Um so größere Bedeutung kommt der zentralen Forderung zu, daß den Bürgern und Bürgerinnen der ehemaligen DDR, der demokratischen Opposition, die Aufarbeitung ihrer eigenen Geschichte unter keinen Umständen (staatlich) „enteignet" werden darf. Eine solche staatsferne, unabhängige Aufarbeitung ist meines Erachtens notwendige Voraussetzung für eine wirklich demokratische Entwicklung im gesamten Deutschland.

Was mir auf Dauer wichtiger scheint als die Klärung individueller Schuld und Sühne, ist die Aufdeckung der Strukturen und Arbeitsmethoden jenes autoritären Staatssicherheits- und Unterdrückungssystems, die Erforschung der sozioökonomischen Bedingungen und der psychosozialen Faktoren und Mechanismen in der DDR-Gesellschaft. Eine ernsthafte Aufarbeitung der Geschichte des Ministeriums für Staatssicherheit kann nicht isoliert von dem stalinistischen Staats- und Politikverständnis der SED vorgenommen werden, aber auch nicht isoliert vom historischen Umfeld nach der NS-Zeit, nach dem Zweiten Weltkrieg, der Zeit des Kalten Krieges, nicht isoliert von der Rolle der Weltmächte in der Ost-West-Auseinandersetzung und der Rolle der alten Bundesrepublik als „Bollwerk gegen den Kommunismus".

Erst durch eine solche Gesamtschau wird sich auch herausfinden lassen, wie sich Menschen zu Spitzeldiensten abrichten lassen beziehungsweise diese „freiwillig" leisten, wie dieses System, mit Hunderttausenden von individuellen Zuträgern aufgebaut, so lange Zeit aufrechterhalten werden konnte und wie es – trotz dieses perfekt wirkenden Apparates – zu einer Umwälzung von unten kommen konnte, die letztlich zur Auflösung des Apparates und eines ganzen Staates führte.

Aus den Erkenntnissen dieser öffentlichen „Entstasifizierung" – die gegen die Gnade des schnellen Vergessens, gegen die altbekannte Amnesie der Deutschen immer wieder erkämpft werden muß – wird die Bevölkerung nicht allein der ehemaligen DDR, sondern auch der alten BRD nur lernen können.

Rolf Gössner, Rechtsanwalt und Sachverständiger zum Stasi-Unterlagen-Gesetz vor dem Innenausschuß des Deutschen Bundestags, in einem in der Frankfurter Rundschau vom 6. 3. 1992 erschienenen Artikel: „Der historische Lernprozeß ist nicht einklagbar. Strafverfahren sind in der Regel wenig geeignet, der ‚Bewältigung' von Geschichte zu dienen – auch nicht im Fall DDR."

Die DDR-Geschichte gehört vor ein Tribunal gestellt

82 Worum geht es? Das Urteil der Geschichte über das System der SED-Diktatur ersetzt nicht die Aufklärung der rechtlichen, politischen und moralischen Verantwortung für die Geschichte dieses Systems.

Es kann kein Zweifel darüber bestehen, daß zuallererst die Spitzen der SED und die von ihr beherrschten Apparate Verantwortung tragen. Alle Bereiche des Lebens in der DDR erscheinen von diesem Herrschaftsapparat durchsetzt und somit im nachhinein diskreditiert. Wird im Vergleich damit die Verantwortung des einzelnen entschuldbar?

Die Frage nach der Verantwortung des einzelnen stellt sich unausweichlich. Die Enthüllungen über die Verflechtung von Staatssicherheit und Gesellschaft, das Netz von heimlicher und unheimlicher Kollaboration, zeigen heute, daß Tausende einzelner verantworten müssen, wozu sie sich oft verantwortungslos hergaben. Ohne eine Aufklärung der Motive oder Zwänge, die Menschen dazu bewegten, das SED-System zu unterstützen, bleiben alle mit dem Makel des Versagens behaftet, werden unterschiedslos auch jene Leistungen diskreditiert, denen auch heute noch Anerkennung gebührt.

Wer sich seiner eigenen Geschichte verschließt, dem eröffnen sich weder Gegenwart noch Zukunft. Es gilt, um der Würde und der Zukunft derer willen, die in der DDR mit Anstand gelebt haben, einen letzten Triumph der Stasi zu verhindern, *alle* mit in den Sumpf der eigenen Untaten zu ziehen! Wir haben ungerechte Pauschalurteile zu widerlegen, nach denen alles Leben, alle politischen Regungen in der DDR, auch die Opposition und der Herbst 89, ein Werk, eine Inszenierung der Staatssicherheit waren.

Was ist das Ziel? Vor dem Tribunal der Geschichte hat die DDR nicht bestanden. Vor einem „Tribunal" der Vergegenwärtigung der DDR-Geschichte gilt es, Verantwortung konkret aufzuklären und zu unterscheiden, wodurch Schuld und Versagen, aber auch Verdienst und Bewährung möglich waren.

Der schwierige Weg der rechtsstaatlichen Aufarbeitung von Vergehen ehemaliger Funktionäre oder Organe des DDR-Staates zeigt, daß viele derjenigen, die im Sinne des in der DDR geltenden Rechtes benachteiligt oder gemaßregelt wurden, keine Möglichkeit haben, durch den Spruch ordentlicher Gerichte Rechtfertigung zu erfahren. Das moralische Recht derer, die sich als Opfer des politischen Systems der DDR verstehen dürfen, erfordert aber, daß ihnen wenigstens öffentlich Genugtuung geschieht.

Rechenschaft gilt es aber nicht nur im Sinne der Opfer des Systems einzufordern, sondern auch um der gerechten Beurteilung aller willen, die im Zusammenhang ihrer Tätigkeit oder Funktion sich der

Willkür widersetzten, bloßen Machtinteressen widerstanden und sich für Menschen einsetzten.

Eine Aufklärung von Zusammenhängen persönlicher Verantwortung unter den wechselnden Bedingungen der geschichtlichen Situation der DDR bedeutet nicht zuletzt, Einsichten in die Strukturen und Mechanismen zu vermitteln, die Demokratie untergraben und wohlgemeintes gesellschaftliches Engagement pervertiert haben. Die Menschen, die in der DDR guten Glaubens und unter schwierigeren Bedingungen gelebt haben, stehen nicht mit leeren Händen im vereinten Deutschland da. Die Erfahrung mit der Diktatur und ihrer Überwindung, die Beharrlichkeit und Kraft kritischer Minderheiten sind auf Dauer die wichtigste Mitgift aus der Geschichte der DDR für ein demokratisches Deutschland.

Wie soll es geschehen? Ein „Tribunal" zur Aufklärung der geschichtlichen Wahrheit kann nur in einem mehrschichtigen Prozeß der vielgestaltigen Wirklichkeit gerecht werden. Dabei sollten in einem bestimmten zeitlichen Rahmen verschiedene Verfahren entwickelt werden, die den zu behandelnden Sachverhalten Rechnung tragen. [...]

Welche Probleme müssen beachtet werden? Der Ruf nach einem öffentlichen „Tribunal" zur Aufhellung der politischen Verantwortung für das in der DDR geschehene Unrecht hat eine kontroverse Debatte ausgelöst. Wichtige Einwände sind geltend gemacht worden: Der Rechtsstaat kennt keine politische und schon gar keine Gesinnungsjustiz. Ein „Tribunal" ohne exekutive Macht kann weder in den Zeugenstand zwingen noch Strafen verhängen. Deshalb: Die möglichen Verfahren zu politisch oder historisch relevanten Sachverhalten sind von einem üblichen Gerichtsverfahren zu unterscheiden. Sie sind nicht dazu da, die politische Überzeugung oder Gesinnung von Personen abzuurteilen. Es wird sich in der Regel um öffentlich geführte Ermittlungen handeln, in denen Betroffene, Verantwortliche und Sachverständige zu einem Sachverhalt Fakten und Zusammenhänge darlegen. Wer in einem solchen Zusammenhang beschuldigt wird, hat das Recht, sich dazu zu äußern und Gegendarstellungen abzugeben. Alle Argumente zählen für die öffentliche Meinungsbildung. Rechtliche Konsequenzen sollen aus einem solchen Verfahren nicht entstehen. [...]

Es gibt außerhalb des geltenden Rechtes keinen objektiven Maßstab der Beurteilung der Rechtmäßigkeit von Handlungen. Auf

Grund welchen Maßstabs soll die Fähigkeit zum Richten und Urteilen geschehen? Deshalb: Maßstäbe der Beurteilung des Verhaltens von Personen ergeben sich aus der Einsicht in und der Bewertung von Verhalten unter vergleichbaren Umständen. Die zu einem bestimmten Zeitpunkt geltende Rechtslage ist dazu ebenso heranzuziehen wie die oft davon abweichende Rechtspraxis. Die Geltung der Menschenrechte war dem allgemeinen Rechtsempfinden auch in der DDR nicht fremd. Die dazu in der Verfassung und in internationalen Verpflichtungen dargelegten Grundsätze bildeten zu jeder Zeit einen allgemein anerkannten Rahmen.

Wir rufen alle auf, die – als Opfer, als Betroffene, als Zeitgenossen – mit der Verdrängung der Vergangenheit sich ebensowenig abfinden wollen wie mit ihrer beschönigenden oder pauschalisierenden Verfälschung: Findet euch zusammen, setzt Aufklärungs- und Aufhellungsvorgänge in Gang, versucht, Vergangenheit in konkreten Ausschnitten zu rekonstruieren, Unrecht präzise zu dokumentieren, organisiert Gespräche mit Betroffenen, mit Zeugen und Akteuren.

Es geht um einen gesellschaftlichen Prozeß der Aufarbeitung der eigenen Vergangenheit. Der Staat hat mit den Mitteln der Strafjustiz das Seinige zu tun, nämlich Recht sprechen zu lassen; der Bundestag wird eine Enquete-Kommission zur Untersuchung des Unrechtsregimes in der DDR einsetzen. Wir aber, die sie erlebt, ermöglicht und ertragen haben, dürfen uns in der Begegnung mit der DDR-Unrechts-Geschichte nicht vertreten lassen.

Aus dem Aufruf zur Einrichtung eines öffentlichen „Tribunals" zur Bearbeitung der DDR-Vergangenheit, der – unterzeichnet u. a. von Joachim Gauck, Friedrich Schorlemmer, Wolfgang Thierse, Wolfgang Ullmann und Gerd und Ulrike Poppe – in der Frankfurter Allgemeinen Zeitung vom 24. 1. 1992 veröffentlicht wurde.

Das „Tribunal" sollten wir alle sein: Arbeit an der Vergangenheit durch die Öffentlichkeit

83 Um den politisch-moralischen Teil der Vergangenheit zu erfassen, der sich dem Strafrecht entzieht, ist ein Tribunal angeregt worden (Friedrich Schorlemmer).

Zu einer neuen Institution mit allgemeinverbindlicher Wirkung wird es nicht kommen können. Sie müßte ohne die Zwangsrechte der Justiz arbeiten und bliebe auf Freiwilligkeit angewiesen. Sie könnte sich auf keine Autorität eines verantwortlichen Verfahrens oder eines kontrollierten Amtes berufen. Es gäbe keine Legitimation dafür, wer zu urteilen hat und über wen oder was zu verhandeln ist. Sie könnte weder strafen, noch Absolution erteilen, sondern nur mit dem Gewicht ihrer Erkenntnisse wirken.

Die öffentliche kontroverse Diskussion über den Tribunalvorschlag ist aber höchst notwendig und hilfreich. Wir brauchen sie, um unser Gewissen zu schärfen. Zunächst ist es heilsam, darüber zu streiten, wer denn für die Vergangenheit überhaupt in der der Lage wäre, in allen Fällen zwischen Gut und Böse verbindlich zu unterscheiden.

Wer sind die Guten, die das können? Wo sind die Propheten für solchen Spruch? Wer will dort, wo tiefer innerer Zwiespalt vorlag, wo Zweideutigkeit unvermeidlich schien, nachträglich Eindeutigkeit herstellen?

Die öffentliche Auseinandersetzung ist aber vor allem deshalb so wichtig, weil die Fragen, die hinter dem Tribunalvorschlag stehen, von zentraler Bedeutung sind. Wie arbeitete das System? Welchen Zwang übte es aus? Welche Freiheiten ließ es? Wie weit war die Bereitschaft zur Anpassung notwendig? Welchen Spielraum gab es, sich zu versagen oder zu widerstehen? Welche moralische Schuld ist den Menschen zurechenbar? Wie läßt sie sich erkennen, beschreiben, eingestehen und überwinden?

Zahllose Konflikte werden darüber öffentlich oder im stillen ausgetragen, viele Erfahrungen werden ausgetauscht. Die Politik diskutiert und greift mit Gesetzen, Verordnungen und Verwaltungsakten ein. Die Wissenschaft nimmt ihre dringlich benötigte zeitgeschichtliche Arbeit auf. Die Schriftsteller streiten. Die Medien sind mit Information und Kritik beteiligt.

Zusammen mündet dies in eine autonome Volksaussprache. Nicht dem ominösen Namen nach, aber in der Sache hat der Prozeß der gesellschaftlichen Aufarbeitung begonnen. Gerade darin liegt die Abkehr von der früheren Unterdrückung. In unserer freien Öffentlichkeit sind wir alle miteinander das Tribunal. [...]

Wir suchen Frieden untereinander. Wie dringen wir zu ihm vor? Vor allem nicht ohne Anstrengung um die schwierige Wahrheit über das, was hinter uns liegt. Das ist ein Weg, der tief in persönliche Beziehungen eingreift. Doch wer ihn jetzt scheut, verschiebt ihn nur auf später. Harmonie vorwegzunehmen, bedeutet, sie vorzutäuschen, und das schafft keinen Frieden. Nach und nach wird das meiste ans Licht kommen. Darauf können wir vertrauen. [...]

Versöhnung unter Menschen kann ohne Wahrheit nicht gelingen. Wahrheit ohne Aussicht auf Versöhnung aber ist unmenschlich. Die Kraft zur Einsicht in eigene Schwäche, Versagen und Schuld kann Wunder bewirken. Sie bedeutet nicht den Ausschluß, sondern sie bietet den tiefsten Ansatz für die Chance zu einem neuen Anfang. Er ist lebenswichtig für die Zukunft.

Ein entscheidender Teil dieser Arbeit muß im Osten selbst geleistet werden. In der Anstrengung, sich zu erinnern, kann keiner den anderen vertreten. Von den Lebensschicksalen und Zwangslagen in der vergangenen DDR weiß der Westdeutsche wenig. Er sollte sich hüten, den Eindruck zu erwecken, als könne er die Vergangenheit seines ostdeutschen Landsmanns bewältigen. Auch klingt es schrill in östlichen Ohren, wenn aus westlichem Munde empfohlen wird, nun sollte man sich nicht länger von der Vergangenheit absorbieren lassen, sondern sich endlich der Zukunft zuwenden.

Eine vorschnelle Amnestie würde schlecht ertragen; sie würde sich wie eine Amnesie über das Unrecht legen. [...]

Die freiheitliche Ordnung zeichnet sich dadurch aus, daß vieles nicht durch den Staat, sondern durch die Bürgergesellschaft vorangebracht wird. Sie leidet nicht unter ihren temperamentvollen Auseinandersetzungen, sondern allenfalls daran, daß sich viele zu oft und zu schnell an vorherrschende Verhältnisse anpassen.

Dies gilt in allen Zeiten, auch in der unsrigen bei der Vereinigung Deutschlands. Für uns gemeinsam und zumal für die junge Generation ist es von allergrößtem Wert, Achtung vor Zivilcourage zu gewinnen, Zivilcourage zu üben. Sie tut jedem politischen System bitter not. Die Freiheit lebt von ihr.

Richard von Weizsäcker in der Rede zur Verleihung des Heinrich-Heine-Preises in Düsseldorf am 13. 12. 1991: „Arbeit an der Vergangenheit als wesentlicher Teil der deutschen Einigung", in: A. Schönherr (Hg.): Ein Volk am Pranger? 1. Aufl., Berlin 1992, S. 183 ff.

Die Aufgaben der Enquete-Kommission des Deutschen Bundestags

84 *Die inhaltlichen Themenstellungen von Enquete-Kommission und Tribunal sind sehr breit angelegt und überschneiden sich zudem deutlich. Wäre es nicht sinnvoller gewesen, im Parlament einen Untersuchungsausschuß zu installieren, der ein engeres Problemfeld unter Hinzuziehung der beteiligten Personen ausleuchtet?*

Wir haben einen Untersuchungsausschuß favorisiert, doch dafür gibt es zur Zeit keine Mehrheiten. Nach den Erfahrungen mit dem Schalck-Ausschuß hält sich das Bedürfnis, einen zweiten Untersuchungsausschuß zu einem verwandten Thema zu installieren, offensichtlich in Grenzen. Man sollte dennoch die Chance der Enquete-Kommission nicht unterschätzen – auch wenn sie keine Täter zur Aussage zwingen kann. Was das Themenspektrum von Enquete und Forum betrifft, so gibt es da in der Tat Überschneidungen. Den Unterschied sehe ich vor allem in der Behandlung: In der Enquete arbeiten Parlamentarier unterstützt von Sachverständigen. Das Leipziger Forum wird dagegen in engem Kontakt mit den Betroffenen und den bereits entstandenen gesellschaftlichen Initiativen arbeiten.

Wenn man Aufarbeitung aufschlüsselt nach ihrer juristischen, politischen und moralischen Dimension, lassen sich daraus grob auch die unterschiedlichen Schwerpunkte ableiten: Die Justiz ahndet strafrechtlich relevante Vergehen, die Enquete betreibt in erster Linie die politische, das Forum die moralische Aufarbeitung. Könnte letzteres nicht vielleicht am ehesten dazu beitragen, die für die Opfer schmerzliche Kluft zwischen Recht und Gerechtigkeit zu schließen?

Das Forum wird natürlich auch keine Gerechtigkeit herstellen können. Es könnte allenfalls so etwas wie moralische Verurteilung aussprechen oder Öffentlichkeit schaffen für das, was den Opfern widerfahren ist. [...]

Sehen Sie einen Zusammenhang zwischen der Einsetzung der Enquete-Kommission und den offensichtlichen Schwierigkeiten der Justiz, Vergehen aus der Zeit der DDR zu verfolgen?

Natürlich kann die Enquete nicht Aufgaben der Justiz übernehmen. Aber die Tatsache, daß eine rechtsstaatliche Justiz nur sehr eingeschränkte Möglichkeiten hat, die Ergebnisse einer Diktatur zu behandeln, hat auch im Parlament zu größerem Problembewußtsein geführt. Hinzu kommt die Diskussion um die Stasi-Akten. Das Bewußtsein, daß es sich hier um gemeinsame deutsche Geschichte handelt, und die Bereitschaft, sich da einzubeziehen, sind größer geworden.

Läuft die Enquete-Kommission nicht Gefahr, Aufarbeitung entlang dem Parteienproporz zu betreiben?

Es wäre nicht nötig gewesen, bei der Zusammensetzung der Kommission wie üblich dem Parteienproporz zu folgen. Vielleicht wird aber eine parteiorientierte Sichtweise dadurch aufgeweicht, daß die Mehrzahl der Mitglieder von den zu behandelnden Vorgängen früher selbst betroffen waren. Rainer Eppelmann, Markus Meckel und ich zum Beispiel waren jahrelang gemeinsam in der Opposition und haben auch in vielen Details eine gemeinsame Geschichte. Da wird man sicherlich zu Einschätzungen und Entscheidungen kommen können, die über die Parteigrenzen hinausführen.

Erklärt sich so, daß sich die Anträge der Fraktionen zur inhaltlichen Aufgabenstellung der Enquete kaum unterscheiden?

Das ist zunächst überraschend, aber einen grundsätzlichen Konflikt kann ich bisher nicht erkennen. Ich kann mir natürlich vorstellen, daß, wenn es um die Rolle auch der bundesdeutschen Politik geht – etwa um den Honecker-Besuch 1987 oder das SPD/SED-Papier – es schon Versuche geben wird, das schnell vom Tisch zu kriegen. Da sehe ich schon potentiellen Konfliktstoff. Natürlich ist die Frage untersuchungswürdig, inwieweit die Deutschland-Politik zur Stabilisierung des Systems beigetragen hat. Wichtiger noch scheint mir aber, daß es nach der bislang eher oberflächlichen Beschäftigung mit den Stasi-Strukturen jetzt um eine differenziertere Darstellung sämtlicher Repressionsmechanismen gehen muß – wobei vor allem auf die verdeckten Formen, die im Alltagsleben eine wesentliche Rolle spielten, eingegangen werden sollte. Dieser Bereich ist sicher für die Mehrheit von größerer Bedeutung als das, was einer Handvoll Oppositionellen passiert ist. Hat etwa das Volk mehrheitlich dieses System getragen, oder hat es allein schon mit dem Widerwillen, mit dem es sich ja auch entzogen hat, die Macht relativiert? Das ist ja noch keinesfalls geklärt.

Aus einem Interview mit Gerd Poppe („Die Enquete-Kommission kann nicht die Aufgaben der Justiz übernehmen"), das in der Tageszeitung vom 24. 3. 1992 erschienen ist. Gerd Poppe ist sowohl Mitglied der genannten Kommission als auch des „Forums" zur Aufarbeitung der DDR-Vergangenheit.

Was soll mit den Verantwortlichen geschehen?

85 Die Problematik, die aus dem Vertragscharakter der Einigung entspringt, hat wohl vor allem mit der Gültigkeit des internen DDR-Rechts zu tun. Kann jemand dafür zur Rechenschaft gezogen werden, daß er legal im Rahmen der geltenden Gesetze gehandelt hat? Das Nürnberger Gericht hatte zur Lösung dieses Problems die Kategorie der kollektivschuldigen Organe konstruiert, aber diese Konstruktion paßte nicht in den Einigungsvertrag. Auch wenn die Stasi selbst zur Verbrecher-Organisation erklärt worden wäre, so hätte dies sich nicht automatisch auf den großen Kreis der Spitzel und auf die nicht „beruflichen" Informanten übertragen lassen. Es kommt hinzu, daß in den letzten Jahrzehnten, besonders nach dem Mauerbau, Terror und Repression in der DDR einen relativ unblutigen Charakter hatten. Die von den Stasi-Agenten Denunzierten waren nur mehr selten direkt an Leib und Leben bedroht. Die am meisten ins Auge fallenden Bluttaten waren die Schüsse an der Mauer oder an der Staatsgrenze, und diese Täter sind wenig repräsentativ für das Regime.

Gerade weil das Ende der DDR friedlich und unblutig erfolgt ist [...], ist der Umgang mit dem vergifteten und weiter vergiftenden Erbe hier ganz besonders kompliziert.

Trotzdem aber würde ich mich, fragte man mich, klar und ohne von moralischen Zweifeln geplagt zu sein, für das Verbot der Ausübung öffentlicher Ämter angesichts von Leuten aussprechen, die in der DDR einen hohen Rang eingenommen haben, im Staat oder in der Staatspartei und in den Blockparteien und Gewerkschaften. Weiterhin würde ich Verbrechen verfolgen, die nach deutschem Recht aus der Zeit vor 1933 Verbrechen waren und die nicht verjährt sind. Damit hätte man vielleicht ein einigermaßen akzeptables Instrument in der Hand. Kann aber dieses Verbot der Ausübung der bürgerlichen Ehrenrechte ohne gleichzeitige strafrechtliche Verurteilung automatisch ausgesprochen werden? Bräuchte es dazu nicht eine Verfassungsänderung? Der von SED und Stasi hinterlassenen moralischen und juristischen Misere wäre damit aber immer noch kein Ende gesetzt, weil die Verantwortlichen jenes bürokratischen Unteroffizierskommandostaats die Akten mit einigen Ausnahmen nicht zerstört haben und nun die ganze furchtbare Bescherung ihres Spitzel- und Informantenwesens an das vereinte Deutschland weitergeben.

Weil die Akten da sind, ist der freie Zugang eine Selbstverständlichkeit, aber wie soll die Gesellschaft mit diesen hunderttausend Spitzeln, Spionen, Berichterstattern fertig werden? In wenigen Jahren wird kein junger Mensch verstehen, daß der Vater oder der Großvater zu so etwas fähig war. [...]

Vielleicht wird es den Deutschen auf die Dauer langweilig, in den für persönlich nicht Betroffene meist unbedeutenden und unerheblichen Stasi-Akten und Agentenberichten herumzulesen, in denen sich die unheroische Kleinkariertheit des deutschen Ablegerstaats der Sowjetunion darstellt. Aber niemand kann diese Vergangenheitsbewältigung den Deutschen ersparen. Das Erbe der Tyrannen darf auch nicht weggeschoben und ignoriert, es muß beim Namen genannt, muß eingefügt werden in die Beispiele aus der Geschichte, die dazu Mut machen, sich von der Erbschaft zu befreien, indem man sie übernimmt. Zwei Tyranneien in fünfzig Jahren, wem wäre dies nicht zerstörend zuviel? Die Westdeutschen und die Westeuropäer überhaupt müssen sich gerade deshalb zu einer wirklichen Solidarität mit den Ostdeutschen auch im Tragen dieser Erblast durchringen, und zwar indem andere positive Engagements gegen Not, Leid und Elend, die in der Welt von heute zu leisten sind, das Gewicht der Vergangenheit verringern. [...]

Ein jeder trage des anderen Erblast. Nicht allein mit den immer ungenügenden Mitteln des Rechtsstaats und der Strafjustiz, auf die aber nicht verzichtet werden darf, kann das Gift der Gewaltherrschaft entgiftet werden, sondern es braucht hierzu auch die Entschlossenheit, niemals mehr zu ertragen, daß so regiert wird, wie die Machthaber der SED und der Stasi es getan haben.

Der französische Historiker Joseph Rovan argumentiert in dem in der Frankfurter Allgemeinen Zeitung vom 8. 8. 1992 veröffentlichten Artikel „Das Erbe der Tyrannen. Kurzer oder langer Prozeß? Wie nach dem Ende eines Unrechtsregimes mit den Verantwortlichen zu verfahren ist" vor dem Hintergrund der französischen Erfahrungen mit der Bewältigung der Kollaboration während der deutschen Besatzung.

Die Chance der Ostdeutschen, sich der eigenen Vergangenheit zu stellen

86 Die entscheidende Herausforderung an uns Ostdeutsche ist, ob wir die Kraft und das Selbstbewußtsein aufbringen, vor unserer Geschichte nicht davonzulaufen, sondern uns ihren guten und schlechten Seiten zu stellen. Wir haben keine andere Vergangenheit einzubringen, als *diese* Vergangenheit. Gerade das Ernstnehmen der erlittenen Beschädigungen und Entfremdungsprozesse könnte bereits ein Element der Gesundung sein. Wir müssen den Mut finden, unseren westdeutschen Landsleuten zu sagen, daß wir zwar einiges für die Freiheit getan haben, aber in der Freiheit nicht unbeschädigt ankommen können, daß wir so aufgenommen werden wollen, wie wir kommen, also nicht als weiße, unbeschriebene Blätter, sondern *mit* unserer Vergangenheit. Nur auf diesem Weg wird es gelingen, ein neues Selbstwertgefühl zu gewinnen – und nicht durch ein schamvolles Verschweigen unserer Herkunft.

Wir sollten uns dabei zugleich unserer Stärken bewußt werden, die wir unter diesem unglaublichen Druck und unter dieser, einem Außenstehenden kaum zu vermittelnden, Entfremdung bewahrt oder entwickelt haben. Wir waren zwar ein Volk, das in sich gespalten, korrumpiert, zum Teil lethargisch und depressiv war, aber das sich gleichzeitig eine tiefe Sehnsucht und Hoffnung erhalten hat, aus der es die Kraft des Aufbegehrens entwickeln konnte. Diese ambivalente Existenz ist den Menschen in den westlichen Demokratien völlig unbekannt und deshalb schwer von uns durch Worte zu vermitteln. Viele ehemalige DDR-Bürger empfinden sich deshalb oft als ratlos, weil sie eine tiefe Wahrheit in sich spüren und sie dennoch nicht weitergeben können. Wie sollen wir jemandem von der Sehnsucht nach Freiheit und der elementaren Hoffnung auf Demokratie erzählen, der das niemals in sich gespürt hat? Wie sollen wir den Grad der Abhängigkeit in Schulstuben und Kadergesprächen jemandem vermitteln, der davon überhaupt keine Vorstellung hat? Wo Erfolg und die Fähigkeit, etwas auf den Weg zu bringen, zählen, wird leicht die Kraft von Sehnsucht und Hoffnung unterschätzt, die in der Lage sind, das eigene Leben zu verändern und eine Gesellschaft vollkommen umzustürzen. [...]

Es reicht nicht, wenn die Stasi zerschlagen ist und die Archive geschlossen sind, sondern wir müssen uns zugleich von den *seelischen* Ketten und Bindungen befreien. Nachdem die äußere Unterdrückung gefallen ist, müssen nun die inneren Deformationen kuriert werden, was mit Sicherheit lange Zeit in Anspruch nehmen wird. [...]

Ausschlaggebend für die Arbeit mit den Stasi-Akten ist letztlich unser Wille, das auf der Straße Begonnene fortzusetzen, indem wir auch das Herrschaftswissen der Staatssicherheit brechen. Wir wollen das Wissen gewinnen, das die Mächtigen über uns hatten, um uns selber zu befreien. Insofern ist unsere Arbeit auch Teil eines großen therapeutischen Prozesses, indem wir uns der Verstrickungen und Verletzungen erinnern, der frühen und lang andauernden Ängste, der Alpträume und der Wut, die wir nach dem Sturz der SED so schnell wieder versteckt und verdrängt haben.

Es geht darum, daß jeder einzelne sich öffnet für seine zwiespältige Vergangenheit. [...]

Diese oftmals schmerzliche Aussöhnung mit sich selbst könnte auch die Basis sein, auf jene zuzugehen, die aktiv an Unterdrückung und Entfremdung mitgewirkt haben. Ein entscheidender Schritt bei der Auseinandersetzung mit der Vergangenheit ist das offene Gespräch zwischen Tätern und Opfern. Wenn sich ein inoffizieller Mitarbeiter offenbart, herrscht in der Regel Sprachlosigkeit, doch einzelne Situationen haben gezeigt, daß dies der Anfang einer gemeinsamen Aufarbeitung sein kann.

Joachim Gauck: Die Stasi-Akten. Das unheimliche Erbe der DDR, 1. Aufl., Reinbek 1991, S. 97 ff.